유식학 개론

李　萬 지음

경서원
2006

머리말

요즘 우리 사회에서는, "미치지 않으면, 이르지 못한다"[不狂不及]라는 말이 유행하고 있다.

대학에 들어와서도 사회 일반적인 성향의 문제에 당면해서 학과 공부를 소홀히 하다가, 처음으로 바른 마음을 먹고 공부하려고 할 때에 여러 분야의 불교학 중에서도 유식교학(唯識教學)에 관심이 갔었다. 이 분야에 마음이 쏠렸던 것은 약간은 사색적(思索的)인 분위기를 좋아했던 성격에서 온 것이 아닌가 한다.

아무튼 세월은 느끼기 나름이라고 하지만, 그 때가 벌써 30년도 넘고 또 그 중반쯤에 다다른 오늘에 와서 회고해 보면, 이루어 놓은 것 없이 허송세월만 보냈다고 자책(自責)하지만, 이것조차도 무슨 의미가 있겠는가.

무슨 일이고 열심히 하는 사람은 본래 말이 없지만, 그렇지 않은 사람이 더 말이 많고, 핑계가 꼭 있듯이, 이제는 남에게 관용(寬容)이나 베풂을 바라는 처지가 되었는가 싶다. 그리고 제일 두려운 것은 뒤에 남긴 논문이나 책 속에서 잘못이 발견되는 것이지만, 그 보다도 더 애석(哀惜)해야 할 것은 아마도 그러한 사실도 모르고 이 세상을 하직했을 때일 것이다.

여기 쓰인 유식교학 전반에 관한 내용은 순수한 나의 생각과 깊은 사유에서 나온 것이 아니라, 여기저기에서 그 내용만을 섭렵하고서 정리한 것이기 때문에, 틀림없이 앞에서와 같은 오류가 발견되리라고 본다. 그렇지만 본인은 그것을 두려워하지 않는다. 왜냐하면 그만큼 후학들에게 논란꺼리를 제공했다고 보기 때문이며, 한편으로는 우리 불교학계의 발전을 위해서도 다행한 일일 것으로 사료(思料)되기 때문이다.

전반적으로 부처님께서 말씀하신 불교사상이 이 시대를 선도(先導)하고, 또한 병든 사회를 치유(治癒)할 수 있는 학문이라는 것은 다 아는 사실인데, 그 핵심에 놓여 있는 유식사상을 좀 더 체계적으로 학습하여 경전이나 논장 등을 본다면, 부처님의 지혜의 말씀에 한층 빨리 계합(契合)되는 결과를 가져 올 것으로 본다.

2006년 1월 중순

안식처인 硏究室에서

著 者 識

차 례

Ⅰ. 총 론

불교학에 있어서 주요한 사상은 어디까지나 부처님께서 깨달으신 진리에 그 바탕을 두고 있는 것은 말할 것도 없지만, 그것이 지향하는 바에 따라서는 불교를 "마음의 종교"라고 하거나 "발원(發願)하는 종교", "인본주의 종교", "수행의 종교" 혹은 "지혜의 종교" 등으로 나눌 때도 있다.

그리하여 이를 마음의 종교라고 정의할 때면, 거기에는 일반적으로 인식론적인 접근이나 관념론적인 설명이 대두하게 되는데, 이와 같은 이론적인 고찰을 불교에서는 특히 유식사상이라고 하여 대승불교학의 한 분야로서 일찍부터 다루어져 왔다.

다시 말하면 이 유식사상은 불교사상 중에서도 우리들이 각자 소유하고 있는 마음을 종교학적인 측면에서 자세하게 취급하고 있는 분야로서 일종의 불교 심리학과도 같은 것인데, 이는 마음의 구조와 그 심리작용 등을 잘 인식하고서 활동하면 궁극적인 목적인 성불(成佛)의 단계에까지 이를 수 있다는 원리와 그 수행성을 강조한 내용이라고 할 수가 있다. 그리하여 이러한 목표를 달성하기 위하여 교설된 이론적인 면과 실천수행적인 면을 간추려 보면, 먼저 우리가 살고 있는 이 현상계는 세 가지의 성질[三種自性]을 지니고 있는 것으로 규정하고 있으며, 이러한 세계를 결과적으로 생성케 한 우리의 마음에 관한 자세한 정의(定義) 등이 그 주요한 사상으로 대두되고 있다. 또한 이렇게 이론적인 면이 강한 유식사상이지만 이는 어디까지나 불교라는 한 종교를 표방한 사상이기 때문에 종교로서의 실천덕목인 유가행(瑜伽行)을 중점적으로 가미하여 대승불교에서 최고의 가르침으로 그 자리를 굳히고 있는 것이다.

이와 같은 유식사상이 불교 교학적인 면에서 검토, 연구될 때에는 자연 소승불교에서 주장하는 업감연기설(業感緣起說) 등의 미비점을 알 수 있게 하며, 이보다 앞서 유행했던 《반야경》 계통의 공(空)사상이 그 진의를 상실하고서 지나치게 공허한 사상으로 일반인들에게 받아들여지는 경향이 있었으므로 대승불교의 교의를 바로 알기 위해서도 유식사상이 흥기할 수 밖에 없었던 것이다.

이들의 사상은 미륵(270~350)과 무착(310~390), 그리고 세친(320~420) 등에 의하여 성립되었으며, 중요한 경론으로는 《해심밀경》과 《유가사지론》, 《섭대승론》, 《유식삼십송》 및 《성유식론》 등을 들 수가 있다.

1. 유식설

1) 유식설

이 세상에 존재하는 모든 것은 궁극적으로 그 원리를 관찰하여 보면, 외부에 존재하는 사물 자체에 가치의 기준이 있는 것이 아니고 사실은 이 세상의 누구나 갖고 있는 자기 마음의 인식 여하에 달려 있다는 이 유심설(唯心說)은, 그만큼 우리의 마음이 큰 비중을 차지하고 있다는 사실을 강조한 것이다.

따라서 이러한 마음은 이 세계에 관한 개념은 물론이고 사상이나 감정 등을 모두 받아들인 결과라고 볼 수가 있는데, 정작 마음은 그 성질이 상주하여 불멸하는 존재가 아니라 일단 일어난 순간에 없어져서 다시 다음 순간의 그것과 교차되는 것으로서 마치 폭포수에서 물이 계속하여 흐르는 것과 같다. 이렇게 하여 하나의 생각이나 복합적인 사고가 형성되면, 그것을 유지해 줄 수 있는 힘이 존재하는 상태에서는 계속해서 한 흐름으로 유지되는데, 이러한 경우를 일컬어서 '마음의 흐름'이라고 한다. 그러므로 마음을 떠나서 모든 것이 그대로 의연하게 존재한다는 실재론(實在論)에 관한 인식 그 자체도 사실은 마음이 만들어낸 표상(表象)에 불과하며,

외계의 실재가 마음에 영사(映寫)되어 표상이 형성된 것이 아니고, 마음 스스로가 표상을 만들어낸 결과에 지나지 않다는 것이다.

그리하여 유식학에서는 이 현상계를 성립시키고 있는 세 가지의 성질에 관하여 논할 때에도 이를 다분히 인식론적인 입장에서 정의하고 있다. 즉, 그 가운데의 첫째는 우리들이 평소 밝지 못한 견해 등으로 말미암아 실체가 없는 것을 마치 실체가 있는 것처럼 잘못 착각하여 아는 "가립적(假立的)인 존재형태의 것"[변계소집성(遍計所執性)]을 인정하는데, 이는 일상적인 생활에서 우리가 무엇을 인식할 때에 이성적으로 냉정하게 판단하여 결정하는 것이 아니고 편견과 선입견 등의 감정을 가지고 편벽되게 처리하여 결과적으로 괴로움을 유발하는 착각이나 환상과 같은 존재를 말하며, 두 번째는 이 현상계의 모든 존재는 그것이 어떤 것이든지 간에 독립적으로 항존하는 것이 아니라 서로 다른 조건과 환경 등이 인연이 되어서 생성된다는 이른바 "서로 다른 것에 의존하는 존재형태의 것"[의타기성(依他起性)]을 인정하며, 세 번째는 위와 같은 두 가지의 성질들을 모두 떠나서 진실한 것 그 자체를 말하는 것으로서 이를 "원만한 존재형태의 것"[원성실성(圓成實性)] 등으로 그 성질을 분류하고 있다.

이러한 세 가지 성질의 관계를 예를 들어서 말하면, 투명한 수정(水晶)을 황색이나 녹색의 바탕 위에 올려 놓으면 이 색깔이 수정에 비쳐서 호박(琥珀)이나 벽옥(碧玉)으로 보이지만, 실제 거기에 있다고 생각되는 호박이나 벽옥은 사실 "가립된 것"에 불과하다는 것이다. 더 나아가서 수정 그 자체도 또한 본래부터 있었던 불변의 것이 아니고 "다른 것에 의존하는 존재형태의 것"이며, 수정에서 호박이나 벽옥을 상상할 수가 없는 것과 같은 이치를 "원만한 존재" 등으로 규정하고 있다.

이와 같은 비유는 결과적으로 우리 자신이 이 현상계를 관찰할 때에 이러한 세 가지의 성립조건이 항상 내재하고 있다는 것을 사전에 충분히 인지하여 올바른 인생관을 확립할 때에 필연적인 전제조건으로 삼아야 한다는 것을 암시하고 있는 반면에, 그것은 바로 우리 마음의 올바른 인식전환을 요구한다.

그리고 이들 존재를 직접적으로 인식하는 마음의 주체(主體) 문제가 대두되는데, 그것이 다름 아닌 아뢰야식(阿賴耶識, alaya-vijñāna)에 관한 내용이다. 이 아뢰야식은 인간 존재의 근저에 항상 상존해 있으면서도 변함이 없으며, 그 흐름은 일생 동안 끊어지는 일이 없을 뿐만 아니라 또한 미래의 생존에까지 계속 영향을 미쳐서 이어져 간다는 것이다. 다시 말하자면 우리 중생이 어떤 행위나 행동을 하는 한 그것은 대개 선업이거나 악업을 지어서 그 결과를 초래할 수 밖에 없는데, 이 때에 아뢰야식이 업력의 귀의처로 사용되어 그 속에 심종자(心種子)가 잠재하고 있다가 그에 알맞는 환경이나 조건 등의 연(緣)을 만나면 모든 것을 일으키는 원동력이 되어서 현상계를 생성한다는 것이다.

그러므로 이 세계는 어떤 창조주가 인위적으로 만든 것도 아니며, 그것은 각 개인이 평소에 지은 선악업의 결과에 따라서 그대로 나타나게 된 것에 불과하다는 것이다. 이러한 의미에서 사람들이 본래부터 업을 짓지 않아서 마음 속에 선악업의 종자를 함유하고 있지 않는 것이 무엇보다도 강조되지만, 중생들은 우선 집착과 무지 등으로 그 마음이 선점(先占)되어 있기 때문에 쉽게 업을 짓지 않을 수가 없다는 것이다.

따라서 이 아뢰야식 — 업에 의하여 오염된 마음 — 을 정화시켜 주는 종교적인 실천덕목인 수행이 필요한데 그것이 다름 아닌 유가(瑜伽, Yoga)행인 것이며, 이는 완전한 인격자로 나아가는 먼 길이자 바로 가까운 수행 방법이기도 한 것이다.

2) 8식(八識)의 구조

이 세상에 살고 있는 우리들은 인간 인식의 궁극적인 실체인 아뢰야식의 오염 정도의 여부가 중생과 성인(聖人)으로 구별되는 결정적인 기준이 되고 있다. 그렇다면 이 아뢰야식은 그 성질과 구조에 있어서 어떠한 양상을 띠고 있는가. 이를 설명할 때에는 대개 다른 인식 주체들과의 상관관계 속에서 설명하고 있는 것이 보통이다. 즉, 우리 인간은 그 마음의 주체가 하나만 있는 것이 아니라 심층적으로 구성되어 있기 때문에 이들과의 상호관계를 아울러서 설명해야만 그 해답을 찾을 수 있다는 말이다. 이것이 대승불교에서 말하는 8식설(八識說)이다.

이를테면 우리의 몸은 다섯 가지의 감각기관과 정신 등의 복합체로 구성되어 있는데, 여기에서 다섯 가지의 감각기관에 해당되는 것을 불교에서는 안(眼) · 이(耳) · 비(鼻) · 설(舌) · 신(身)이라고 하며, 이들이 중심이 되어 인식활동을 할 때에는 특별히 이를 안근(眼根) · 이근(耳根) 내지는 신근(身根) 등으로 명칭한다. 더 나아가서 이들 인식기관들의 대상[境界]은 각각 물질[色]·소리[聲]·냄새[香]·맛[味]·감촉[觸] 등으로서 오직 이것들만을 상대하여 인식활동을 하는데, 만약에 눈을 통하여 물질을 분별했을 때에는 이를 눈으로 인식했다고 하여 안식(眼識)이라고 하며, 내지는 몸의 감촉을 통하여 알았을 때는 이를 신식(身識) 등으로 표현하는 것이다. 따라서 우리의 몸은 기본적으로 다섯 가지의 감각기관, 즉 5근(五根)과 이들 인식기관이 분별하여 아는 5식(五識)으로 구성되어 있다.

이외에 정신 부분에 해당되는 분야가 바로 의식(意識)을 말하는 것으로서, 이는 의근(意根)에 의지하여 인식작용을 일으키므로 이렇게 부르는 것이다. 좀더 자세하게 설명하면 이 의식은 우리의 신체 외에 존재하는 정신적인 분야로서, 눈 등의 감각기관으로는 볼 수가 없고 만져 볼 수도 없지만 그렇다고 아주 없는 것이 아니고, 앞의 다섯 가지 감각기관의 저 깊은 곳에서 항상 동반하여 일어나거나 아니면 독단적으로 활동하는 정신적인 소산을 말하는 것이다. 그리고 이 의식의 대상을 불교에서는 특별히 '법경(法境)'이라고 하는데, 여기에서 법이란 일체제법(一切諸法)과 같은 존재로서 유형적인 모든 사물은 물론이고, 무형적인 관념까지도 포함해서 말하는 그런 존재를 말한다.

따라서 우리의 몸은 다섯 가지의 근과 이들의 저류에 항상 흐르고 있는 의근 등 여섯 가지의 감각기관[六根]으로 구성되어 있으며, 여기에 그 대상들인 여섯 가지의 경계[六境]를 합치면 십이처(十二處)가 되는데, 이는 전체적으로 이 세상의 모든 것을 의미하는 '일체(一切)'라는 술어로 사용되고 있다. 다시 말하자면 '12처설'이란 이 세상의 모든 것은 다른 사람 아닌 자기 자신이 직접 눈으로 볼 수 있어야 하고, 또한 귀로 들어서 분별할 수 있어야 하며, 내지는 몸의 촉감들을 통하여 감지할 수 있어야 하는 것 외에 어떠한 기억력이나 상상력을 통해서라도 인식할 수 있는 것이 존재하는 것이지, 이들 모두를 통해서 도저히 감득할 수 없다면 설령 그것이 다른 사람에게는 존재한다고 해도 인식 주체인 자기 자신에게는 존재하지 않는 것과 같다는 인식론적인 해석에서 이렇게 정의하는 것이다.

이와 같은 의식이 일어나는 데는 크게 두 가지의 경우가 있는데, 먼저 한 가지는 전오식(前五識)과 함께 일어나서 같은 대상을 인식하거나 아니면 5식과 함께 일어났지만 의식이 한눈을 팔아서 올바른 인식이 제대로 안 되는 경우 등 아무튼 전오식과 동시에 일어나는 경우가 그것이고, 또 한 가지는 꿈을 꾸거나 망상, 공상 및 선정(禪定)에 들 때와 같이 의식이 독단적으로 일어나는 경우 등을 말한다.

그러므로 소승불교 시대에서는 이와 같이 다방면에 걸쳐서 그 인식활동의 범위가 넓은 6식설만을 가지고도 충분히 우리들의 인식활동의 원리를 대변한다고 보았던 것이다. 그렇지만 그 본존성(保存性)과 때에 따른 단속(斷續)의 문제 등으로 말미암아 대승불교 시대에 들어서는 인간의 궁극적인 실체로서 어느 때, 어느 곳을 막론하고 항상 변화하지 않고 상존할 수 있는 그 어떤 것을 상정하게 되었으니, 그것이 다름 아닌 제8 아뢰야식(阿賴耶識)이었던 것이다. 따라서 이 아뢰야식은 우리들이 잠을 잘 때나 심지어 죽어서 혼백(魂魄)이 떠돌아다닐 적에도, 내지는 어머니의 뱃속에 들어 있을 때에도 그 활동을 계속한다는 것으로서 6도(六途) 윤회의 주체로 등장한 것이다.

그러면 이와 같은 제8 아뢰야식을 일으킨 근본 원인은 무엇인가. 그것은 우리가 일부러 어떤 의도적인 행위, 행동을 하거나 아니면 언제부터인지는 모르지만 자기도 알지 못하는 사이에 아전인수 격으로 끊임없이 아치(我癡)·아견(我見)·아만(我慢) 및 아애(我愛) 등 4종의 근본번뇌와 항상 같이하면서 업(業)을 일으킬 때에, 이들에 의한 인상(印象)이나 여운(餘韻) 등을 그대로 흡수하여 저장하는 장소로서 아뢰야식이 활용되는데, 이렇게 근본적인 원인을 제공하는 정신은 제6 의식(意識) 보다는 깊고 제8 아뢰야식 보다는 얕은 제7 말나식(末那識, manas-vijñāna)이라는 의식이 상정됨으로 해서 가능하다는 것이다. 그러므로 이 제7 말나식을 일컬어서 자아의식이라고도 하며, 이 식(識)에 의하여 업(業)을 지어서 우리 중생들이 결과적으로 세세생생 윤회케 되는 것이다.

한편 제8 아뢰야식은 이렇게 모든 업의 산물들을 스스로 저장하는 능장(能藏)으로서의 의미도 갖고 있으며, 한편으로는 모든 세력들을 소장(所藏)할 장소로서의 처소로도 제공되는 것이다. 더 나아가서 이 아뢰야식은 앞에서와 같이 항상 제7 말나식의 집착력과 아집 등에 의하여 유린당하는 입장에 서 있으므로 이럴 경우 제8 아뢰야식은 집장(執藏)의 뜻이 강하다고 한다. 왜냐하면 아뢰야식이라는 본래의 의미는 유루법(有漏法)이 현행하는 사이, 곧 아집(我執) 등이 활동하는 위치까지만 존재하는 것이지, 아집 등이 없는 성인위(聖人位)에 오르면 이 식(識)의 이름은 자연히 없어지기 때문이다.

3) 심식설(心識說)

그러면 이와 같은 심층적인 구조를 형성하고 있는 마음은 그 성품에 있어서 어떠한 경향을 지니고 있는가. 이에 관해서는 일찍부터 여러 학자들에 의하여 활발한 연구와 관찰들이 있어서 합당한 이론과 수긍이 가는 해석도 있지만 아직까지도 많은 이견(異見)들이 제기되고 있는 실정이다. 우리는 흔히 외부와의 접촉에 의하여 감정을 느낄 적에 다섯 가지의 감각기관[前五根]에 의한 것은 몸으로 직접 느끼고, 제6 의식의 분별에 의한 것은 마음으로 느끼지만, 제7 말나식이나 제8 아뢰야식 등에 의하여 얻어지는 감정은 사수(捨受)라고 하여 쾌감이나 불쾌감과는 상관없다는 것이 기본적인 입장이다. 따라서 우리의 마음 밑바닥에 있는 마음은 궁극적으로 어떤 감정을 산출해내는 발생지가 아니고, 항상 중립과 냉정을 잃지 않는 존재로서 고요한 바다[靜海]와 같은데, 이는 특히 제8 아뢰야식의 특성[無覆無記性]을 나타낸 것으로서 이 중에서 제7 말나식은 항상성(恒常性)은 있지만 그 번뇌적인 성질 때문[有覆無記性]에 고요하지 못하고 번잡스럽다는 것이다.

또한 마음은 본래 그 자체에 생각이나 사고 등이 없기 때문에 어떠한 변화도 있을 수 없지만, 그러나 무엇을 잘못 인식하여 자연히 심리적인 갈등이나 번민 등이 초래되었을 경우에 홀연히 일어나는 것이다. 그렇지만 그 속에는 이미 어느 정도의 선천적인 특성

[本有種子說]도 일부 포함되어 있으며, 또한 일부는 후천적으로 전혀 새롭게 자기 자신의 업에 의하여 살아가면서 형성되어 간다[新熏種子說]는 이른바 복합적인 성격[本新合生說]이 강하다는 것이다.

아무튼 이와 같이 하여 형성된 우리들의 마음은 전7식(前七識)이 선악업을 지어서 어떠한 결과를 가져오더라도 항상 이를 모두 수용하여 보존하는 것을 그 특질로 삼고 있는데, 아뢰야식의 이러한 성질을 무기성(無記性)이라고 한다. 좀더 자세하게 말하면 업을 일으키는 원인은 선성(善性)이나 악성(惡性)의 분별력에 의하여 시작되지만, 그 결과가 아뢰야식 내에 수용될 때에는 중성(中性)의 상태, 곧 선도 아니고 그렇다고 악도 아닌 무기성[非善非惡]의 것으로 저장된다는 것이다. 이럴 경우 특별하게 이 제8 아뢰야식을 또한 이숙무기성(異熟無記性)의 것이라고 일컫는다. 비유를 들어 말하자면 현명한 부모는 그 자식들이 무슨 짓을 하든지 다 이를 그대로 받아들이는 입장과 같다고 하겠다.

따라서 이 식 가운데에는 모든 업의 세력들이 풍부하게 자리를 잡고 있다고 볼 수 있는데, 그러면 이것은 진여(眞如)나 법성(法性)과 같이 영원히 변하지 않는 것인가 하면 그렇지 않다는 것이 중국 법상종(法相宗)의 입장이다. 다시 말하면 이 아뢰야식이 만일에 진여와 같이 변치 않아서 무위법(無爲法)이 된다면, 이에는 본래 작용이 없고, 또한 오고감이 없으며, 변치 않는 진리와 같기 때문에 여기서는 현상계의 제법이 생성될 수가 없다[無爲無作用說 : 眞如凝然說]는 것이다. 따라서 이 아뢰야식성의 것은 반드시 현상계를 낳을 수 있는 유위법(有爲法)의 것이어야 한다는 것이다. 이에 반하여 대승불교 전반에서는 이러한 제8 아뢰야식에 진여성(眞如性)을 부여하는 것이 아니라 이를 하나의 잡념법(雜念法)으로 취급하고 이보다 더 깊은 불멸의 어떤 것을 상정하여 제9 아마라식(阿摩羅識, amala-vijñāna)을 세우는데, 이는 오염되지 않아 깨끗하다는 의미에서 무구식(無垢識)이라고 하거나 혹은 백정식(白淨識)이라고 한 데서 그 진의를 찾을 수가 있다.

한편으로 중국의 법상종(法相宗)에서는 유식학의 교의를 설정하면서 모든 대승불교의 사상을 포섭하고 천착했지만, 또 한 가지의 면에서는 대승불교의 이념과 개념을 달리하고 있는데, 그것이 다름 아닌 유위종자차별설(有爲種子差別說)에 입각한 오성각별설(五姓各別說)이다. 다시 말하면 우리가 살고 있는 이 현상세계를 자세하게 관찰하여 보면 일체 유정(有情)들은 모두가 다 평등치 않다는 견해로, 삼승(三乘)이 진실이고 일승(一乘)은 방편이라는 주장을 하면서, 선천적으로 5가지의 부류들이 존재하는데, 이들은 각자의 아뢰야식 중에 간직되어 있는 지혜종자의 차이에 의하여 결정적으로 구분된다는 것이다.

그리하여 그 내용을 살펴보면, 먼저 보살종성(菩薩種姓)으로 태어난 사람은 수행을 하면 부처가 될 수 있으며, 독각(獨覺)이나 성문종성(聲聞種姓)의 이승(二乘)으로 태어난 사람은 각각 벽지불(辟支佛)과 아라한(阿羅漢)이 될 수 있고, 이상 3가지 경우의 어느 쪽도 아닌 불확실한 종성[不定種姓]의 사람도 노력의 여하에 따라서는 2승을 거쳐서 마침내 성불할 수 있지만, 문제는 처음부터 전혀 붓다가 될 성품이 없다는 이른바 무불성종성(無佛性種姓)인 것이다. 말 그대로 불성이 없기 때문에 도저히 성불할 수가 없다는 것은 대승불교의 일반적인 교의[一切衆生 悉有佛性]와도 어긋나는 독특한 사상인데,

이와 같은 무불성론자를 또한 일천제(一闡提 ; icchaṇtika)라고도 하여 (일)천제 무불성설을 주장하는 것은 오직 이 종파만의 교설이다. 그렇지만 이러한 내용은 어디까지나 방편으로서 현실의 세계를 직시하면 이와 같이 여러 부류의 중생들이 있다는 것을 암시하는 하나의 교훈으로 보아야 할 것이다.

2. 유식의 수행

이 세계는 오직 한 마음의 조작에 불과하다고 많은 경전에서 설파하고 있는데, 이 마음을 마치 허공과 같이 두루하고 모든 중생들에게 내재하고 있는 밝게 빛나는 것으로 간주하면 여래장(如來藏) 사상이 되지만, 이를 윤회의 기초인 아뢰야식으로 해석하면 유식(唯識)사상이 된다. 이와 같은 윤회적인 성질을 가지고 있는 마음이 번뇌의 세계를 그려내는 한편으로 이의 전환에 의해서 최고 실재인 지혜가 드러나게 되는데, 이러한 현상을 이름하여 전식득지(轉識得智)라고 한다. 다시 말하면 번뇌로 말미암아 오염된 허망한 인식들을 수행의 힘으로 정화하고 전환하여 지혜를 증득하는 과정이 유식사상도 종교의 한 덕목인 이상 절대적으로 필요하다는 것이다.

1) 유식의 수행

우리가 살고 있는 이 현상계의 사물들을 눈여겨 관찰하여 보면, 거기에는 다 그 나름대로의 특성이 있어서 서로 조화롭게 잘 정리되어 있으며, 초저녁이면 뒷동산에서 울어대는 소쩍새의 소리가 하도 서글퍼서 우리의 심금(心琴)을 애잔하게 울려 주는데, 이러한 자연적인 원리와 이치 및 우리들의 감정 등에 관하여 이를 지극한 마음으로 주의 깊게 성찰하는 것을 삼마타(三摩陁 ; śamatha)와 비발사나(毘鉢舍那 ; vipaśyanā), 즉 지심(止心)과 관찰(觀察)이라고 한다. 그런데 이와 같은 개념은 여러 유가(瑜伽, Yoga)수행 중의 한 방법으로서 유가실천의 체험을 묘사하는 가운데 유식(唯識 ; Vijñapti-mātra)이라는 이론적인 술어가 처음으로 나타난 점에 주목해야 한다. 말하자면 유가를 닦는 마음 속에 나타나는 갖가지의 영상은 다만 우리의 인식에 지나지 않는다는 평범한 자각적인 체념이 유식설을 성립시킨 내면적인 동기가 된 것이다. 그리고 유식설을 신봉하는 사람들을 가리켜서 "유가를 실천하는 사람", 즉 유가사(瑜伽師 ; Yogācāra)라고 불렀으며, 이들 또한 유가행파(瑜伽行派)라고 이름했다.

이 유가사들은 일찍이 초기 유부계통(有部系統) 뿐만이 아니고 부파불교의 내부에서도 여러 논사들과 함께 교단의 중추적인 역할을 해 왔지만, 뒤에 유가행파를 형성한 사람들의 선조는 학설의 경향으로 미루어 볼 때 광의의 유부적인 토양 가운데서 출현되었다고 단정할 수가 있다. 그러나 그들이 전적으로 의지한 바는 유부의 교학 보다는 자기들의 체험이었으며, 그 체험을 뒷받침한 것은 당시에 이미 확립되어 가고 있던 대승불교의 선관(禪觀), 즉 공관(空觀)을 받아들인 것이 주요한 계기가 되었던 것으로 보인다. 여기에서 비로소 대승의 유가사가 탄생된 것이며, 이 유가사들의 독특한 관법이 바로 유식관으로 된 것이다.

그리하여 이 유식관에 관한 것을 알아보면 먼저 '지념(止念)'과 '관찰'에 관한 내용은 불교의 어느 유파에서나 흔히 공통적으로 나타나고 있는 수행방법이므로 유가행파의 특색을 지관법에서 찾는 것은 불합리하지만, 이를 골격으로 하여 대승보살도의 체계를 세워서 그것을 유가수행의 단계로 간주하고 있는 것은 오직 이 학파만의 창안이다.

즉, 《대승장엄경론》에 설해진 내용을 보면,

① 진리의 세계에서 흘러나오는 가르침을 듣는다.
② 들은 가르침에 대하여 근원적으로 사유한다.
③ 마음이 대상이나 자기에게 사로잡히지 않고 그 본래의 상태로 된다.
④ 있는 것은 있는 것으로, 없는 것은 없는 것으로 확실하게 관찰한다.
⑤ 자기 존재의 근거를 완전히 없애고, 진리의 세계에 융화해서 일체의 중생과 평등한 입장에 서서 오염을 벗어난다.

라는 것이 유가수행의 단계인데, 첫 번째의 진리의 세계에서 흘러나온 가르침이란 곧 붓다의 교설인 성전 등을 스승에게서 잘 듣고 이를 스스로 독송하거나 이해하는 최초의 단계를 말하는 것이다. 그리고 다음의 근원적인 사유란 진리의 세계로부터 유포된 가르침을 듣고서 그 내용을 지식수단에 의해 잘 검토하여 의미를 명확하게 하는 데에 그치지 않고, 그 진리를 보다 철저하게 이해하기 위해서는 붓다의 체험을 다시 체험하는 추가적인 체험이 필요한데 바로 이런한 추가체험에 이르는 과정을 말한다.

이 2단계를 거치면 마음은 오염되지 않는 투명한 상태로 된다. 그러므로 번뇌의 근원은 여기에서 끊어지고 번뇌가 없는 세계가 열리게 되는 것이다. 보살은 그 마음에 실재를 있는 그대로 비추며, 주관에 의하여 가립(假立)되어진 대상이나 영상은 진실로 존재하지 않는다는 점을 분명히 아는 것이다. 이렇게 근거의 전환에 의한 체험을 얻어서 자기와 남을 구별하지 않고, 중생과 평등한 입장에 서서 오염된 번뇌를 완전히 벗어난 것이 보살이다.

이러한 경지에 오른 보살은 번뇌로부터의 해탈이라는 점에서는 성문(聲聞)이나 독각(獨覺)과도 같지만, 자기 한 몸의 해탈에 안주하지 않고 끊임없이 중생구제에 종사하여 세계를 정화하는 활동에 직접 뛰어든 점에서는 성문이나 독각 보다도 뛰어나다는 것이다. 그러므로 그는 진리 그 자체이며, 오염을 제거하고 공덕을 쌓는 것이 그 자신에게는 어떠한 감소나 증대도 가져오지 않는 것이다.

이와 같은 5가지의 단계를 《장엄경론》에서는 차례로 용기(容器), 안치(安置), 경(鏡), 광(光) 및 근거(根據) 등의 개념으로 나타내고 있는데, 여기에서 용기란 여러 가르침을 배워서 이를 마음 가운데에 축적해 나가는 과정을 마치 물을 그릇에 채우는 것에 비유한 것이며, 근원적인 사유란 밭에 씨앗을 뿌리는 것과 같이 이러한 가르침을 바르게 깨달을 가능성을 마음 가운데에 안치하는 것을 일컫는 말이다. 다음으로 어떤 대상이나 자기로부터 집착을 여읜 마음은 암울하지 않아서 마치 거울과 같다는 것이며, 대상을 있는 그대로 비춰 주는 마음은 밝은 빛과 같아서 마침내 번뇌를 가졌던 자기 존재가 없어지고, 진리 그 자체가 자기의 근거로 자각되는 최종적인 근거의 대전환이 이루어진다는 것이다. 이와 같이 지심(止心)과 관찰을 골격으로 한 유가에 관한 수행법이 일찍부터 유가행파에 의하여 유행하였던 것으로 여겨지는데, 이러한 것을 유식관이라고 한다.

2) 5위(五位)

이러한 유가행 수습의 단계들이 발전하여 유식사상에서 소위 5위설(五位說)로 정착되었지만, 부파불교 시대부터 이미 이와 유사한 내용들이 설해지고 있었던 것이다. 즉, 《구사론(俱舍論)》의 〈현성품(賢聖品)〉에 의하면, 부처님의 가르침에 대한 청문(聽聞)과 사유(思惟)로 말미암아 마음이 해탈의 방향으로 굳어지는 단계인 순해탈분(順解脫分 ; 3賢位)과 번뇌가 없어진 세계로 방향이 정해지는 단계인 순결택분(順決擇分 ; 4善根位)의 경지에 도달하고, 거기에서 다시 견도(見道)와 수도(修道)의 단계를 거친 다음에 마지막으로 아라한(阿羅漢 ; Arhan)이 되는 것이 소승의 성현들이 거치는 수습단계(修習段階)였던 것이다. 여기에서 보면 유가에서 지향하는 목표와 소승에서 바라는 이상이 비록 다를지라도 그 수습과정 자체는 완전히 같은 것으로 여겨진다.

아무튼 이 유가의 5단계는 후에 《성유식론》 등에서 말하는 5위, 즉 자량위(資糧位), 가행위(加行位), 통달위(通達位), 수습위(修習位) 및 구경위(究竟位)에 각각 해당되는데, 지심과 관찰은 가행위에서 근원적인 사유의 단계로 실수(實修)되고, 다시 견도위에서는 지심이, 수습위에서는 관찰이 진리의 체현이라는 궁극적인 결과로 얻어지는 것을 말한다. 이와 같이 유식사상에서 말하는 수행이란 모든 인식활동으로 얻어진 번뇌를 정화하고, 이의 본성인 진여성을 깨달아 열반과 해탈을 증득하는 데 그 목적을 두고 있다.

이를 좀더 자세하게 알아보면, 첫째, 자량위는 수행의 첫걸음으로서 옛날에 먼 길을 가려면 노자(路資)와 식량(食糧)을 준비해 가듯이 진리인 붓다의 말씀을 깊이 신해(信解)하고서 대승의 순해탈분, 즉 십주(十住), 십행(十行), 십회향(十回向) 등 삼십심(三十心)을 닦는 단계를 말한다. 이 위치에서 중요한 것은, ㉠ 좋은 벗[善友]을 만나는 것이고, ㉡ 지혜를 얻고자 하는 자신의 굳은 의지[作意]가 필요하며, ㉢ 이러한 여건들을 충분히 갖추고[資糧] 출발하여, ㉣ 신해(信解)로서 부처님께서 보여 주신 가르침을 강한 정신으로 믿고 이해하는 것이 우선 필요하다는 것이다.

그렇지만 이 단계에서는 지말적인 번뇌는 정화할 수 있어도 근본되는 번뇌는 아직도 정화되지 않아서 허망한 마음과 분별하는 마음이 일어나고, 그 번뇌의 뿌리인 능취(能取)와 소취(所取)도 남아 있다는 것이다. 따라서 이 단계에서는 별도의 지혜행(智慧行)과 복덕행(福德行)이 요구되는데, 지혜를 얻으려는 수행이란 말할 것도 없이 불교에 있어서 필수적인 실천덕목인 것이며, 남을 위하는 복덕행도 이와 함께 닦아져야 한다는 것이다.

둘째, 가행위(加行位)에서는 먼저 대상이 존재하지 않는다는 것을 알고, 이어서 대상이 존재하지 않기 때문에 그것을 받아들이는 심식도 역시 존재하지 않는다는 것을 아는 능취와 소취라는 상대적인 개념을 없애고 진실한 견해를 일으켜서 번뇌가 없는 세계로 나아가는 데 진력하는 대승불교에 있어서 순결택분을 닦는 단계를 말한다. 또한 이 단계에서부터는 근원적인 사유가 시작되는데, 진리의 세계로부터 유포된 가르침을 듣고 그 내용을 지식수단에 의해서 잘 검토하여 의미를 명확하게 하는 데에 그치는 것이 아니라, 붓다의 가르침은 본래 언어로 표현할 수 없는 진리 그 자체이기 때문에 그것을 이해하기 위해서는 붓다의 체험을 다시 체험하는 일이 필요한데, 근원적인 사유란 이 추가체험에 이르는 과정을 말하는 것이다.

이렇게 추가적인 체험을 수행해 나가는 가운데서 자연히 신심(身心)은 경쾌해지고 여러 가지의 신통력도 일어나며, 난(煖), 정(頂), 인(忍), 세제일법(世第一法)이라는 4종의 선근(善根)도 차례로 생겨나는 것이다. ㉠ 난위에서는 대상에게 부여된 명칭은 단지 가립적인 것으로서 진실한 실체는 없다는 것을 알며, ㉡ 정위에서는 대상은 환영(幻影)과 같이 주관에 의하여 역시 가립되어진 것이라는 사실을 아는 단계를 말한다. 이어 ㉢ 인위의 단계에 이르러서는 외계대상에 대한 집착을 완전히 여의어서, 그 결과로 ㉣ 대상을 받아들이는 심식도 또한 없다고 깨닫는 것이 마지막 세제일법의 단계인 것이다.

이러한 관계를 예를 들어 말하면, 불을 일으키기 위하여 나무와 나무를 서로 문지르면 불이 일어나기 전에 먼저 그 마찰열에 의하여 주변이 따뜻해지는 것과 같이, 번뇌를 없애는 불이 생기기 전에 접촉된 선근을 이에 비유하여 난(煖)이라고 하며, 정(頂)이란 산꼭대기를 의미하는데, 이 선근은 그래도 불확실한 선근 가운데서는 최고의 위치에 있기 때문에 이렇게 부르는 것이며, 인위에서는 선근이 확정되어서 가르침인 진리를 수용하는 위치를 말하며, 세제일법위에서는 아직도 번뇌의 세계를 벗어나지는 못했지만, 그 세계 가운데서는 가장 뛰어나기 때문에 이와 같이 부르는데, 이 다음의 단계는 성자(聖者)의 경지인 초지(初地)에 들어가게 되는 것이다.

셋째, 통달위(通達位)는 견도위(見道位)라고도 하는데, 여기에서는 보살들이 모든 것을 있는 그대로 존재의 성품과 형상을 통달하여 체득한 경지를 말한다. 이를테면 이 위치에 이르기 위하여 꾸준히 자량과 가행의 단계를 거치면서 수행한 결과 진리에 계합되는 안목 등이 생겨서 진여를 체달하고 달관하게 된 것을 일컫는 것이다. 이렇게 진리를 체달한 경지이기 때문에 이를 또한 환희지(歡喜地)라고도 하며, 이는 보살의 초지(初地)이기도 한 것이다.

그렇지만 이 경지에서도 아직까지 인간이라는 궁극적인 존재는 없어지지 않고 남아 있기 깨문에 이와 함께 하는 번뇌는 요지부동이라는 것이다. 몸에 침투된 번뇌는 여전히 사람의 마음을 어지럽히고 있으며, 각종의 종자(種子)를 함장(含藏)하고 있는 아뢰야식은 변화하지 않고 존재하는 것이다. 다시 말하면 이와 같은 번뇌들이 이 단계에서는 “혹 항복되기도 하지만 다시 일어나는 경우[或伏或起]”도 있기 때문에 근본되는 무분별지(無分別智)를 얻기 위해서는 수행을 계속하지 않으면 안된다는 것이다.

넷째, 수습위(修習位)에서는 통달위에서 아직도 정화하지 못한 부분을 더욱 정화하기 위하여 수행하는 단계로서 긴 기간에 걸쳐서 끊임없는 수도와 그로 인하여 체득되는 무분별지의 발현에 의하여 아뢰야식중에 있는 번뇌와 주객체의 잠재력을 함께 단절하고, 의지할 바를 대전환하여 부처님의 경지를 직증(直證)하는 것을 말한다. 여기에서는 구체적으로 십지(十地)의 단계라고 하여 보살들이 오랜 기간[二大阿僧祇劫]에 걸쳐서 나머지 번뇌의 소멸을 위하여 전식득지(轉識得智)라는 수행을 계속하는 단계를 말한다.

다섯째, 구경위(究竟位)란 이렇게 보살들이 수 많은 기간에 걸쳐서 수행을 한 결과 마침내 마음이 최고의 이상적인 경지에 머무는 것을 가리키는 것으로써, 여기에서는 지금까지 우리 중생들이 일상생활에서 신체적인 감각이나 의식 등의 주관적인 인식활동을 통하여 얻는 모든 알음알이들이 완전히 제거되어 다시는 번뇌나 망상과 같은 삿된 생각들이 결코 일어나지 않는 깨달음의 경지를 말하는 것이다.

Ⅱ. 유식교학의 성립 배경

지금부터 2500여년 전에 인도의 붓다가야의 보리수 밑에서 반짝이는 샛별을 보고 깨달으신 부처님은, 그 깨달으신 진리를 혼자만이 마음 속에서 음미한 것이 아니라 이 세상의 모든 사람들을 위하여 펼 것을 맹서했었다.

그리하여 처음에는 당시 모든 사람들의 근기(根機)가 천박하여 눈 앞에 있는 것만을 믿고, 원리적이고 진실한 것은 인정치 않는 일반적인 풍조를 인식하고는 이에 동조하여 방편상으로 과거와 현재 및 미래 등 삼세(三世)는 존재하며, 따라서 모든 존재는 항상 실존한다는 이른바 '삼세실유(三世實有)'·'법체항유(法体恒有)'설을 폈던 것이다. 즉,《대비바사론》권제76(《대정장》27, 393上)에 교설되어 내용을 보면,

> 어떤 사람이 삼세의 자성에 관하여 우매하여 말하기를 과거나 미래는 없고, 현재도 이것이 무위법이라고 주장한다. 이에 그의 잘못을 그치게 하고, 과거와 미래는 진실로 존재하며, 현재도 이것이 유위법임을 밝히고자 하는 것이다. 왜냐하면 만약에 과거나 미래가 실제로 존재하지 않는다면 응당히 무엇이 이루어졌다가나 혹은 이루어지지 않았다거나 하는 것도 없어야 한다. 그런데 이미

이러한 사실들이 일어났으니, 진실로 과거나 미래가 존재함을 알아야 한다.

라고 설파함으로서 삼세가 실유적인 것임을 증명하고 있으며, 만약에 이와 같이 확실하게 과거나 미래 및 현재가 실재한다면, 그에 따라서 존재[法]라는 것은 자연적으로 실존되는 것이기 때문에 법체(法體)는 항유라는 원리도 증명된다는 것이다.

이외에도 작용의 원리를 이용하여 만약에 작용이 이미 가해졌으면 이것은 과거인 것이요, 지금 가해지고 있는 중이면 현재이며, 앞으로 가해질 경우를 상정하면 그것은 미래를 의미한다는 논리에 의거하여 역시 삼세실유사상을 펴고 있지만, 이들 실유사상은 어디까지나 교설의 초기에 일반인들의 이해를 쉽게 하기 위하여 교설한 것이지 본래 불교의 진수는 아니다.

이렇게 당시의 사람들에게 자연적인 현상에 관하여 관심을 갖게 한 뒤에, 이번에는 모든 것은 다 그대로 존재하는 것이 아니라 그것은 단지 인식주체인 우리들이 가지고 있는 마음에 의해서 인식될 뿐이라는 유심적인 내용을 설해서 마음을 무엇보다도 중요시한 것이다. 그렇기 때문에 여기에서는 삼세의 실유설에 있어서도 과거는 이미 지나가서 존재하지 않는 것이며, 미래는 아직 오지 않아서 없다는 '과미무체(過未無体)'설을 주장함과 동시에 오직 현재만이 존재한다는 '현재유체(現在有体)'설을 주장하고 있다.

이러한 사상들을 논리적으로 체계성 있게 정리한 것이 바로 불교에서 말하는 유식사상으로서 대승불교사상의 한 분야를 형성하고 있다.

그렇지만 이 사상도 마음이라는 것은 본래 없는 것이며, 모든 것은 연기법칙에 의하여 인연에 따라서 생성된 것이기 때문에 필경에는 공성(空性)에 귀결된다는 중도(中道) 지향의 반야사상을 드러내기 위한 중간적인 단계로 인정되고 있다. 따라서 유식사상의 교의가 비록 모든 법의 성상(性相)을 망라하고 있지만 법성(法性) 보다는 주로 현상학적인 원리와 그 내용을 많이 다루고 있기 때문에 이를 법상학(法相學)이라고 일컬어지고 있는 것도 이러한 이유 때문이다.

아무튼 불교는 모든 중생들을 구제하기 위한 종교임과 동시에 철학적인 원리도 가미가 되어서 이론적이고도 논리적인 방법들을 동원하여 그것을 위한 설득을 펴고 있는데, 이러한 가운데에서도 특히 유식교학은 우리들의 마음이 주체가 되어서 자기의 삶을 창조한다는 대승불교적인 학문으로서 마음의 상태와 작용 및 그 기능 등에 관하여 자세하게 해설해 주고 있는 것이 특징이라고 하겠다. 또한 유식교학은 자아철학으로서 자아의 핵심체인 마음이 망녕되게 활동하면 예토(穢土)인 사바세계를 만들고, 만약에 진실하고 정당하게 활동하면 정토(淨土)인 부처님의 세계를 나툰다는 순수한 논리를 전개하고 있다.

이와 같은 유식사상의 성립배경을 교리발달사적인 측면에서 고찰하여 보면, 먼저 그 어의(語義)에 있어서 유식(唯識)의 원어인 Vijñapti-mātra에서 Vijñapti는 동사 Vi-jñā(안다)의 사역활용 어간을 원형으로 해서 만들어진 추상명사로서 표지·기호 등을 의미하지만, 유식학적인 술어로서는 마음에 비추어서 나타낸 표상(表象)을 뜻하고 있다. 그런데 여기에서 말하는 표상은 그것에 대응되는 것이 외계에 존재하는 것을 말하는 것은 아니다. mātra는 '단지 … 뿐'이라는 의미로서 Vijñapti에 부가된 것은 표상 외에 표상되어진 것이 외계에 존재한다는 견해를 부정하기 위한 것이다. 다시 말하자면 유식이란 단지 표상만이 있고 외계의 존재물은 없다는 사상을 가리킨다고 하겠다.

유식학파를 어느 면에서는 유가(瑜伽 ; Yoga)행파라고도 하는데, 이는 요가의 실천, 즉 유가행이 이 학파의 성격을 특징짓는 까닭에 이로부터 유래된 것이다. 이를테면 유가선정(瑜伽禪定)은 세계를 마음의 내부에 존재하는 것으로 관찰하지만, 그것은 결국 마음이 마음 자체를 관하는 것에 지나지 않는다는 것이다. 모든 것을 관해야 할 일체제법 중에는 심법(心法)이 포함되고, 이 심법이 일체제법의 중심적인 위치를 차지하고 있는 것으로 되어 있다. 이 때에 관에 관한 실수(實修)를 서술하는 과정에서 유식이라는 말이 처음으로 대두된 것이다. 즉, 유식이란 마음이 제법을 관할 때에 그 제법은 바로 마음의 발로(發露)이며, 마음 자체에 지나지 않는다는 것이다.

유식설은 일종의 인식론 혹은 심리학이라고도 말할 수 있는 교학으로서 심리현상에 관한 갖가지 분석이 행해지고 있지만, 그것은 관찰되고 볼 수 있는 마음을 서술한 것이다. 볼 수 있는 마음에 반해서 보는 마음이 있어야 하지만, 그것을 여기서는 문제삼을 수가 없다. 그렇다면 보는 마음은 어떠한 것인가. 그것은 유가선정의 마음이며, 참다운 주체로서 결코 대상화될 수 없는 절대적인 무(無)로서의 마음이다. 이러한 마음은 분석과 설명을 초월하여 존재한다. 유식설은 관(觀)의 대상으로서 마음을 분석적으로 고찰함과 아울러서 그와 같이 대상화된 마음을 초월하여 대상화되지 않은 참다운 주체인 마음에 도달하려는 실천철학이라고 할 수가 있다.

그런데 이러한 유가행파의 유식이론은 무착의 《섭대승론》에 의하여 비로소 체계화되었다. 무착은 여기에서 현상계를 성립시킨 성질에 따라서 일체법을 분류한 세 가지의 자성(自性) — 변계소집성(遍計所執性)과 의타기성(依他起性) 및 원성실성(圓成實性) —과 아뢰야식(阿賴耶識 ; Ālaya-Vijñāna)설을 유기적으로 통합하여 유식성에 몰입하는 실천, 즉 유가행에 이론적인 뒷받침을 함과 동시에 이 세 부분을 포함한 유식설을 가지고 대승 최고의 가르침으로 완성하여 모든 교설의 기초로 삼았던 것이다. 무착의 설은 그 동생인 세친에 의하여 계승되었으며, 특히 세친은 식(識)에 관한 이론을 더욱 발전시켜서 여기에서 유식설의 성립을 보게 된 것이다. 그의 학설의 기본은 《유식이십론》과 《유식삼십송》에서 볼 수가 있다. 또한 세친 이후의 식이론은 인식론적인 면으로 그 정밀의 정도를 더하여 타학파와 논쟁하는 정황(情況)을 배경으로 인명학(因明學)의 발달함과 함께 독립을 재촉하는 계기가 되었던 것이다.

물론 이러한 사상의 원천이 이들에 의하여 처음으로 언급된 것은 아니다. 초기경전인 《아함경》류에 보면, "마음이 모든 존재의 근본이다"라든가, 아니면 "마음이 주인이 되어서 마음을 부린다", "마음이 번뇌스러움으로 중생이 번뇌스럽고, 마음이 청정함으로 중생이 청정하다"는 등의 교설내용은 아직 구체적으로 유식학적인 논리를 갖추지는 않았지만, 이와 같은 사상들이 후세에 유식교학의 근간이 되었던 것은 명확한 사실이다. 또한 《장부경전(長部經典)》에서는 이 세상의 모든 것은 식(識)에 의해서 존재한다고 서술하고 있다. 즉, 지(地)·수(水)·화(火)·풍(風)의 네 가지 원소와 명칭과 형상에 따라서 구별되는 모든 개체 및 그것들에 갖춰져 있는 장(長)·단(短)·대(大)·소(小) 등의 각 성질도 그 자체로 존재하는 것이 아니고, 언어로서는 정확히 표현할 수 없는 식(識)이야말로 모든 것을 존재케 하는 것이며, 이 식이 사라짐에 따라서 모든 것도 사라진다는 것이다. 《중부경전(中部經典)》 중의 《다계경(多界經)》에서도 인식기관[根]과 대상[境] 및 인식[識] 등을 각각 6종으로 나눈 18계(界)를 위시해서 여러 가지의 관점에서 제법을 분류한 계[要素]들을 들고 있는데, 이 가운데서도 모든 것을 6가지로 나눈 사상, 즉 지·수·화·풍의 4대 요소에다가 허공(虛空)과 식(識)을 더한 분류법이 있어서 관심을 끌고 있다. 이러한 예는 대서사시 마하바라타(Mahābhārata)의 철학적인 부분에서도 잘 논술되고 있으며, 여기에서 보면 우리 인간을 필두로 한 현상계의 모든 것은 이렇게 6가지로 구성되어 있으나 세계의 바탕인 대지는 물 가운데 녹아서 없어지고, 물은 불로 없어지며, 불은 바람으로 인하여 꺼진다는 것이다. 더 나아가서 바람은 허공으로, 허공은 사고력으로 말미암아서 헤아려지는데, 왜냐하면 인간의 사고력은 최고의 존재이기 때문이라고 서술하고 있다. 따라서 이렇게 보면 우리의 사고력은 모든 것의 가장 근원적인 존재이며, 그것에서 인간존재의 당위성과 함께 자연계를 구성하고 있는 제요소가 발생한다는 원리를 역시 강조하고 있는 것이다.

그러면 이 유식사상이 사상사적인 면에서 언제부터 일반인들에게 고취되고 성행되기 시작하였는가 하면, 그것은 대략 기원후 4~5세기경에 활동했던 무착과 세친에 의해서 드디어 한 학파를 형성하기에 이르면서 본격적으로 전개되었는데, 이들이 한 학파를 성립시키게 된 까닭에는 그 필연적인 원인이 있었던 것이다.

첫째는 소승계통의 설일체유부(說一切有部) 등이 실유(實有)사상을 주장하여 모든 것을 실재론적으로 파악하는 것은 부처님의 근본 교설, 즉 삼법인(三法印) 중의 제행무상(諸行無常)과 제법무아(諸法無我) 사상이 표방하는 내용들과 서로 상반된다고 하여, 이를 전면적으로 부정하면서 일체개공(一切皆空)설과 팔부중도(八不中道)설을 불멸 후 600년경에 태어난 용수 등이 주장한 것이다. 물론 이 같은 중관학파(中觀學派)들의 주장은 오도되고 있는 교의를 근본불교사상으로 환원하기 위한 일대 개혁의 취지에서 경주(傾注)된 결과였지만, 이들의 주장은 대체로 부정적인 논법으로서 일반인들에게는 허무주의에 가깝게 인식이 되었으며, 또한 후대에 올수록 그의 제자들은 파사(破邪)적인 내용에만 주력한 나머지 일체개공이 불교의 진실한 교의인양 편설(偏說)하여 악취공(惡取空)에 빠졌기 때문에 이를 타개하기 위해서도 긍정적이고 건설적인 논법을 구사하는 유식사상의 대두가 필연적이었다는 것이다.

둘째는 초기불교시대에 그 맹아가 발생하여 부파와 소승불교시대에 와서 완성을 보게 된 불교의 윤리관인 업감연기설(業感緣起說)의 내용을 한층 논리적으로 보완해 주고, 또한 업력(業力)의 소의처(所依處)로서 아뢰야식(阿賴耶識) 등을 상정함으로서 이 식(識)과 불과분의 관계인 유식사상이 홍기하지 않을 수가 없었다는 것이다.

이와 같이 인도 불교사에서 유식사상이 무착 등에 의하여 천양되었지만, 무착의 학설을 찾는다면 자연 미륵에까지 소급된다. 여기에 나오는 미륵이 역사적인 인물인지 아니면 신앙상의 보살인지의 여부는 차치하고, 그의 저작이라고 일컬어지고 있는 유식관계의 논저에는《유가사지론》과《대승장엄론》,《분별유가론》및《변중변론》등이 있으며, 무착은 본래 미륵보살의 독실한 신자로서 인도 아유타국(阿踰陀國 ; Ayodhyā)에서 좀 떨어진 한 가람에서 기거하고 있을 때에, 열심히 신앙생활을 한 결과 미륵보살과 감응도교(感應道交)의 경지에까지 이르러서 밤이면 무착이 도솔천에 올라가서 교리상의 난문제들을 듣고 와서 이를 여러 대중들에게 강설했다고 하는데, 그에게는《섭대승론》과《현양성교론》및《아비달마경론》등의 저작이 있으며, 일부에서는《유가사지론》도 무착의 저작이라고 한다.

한편으로 무착의 친동생인 세친은 설일체유부라는 소승불교의 부파에 일찍이 출가하여 소승의 교리를 연구하고 있었으나, 형인 무착의 권유에 의하여 대승불교에 귀의한 뒤에는 이를 또한 열심히 연찬하여 유명한《유식삼십송》과 함께《유식이십론》,《아비달마구사론》,《섭대승론석》,《대승오온론》및《십지경론》등 수많은 저술을 남겼기 때문에 세친을 가리켜서 천부(千部)의 논사로 칭송하고 있다.

이와 같이 유식교학이 대승불교사상의 네 가지 큰 분야[四家大乘], 즉 삼론(三論 ; 中觀學) · 법상(法相 ; 唯識學) · 화엄(華嚴) · 천태(天台) 가운데의 한 사상으로 정립 하게 된 것은 여러 선각자들의 뛰어난 안목이 있었기 때문이지만, 정작 그 교리의 발달은 인도에서보다도 중국에서 열매를 맺었던 것이다. 즉, 세친 이후 유식학에 대한 열기는 6~7세기 무렵에 인도의 비하루주 나란다(Nālandā)에 있던 대승원을 중심으로 하여 왕성하게 연구되었는데, 7세기경에 이 승원에서 《유식삼십송》을 주석한 저 유명한 10대논사 중의 한 사람이었던 호법 논사 계통의 제자인 계현으로부터 이를 배운 당 나라의 현장이 귀국하면서부터 한층 그 열기가 중국에까지 고조되어서 마침내 한 종파를 형성하기에 이르렀던 것이다.

다시 말하자면 6세기 초에 중국에 건너온 보리유지(菩提流支)와 늑나마제(勒那摩提)는 세친이 지은 《십지경론》을 각각 번역했었는데, 보리유지는 여기에서 인식작용의 근원을 아뢰야식이라고 여기는데 반하여, 늑나마제는 이를 진여라고 해석했던 것이다. 또한 546년에 역시 중국에 온 진제는 후자의 견해에 동의하면서 《섭대승론》 및 세친의 주석서를 번역할 때에 여래장설에 의거한 독자적인 견해를 짜넣었으며, 《유가사지론》 〈섭결택분(攝決擇分)〉의 일부 번역인 《결정장론》 및 다른 논서 중에서도 오염된 인식의 근거인 아뢰야식의 부정에 의해서 청정한 무구식(無垢識 ; Amala-Vijñāna)이 얻어진다고 주장했었다. 이렇게 하여 이들의 각각 다른 이념들을 근거로 중국에서는 보리유지의 《십지경론》에 관한 주석에 따라서 지론종(地論宗)이 성립되고, 진제의 《섭대승론》에 관한 주장에 따라서 섭론종(攝論宗)이 발흥했지만, 이들의 논쟁은 현장의 귀국과 그 영향력으로 말미암아서 마침내 종결되었던 것이다.

특히 현장은 인도의 10대논사들 중에서도 호법과 안혜(安慧)의 사상이 근본적인 개념부터 상이하여 항상 논쟁꺼리가 되어 왔을 때에 —안혜계통은 아뢰야식을 궁극적으로 부정하면서 진여와 같은 아마라식을 세우고, 인식에 있어서도 주관과 객관이 모두 함께 허망하다는 이른바 경식구민(境識俱泯)설인 무상유식론(無相唯識論)을 펴는데 반하여, 호법 계통은 아뢰야식을 실유의 식체(識体)로 인정하고, 절대지를 얻어도 아뢰야식 자체는 부정되는 것이 아니라고 하면서 진여로부터 모든 현상계가 전개된다는 것을 부정하는 이른바 진여응연(眞如凝然)설인 유상유식론(有相唯識論)을 주장함— 계현의 가르침에 따라서 호법사상만을 인정하였고, 《성유식론》을 완성할 적에도 이러한 관점이 크게 작용하여 마침내 호법의 주석만을 인정하고 다른 논사들의 것은 폐기처분하는 태도를 취했던 것이다.

이렇게 세친의 유식사상의 핵심을 이루고 있던 삼십송에 관한 주석서의 결정판인 《성유식론》이 중국인의 손에 의하여 집록이 되고, 또한 이를 소의경전으로 하여 현장의 제자인 규기(窺基)가 법상종(法相宗)을 세우게 됨으로써 중국불교는 다시 한번 교학적으로나 교세적으로 부흥되는 계기를 마련하게 되었던 것이다.

그러면 이러한 유식교학을 그 중심이념으로 하는 법상종이 입교개종한 근본적인 전거(典據)는 무엇인가 하면, 그것은 초·이·삼(初二三) 혹은 유·공·중(有空中) 3시(三時)의 교판(敎判)설에 의거한다는 것이다. 즉, 이 삼시의 교판설은 법상종의 소의경전인 6경 11론 중의 하나인 《해심밀경》〈무자성상품(無自性相品)〉 제5에서 모든 사물의 근본자리를 설명할 때에, 변계소집성(遍計所執性)의 것에 의하여 생긴 것은 미정(迷情) 앞에 나타난 한 그림자에 불과한 것이므로 형상이 본래부터 없다는 상무자성(相無自性)설을 펴고, 의타기성(依他起性)에 의해서 일시적으로 나타난 것은 그 진실된 성품이 없기 때문에 본래부터 생성된 것이 아니라는 이른바 생무자성(生無自性)설을, 그리고 진실하고 원만한 것은 본래부터 어떠한 변화와 모양도 없다는 승의무자성(勝義無自性)설을 강설하여 일체제법은 모두 공하다는 원리를 밝히고 있는 것이다.

그런데 이 설법을 청문한 승의 보살이 부처님께 향하여 묻기를,

제가 보는 바에 의하면 부처님 일대의 설법은 대체로 삼시(三時)로 구별되는 것 같습니다. 즉, 초시(初時)에는 녹야원에서 오직 성문승(聲聞乘)을 위하여 사성제(四聖諦)의 법문을 설해서 인집(人執)은 파했으나 오히려 법집(法執)은 아직도 파하지 못했으니, 이것이 곧 인공법유(人空法有)의 초시의 유교(有教)이오며, 그후 제2시에는 대승의 근기에 따라서 일체법은 모두가 자성이 없고, 생함도 멸함도 없으며, 본래 적정하여 그 스스로의 성품이 곧 열반이라고 설하신 제2시 반야공교(般若空教)입니다. 그리고 제3시에서는 널리 일체중생들을 위하사 유교인 삼종자성(三種自性)설과 공교인 삼무자성(三無自性)설을 함께 설하사 중도의 이치를 나타내셨으니, 앞의 두 교설은 미료의교(未了義教)요, 이제 제3시의 교설이 요의교(了義教)가 아닙니까?

라고 질문하니, 부처님께서는 이에 대답하시기를,

그것은 바로 네가 말한 바와 같으니라.

하시면서 승의 보살의 말을 인가하셨던 것이다.

이와 같이 부처님께서 직접 말씀하신 삼시에 관한 교판론이기 때문에 법상종에서는 《해심밀경》에 설해진 이 내용을 그대로 취하여 자종의 교판론으로 삼고 있는 것이다. 따라서 비록 후세에 정립된 교학이지만 그 성립될 내용과 전거는 경전상에 이미 설해져 있었던 것이며, 이를 미륵이나 무착, 세친 등이 개발하고 10대

논사들이 연찬했으며, 진제와 현장 등에 의하여 중국에 전해져서 마침내 한 종파로까지 발전하여 종교로서 갖추어야 할 수행체계, 즉 유가행과 그 교학으로서 유식학이 완성을 보게 된 것이다.

Ⅲ. 유식교학이란 어떤 학문인가

불멸 後 600년경에 태어난 용수(龍樹)에 의하여 종합 정리된 대승불교는 그 교리의 발달과 함께 새로운 경전의 요구가 대두하게 되었다. 이들 새로운 경전은 앞 시대에 수립된 공사상에 입각하면서도 미혹과 깨달음의 주체문제로서 마음의 본질에 관하여 논의되고 있는 것이 특징이다. 즉, 마음은 한편으로 깨달음의 세계를 낳은 원천이지만 다른 한편으로는 미혹의 세계를 낳은 씨앗이 되기 때문이다. 마음은 이와 같이 보리의 바탕인 동시에 윤회의 주체이기도 한 것이다. 전자는 바로 마음이 붓다라고 하는 이상적인 측면에서 고찰한 여래장설(如來藏說)로서 《여래장경》, 《승만경》, 《열반경》 등이 이 계통의 경전이라면, 후자는 마음의 현실적인 역할의 분석에서 출발하는 유식설로서 《해심밀경》과 《화엄경》 등이 대표적인 경전이다.

유식사상은 마음이 일으키는 일체의 분별망상을 다루는 분야로서 인간의 의식 자체를 심층적으로 분석하고, 그것의 전환을 통하여 지혜와 열반의 성취를 목적으로 한다. 이 사상은 불멸 後 900년경에 출현한 무착과 그의 동생인 세친에 의하여 완성되었다.

그런데 이와 같은 여래장사상과 유식사상을 동일시하여 이 두

사상간의 융합을 모색하려는 《유가사지론》과 《유식삼십론》 등의 경론이 생겨나게 되었는데, 이러한 새로운 경론이 제작되고 연구되는 시기를 중기의 대승불교라고 한다. 그러나 중기 대승불교의 이론은 아비다르마(Abhidharma ; 對法, 論)불교의 그것처럼 대단히 번쇄하고 어려워서 전문적으로 연구한 사람이 아니고서는 이를 이해할 수가 없어서 자연히 대승불교의 순수성을 상실하게 되었다.

이러한 사정에 따라서 후기 대승불교라고 할 수 있는 밀교(密教)가 출현하게 되었던 것이다. 밀교에서는 부처님의 깨달음을 다라니(dhāranī ; 總持, 能持)나 진언(眞言 ; mantra), 만다라(maṇḍala ; 輪圓具足) 등의 상징으로 나타내며, 의례(儀禮)를 중심으로 한 신앙실천 중심의 불교라고 할만하다. 그러나 이는 점차 힌두교의 의례와 유사하게 되어 그것에 통합되기에 이르렀고, 다른 한편으로는 이슬람교도들이 인도에 침입하여 불교사원 등을 파괴함으로써 불교는 13세기 무렵에 인도에서 거의 자취를 감추게 되었던 것이다.

이와 같은 홍기와 역사를 지닌 유식교학의 내용을 간추려 보면,

1. 일반적으로 대승불교의 네 가지 큰 분야[四家大乘 ; 三論學 · 唯識學 · 華嚴學 · 天台學] 중의 한 부분으로 자리를 잡고 있으며, 중관사상과 더불어 이 유식사상이 대승불교의 2대 근본 사조(思潮)를 이루고 있다.
2. 순수한 자아철학으로써 인격 주체의 핵심인 마음을 다루는데 있어서 만약에 마음이 번뇌스러우면 사바세계(Sabhā ; 忍土, 忍界)나 예토(穢土)를 이루고, 마음이 진실하면 극락(Suhāmatī ; 安樂, 安穩) 정토[自性彌陀, 唯心淨土]를 드러내어서 새로운 자아를 창조

한다는 것을 그 주안점으로 습득시키고 있다.[俱舍 8年, 唯識 3年]

3. 초기의 대승불교로 일컬어지고 있는 공사상은 부처님 말씀의 궁극적인 목표로서 범부들의 망상을 타파하여 지혜를 밝혀주는 이념이지만, 일부 사람들이 이 사상을 자의로 해석하여 오히려 편공(偏空)에 치우치는 경향[서즉조공(鼠喞鳥空)]이 있었으므로 교학계에 혼란만 가중되는 결과를 가져왔다. 그리하여 이러한 사상을 기본이념으로 하면서 중생들의 근기에 맞게 현실적인 접근을 시도하여, 미혹과 깨달음의 주체문제로서 마음의 본질에 관한 논의가 활발하게 이루어졌던 것이다. 따라서 범부가 소유하고 있는 마음이라도 이것을 잘 정화하면 깨달음의 세계를 낳을 수 있는 원천이 되지만, 그렇지 않으면 고해의 세계를 낳는 씨앗이 되기도 한다는 점을 강조한 것이다. 이를테면 마음은 보리의 바탕인 동시에 윤회의 주체이기도 하다는 내용을 이론적으로 정립하고, 그에 따른 수행법을 강조한 것이 유식교학이다.
4. 여러 가지 우주 인생의 철학적인 문제들을 종합적으로 정리하고 조직해서 서술하고 있는데, 그 방법은 대개 긍정적이고도 건설적인 논법을 사용하고 있는 중도(中道)지향의 학문이다.
5. 소승불교에서 주장하는 실유사상(實有思想)을 타파하고, 현상계의 모든 것은 한 가지도 우리들 각자의 심식(心識)에 의지하지 않는 것은 없다는 이론을 내세운다.
6. 이 사상이 흥기하게 된 한 가지 원인은 대승불교사상 이전의 교의였던 업감연기설(業感緣起說)을 보완해 주고, 아울러서 업력(業力)의 의지처를 확실하게 밝히고자 하는 가운데 일어나게 되

었다.

7. 대승불교의 기초학문으로써 《구사론》 등에서 물질 등 대상이 먼저 존재하고 난 후에 우리들의 인식이 가능하다는 이른바 색본심말(色本心末)설을 부정하는 반면에, 마음이 먼저 있어서 인식이 가능하다는 심본색말(心本色末)설을 주장하여, 이 세상의 모든 현상은 가유가 아닌 것이 없다고 정의한다.
8. 불교가 종교인 이상 그 실천덕목인 유가(瑜伽 : Yoga), 지관(止觀), 참선(參禪) 및 염불(念佛) 등의 수행을 통하여 궁극적으로 깨달음을 얻으려고 하는데 있어서, 이 유식교학이 어느 분야보다도 이론적이고 체계적으로 구성되어 있기 때문에 그에 일조(一助)할 것을 기대하고 방편상 교설된 내용[轉識得智, 轉迷開悟]이므로, 이를 도외시한 체 학문적으로 이론만을 분별하는 자세는 본래의 목적과 부합되지 않으므로 경계해야 한다는 것이다.

Ⅳ. 오위 백법의 세계

㈠ 일체의 의미

초기불교의 교학사상에서 보면, 우리가 살고 있는 이 현상계는 말할 것도 없고 그 본질로 규정되고 있는 진실한 세계인 본체계를 포함해서 이 세상의 모든 존재들을 분류하는 방법에는 여러 가지가 있다. 그러한 가운데 이 우주간에 존재하는 유,무형의 모든 존재들을 제법(諸法)이라는 말로 표현하는데, 이 의미는 일반적으로 부처님께서 가르치신 내용을 교법(敎法)이라고 한다든가 진리를 법이라고 할 때와는 사뭇 다른 의미로 설명되고 있다. 즉, 법에 관하여 정의하기를, "그 나름대로의 자성(自性)이나 품성(品性)을 지니고 있어서, 그것[자성]이 다른 존재와 구별되는 원칙이나 기준이 되는 것"[任持自性 軌生物解]을 의미하는 것으로서, 우리가 흔히 일상생활 속에서 사용하고 있는 이것 저것 할 때의 '것'이라는 말이 좁은 뜻으로 이에 해당되며, 그러한 의미에서 일체제법이라고 하면, "이 세상의 모든 것(존재)"을 가리킨다.

이와 같은 의미를 가지고 있는 법을 분류한 내용을 보면, 우선 《잡아함경》 권제31 ; (《대정장》 2, 222下) 및 《증일아함경》 권제

12 (《대정장》 2, 602上)에서 이르기를, "일체의 모든 법에는 유위법(有爲法)과 무위법(無爲法)이 있다"[所有諸法 有爲無爲]라고 하거나, "모든 법이란 것은 유루법(有漏法)과 무루법(無漏法) 및 유위법과 무위법을 말한다."[所謂諸法 有漏無漏, 有爲無爲]라고 하여, 일체제법에는 유위법과 무위법이 있으며, 이를 또한 유루법과 무루법으로도 구별한다는 것이다.

먼저 일체를 유위법과 무위법으로 구분하는 것은 철학적인 사고를 가지고 분류하는 방법으로서 유위법이란 '위작(爲作)'과 '조작(造作)'의 의미로 "만들어진 것"을 말하는데, 이 현상계의 일체는 어느 것 한 가지도 인연소생, 즉 인연의 법칙에 의하여 조작되지 않는 것이 없으며, 그렇기 때문에 무상함을 그 자성으로 삼는다는 것이다. 반면에 무위법이란 것은 유위법과는 달리 조작되지 않고 인연에 따라서 생긴 것이 아니기 때문에 생멸하는 법도 없이 영구적이며, 이 우주에 상주하여 현상계의 소의(所依)가 되는 본체계 등을 말한다.

또한 제법을 유루법과 무루법으로 구분하는 것은 종교적인 가치에 기준을 둔 분류법으로서 위에서 든 《증일아함경》의 내용 외에 《아비달마구사론》 권제1 ; 《대정장》 29, 1下)에서도 이르기를, "일체법에는 대략 두 가지가 있는데, 그것은 유루법과 무루법을 말한다"[說一切法 略有二種 謂有漏無漏]라고 설명되어 있는 것이 그것이다. 여기에서 누(漏)란, "누설(漏泄)로서 곧 모든 번뇌를 말한다"[漏謂漏泄 卽諸煩惱]"는 것으로, 일체 유정으로 하여금 생사의 고해에 유전케 하는 번뇌의 세력이 안이(眼耳) 등 6근을 통하여 끊임없이 흘러서 분별심을 일으켜 업을 짓게 하는 것을 말한다. 그러면 유루법이란 어떤 것인가. 우리 중생들의 마음은 어느 순간도 적정(寂靜)치 않고 거의 많은 시간에 걸쳐서 들떠 있거나 가라앉아 있는데, 이러한 근본원인은 번뇌가 많아서 생각을 일으키기 때문이며, 이 생각은 또한 어떤 대상이 있어서 그러한데, 그 대상을 일러서 유루법이라고 한다. 즉, 이 현상계의 일체제법은 유루의 대상이 되고, 또한 그것을 유발시키는 근원이 되므로 유루법이라고 한다. 반면에 무루법이란 우리들에게 번뇌심을 유도해서 이를 일으키게 하거나 그러한 원인 등을 제공하지 않는 법을 가리키는데, 이러한 것에는 4성제 중에서 도성제(道聖諦)와 허공, 택멸(擇滅) 및 비택멸(非擇滅) 등 3무위법이 이것에 해당된다.

이와 같은 분류법 외에 일반적으로는 5온(蘊), 12처(處) 및 18계(界)의 삼과설(三科說)을 들어서 일체법을 설명한다. 이러한 삼과설은 각각 그 내용상에 차이점이 있는 것이 아니고, 본체계인 무위법에 관한 내용도 포함되어 있지만, 대개는 우리가 살고 있는 현상계의 일체 법을 대상으로 서로 유사한 분류 방법으로 그 범위의 광략(廣略)에 따른 구별만이 있다. 다시 말하자면 이러한 세 가지의 분류법은 일체 법 중에서도 특히 우리 중생들의 마음에 관한 인식과 느낌 등을 중요시한 분류법이라고 할 수가 있다.

이 가운데서 5온설을 보면, 여기에서 온이란, "모든 유위법이 화합하고, 적취(積聚)되어 있는 것을 의미한다"[諸有爲法 和合聚義是蘊義]고 정의하거나, "어떤 근간적(根幹的)인 부분"을 뜻하는 것으로서, 물질적인 것[色]과 정신적인 느낌[受]과 상상력[想] 및 식별[識], 그리고 물질도 정신적인 것도 아닌 작용[行]의 다섯 가지가 같은 종류끼리 화합하여 쌓인 것, 즉 다섯 종류의 동류법을 5온이라고 한다.

이러한 5온이 바로 이 현상계 자체를 의미한다는 것으로서, 마음의 활동인 심리작용의 실상에 우매하여 실아법 등에 집착하는 사람들을 깨우쳐주기 위하여 이 내용을 설시하며, 이 심리작용 또한 본래 공허한 것임을 밝히는 정신과 물질에 관한 혼합된 인식관이 5온설이다.

다음으로 12처설이란 이 현상계 일체를 인식론적인 관점에서 파악하려는 입장으로서 여기에서 '처(處)'란 '들어간다'는 뜻이다. 즉, 이 세상의 유,무형의 모든 것은 그 어느 것을 막론하고 다음과 같은 12가지에 모두 포섭이 된다는 것으로서, 그렇기 때문에 일체를 일컬어서 12처라고 한다. 그리하여 경전[《잡아함경》 권제13(《대정장》 2, 91上~中)]에서 말하기를,

> 바라문이여, 일체는 12처에 포섭되나니, 곧 눈과 색, 귀와 소리, 코와 냄새, 혀와 맛, 몸과 감촉 및 의지와 법이 그것이다. 만일 이 12처를 떠나 다른 일체를 시설(施設)하고자 한다면 그것은 다만 언설일 뿐, 물어봐도 모르고 의혹만 더할 것이다. 왜냐하면 그것은 자기의 경계가 아니기 때문이다.
>
> (佛告婆羅門 一切者 謂十二入處 眼色・耳聲・鼻香・舌味・身觸・意法 是名一切 若復說言此非一切 沙門瞿曇所說一切 我今捨 別立餘一切者 彼但有言說 問已不知 增其疑惑 所以者何 非其境界故.)

라고 한 내용이 그것이다.

다시 말하자면 이 우주의 모든 것은 주관계와 객관계로 크게 나눌 수 있는데, 주관계에 속하는 것을 더 자세하게 분류하면, 눈(眼),

귀(耳), 코(鼻), 혀(舌), 몸(身) 및 의지(意)라는 6가지의 감각기관[根]을 말하는 것이요, 그 대상이 되는 객관계도 역시 물질(色), 소리(聲), 냄새(香), 맛(味), 감촉(觸) 및 법(法)이라는 6가지의 경계[境]를 말하는 것으로서, 이 6근과 6경을 합쳐서 12처라고 명칭한다. 그래서 이것이 일체를 의미하는 까닭은 자기의 눈 등 모든 인식기관을 통하여 그 대상이 되는 물질 등을 인식할 때에 그 동안의 경험이나 기억 내지는 상상력 등이 동원되는데, 그래도 인식이 불가능한 것은 누가 물어봐도 모를 뿐만이 아니라 강압을 하면 의혹만 더 커진다는 것이다. 즉, 그것은 내가 도저히 인식할 수 없는 존재이기 때문에 나의 일체가 아니라는 것이다.

그러한 의미에서 이 12처설은 자기를 중심으로 한 세계관을 제시하고 있다고 볼 수 있으며, 물질적인 관점에서 이 육체적인 것을 진실한 자아라고 집착하는 사람들을 위하여 물질 그 자체보다는 그것에 관한 활용, 이를테면 그것이 자기에게 어떻게 인식되고 있는가 하는 문제 등에 관심을 두어서 궁극적으로는 무아의 도리를 깨우쳐주기 위하여 설해지는 내용이다.

18계설은 마음의 활동과 물질, 곧 심색(心色)에 우치하여 헛되게 자아에 집착하는 사람들을 위하여 심색의 실상에 관하여 자세하게 교설하는 구체적인 법문을 말한다. 우리들의 일체 제법을 인식할 적에 그 활동과정을 보면, 먼저 심리활동을 일으킬 근본이 되는 기관이 필요한데, 그것이 바로 6근이요, 이 6근이 각각 그 인연할 바의 대상이 요구되는데, 그것이 6경이며, 이렇게 인식기관을 통하여 그 대상을 대면할 때에 인식작용을 일으킬 주체가 필요한데, 그것이 6식(識)으로서 이것은 근(根)에 따라서 명칭이 붙어져[隨

根得名] 안식(眼識), 이식(耳識) 내지는 의식(意識) 등으로 부른다. 따라서 18계란 이들 6근과 6경 및 6식을 합한 것을 총칭하는 것인데, 12처설과 달리 여기에서는 6근과 6경이 객관계를 대표하고, 6식이 주관계를 대표하며, 그 교설의 범위가 좀더 넓을 뿐이다.

이상과 같이 일체제법을 구별하여 인식하는 방법 외에도 존재론적인 입장에서 일체를 이해하려고 하여 그 구성요소에 초점을 맞춘 분류법도 있는데, 그것이 바로 4대 요소설로서 이 세상의 모든 존재는 지(地), 수(水), 화(火) 및 풍(風)의 4가지 큰 요소로 되어 있다는 것이다.

三 오위 칠십오법과 그 개요

1. 色法(11)
   - 眼 · 耳 · 鼻 · 舌 · 身(五根)
   - 色 · 聲 · 香 · 味 · 觸(五境)
   - ● 無表色
   — 物質

2. 心 王 法(1) ━ 六識 ━ 眼 · 耳 · 鼻 · 舌 · 身 · 意(마음의 주체) — 精神

3. 心所有(46) — 心理作用 — 精神
   - 大 地 法 (10): 受 · 想 · 思 · 觸 · 欲 · 慧 · 念 · 作意 · 勝解 · ○三摩地
   - 大 善 地 法(10): 信 · ○勤 · ○捨 · 慚 · 愧 · 無貪 · 無瞋 · 不害 · 輕安 · 不施逸
   - 大煩惱地法(6): ○ 無明 · 放逸 · 懈怠 · 不信 · 惛沈 · 掉擧
   - 大不善地法(2): 無慚 · 無愧
   - 小煩惱地法(10): 忿 · 覆 · 慳 · 嫉 · 惱 · 害 · 恨 · 諂 · 誑 · 憍
   - 不 定 法(8): ○ 惡作 · 睡眠 · 尋 · 伺 · 貪 · 瞋 · 慢 · 癡

4. 不相應行(14) — 非色非心의 存在
   - 得 · ●非得 · 衆同分 · ●無想果 · 無想定 · 滅盡定
   - 命根 · 生 · 住 · ●異 · ●滅 · 名 · 句 · 文

物質 · 精神 · 非色非心의 存在 — 有爲法

5. 無 爲 法(3) — 虛空 · 擇滅 · 非擇滅 — 無爲法

○ 표시는 양 쪽(75법과 100법)의 명칭이 다르게 표현된 다르마

● 표시는 75법에만 존재하는 다르마

2. 개 요

초기의 불교사상에서부터 소승불교 시대까지 일반적으로 교설되던 일체제법에 관한 개념은 위에서 살펴 본 바와 같이 여러 가지로 역설되고 있었지만, 보다 구체적이고도 체계적인 내용은 아마도 5위 75법에 의한 분류법이다. 말하자면 이 5위 75법이 이전까지의 일체법 관한 모든 교의를 종합적으로 분석하여 정립한 것으로서, 여기에서 5위란 이 우주 인생의 현상계는 물론이고 진리의 세계인 본체계까지를 그 성질에 따라서 5가지로 분류한 것을 말하고, 75법이란 이 5위를 좀더 자세하게 나누어서 설명한 것이다.

그러면 5위는 무엇이며, 그것은 어떠한 순서로 배열되어 있는가 하면, 5위는 (1) 물질인 색법(色法), (2) 인식활동의 주체인 심왕법(心王法), (3) 심리작용인 심소유법(心所有法), (4) 물질도 정신도 아닌 존재인 심불상응행법(心不相應行法)[이상 4위는 유위법] 및 (5) 진실한 존재를 가리키는 무위법 등으로 분류되어 있는 것을 말한다. 그리고 그 배열 순서에 있어서는 색본심말설(色本心末說), 즉 어떤 사물을 인식할 때에 먼저 대상인 물질이 존재해야만 우리의 인식 주체인 마음과 심리작용 등이 이에 접촉하여 인지할 수 있게 된다는 물질 위주의 인식관에 따라서 물질인 색법이 제일 먼저 놓이고, 그 다음으로 마음의 주체인 심왕법, 이어서 그 심리작용인 심왕소유법 및 물질이나 마음과 상응치 않는 존재인 심불상응행법이 그 뒤를 잇고 있으며, 마지막으로는 이들 4가지의 근본자리로서 불변의 세계로 인식되는 무위법이 설정되고 있다. 그런데 이와 같은 순서는 한편으로 제법이 가지고 있는 본질적인 형태, 즉 법상(法相)의 존재가 먼저 요구되어서 성립될 수 있기 때문에 이것을 또한 법상생기(法相生起)의 차례에 의한 것이라고 한다.

다음으로 75법에는 어떠한 것들이 있는가 하면, 먼저 (1) 색법에는 5근인 안, 이, 비, 설 및 신과 그 대상인 5경, 즉 색, 성, 향, 미 및 촉 등의 10가지와 무표색(無表色) 한 가지를 더 하여 모두 11종을 말한다. 좀더 구체적으로 색법이란 어떤 것을 의미하는가 하면, 이 세상에 존재하는 모든 물질 전반을 총칭하는 단어로서 시간적으로 관찰해 보면 변화와 변천하는 성질이 있고[變化性], 공간적인 측면에서 보면 일정한 공간을 차지하고 있기 때문에 다른 존재들과 서로 장애가 되고[質碍性] 거리낌 등이 있는 것을 가리킨다. 한편 무표색이란 것은 몸과 언어 등으로 말미암아 업을 지었지만 그 영향력이 겉으로 드러나지 않고 은근히 발휘되기 때문에 이와 같이 부른다. 예를 들면 어느 때에 강성한 선업(善業)이나 악업(惡業)에 의하여 무표업을 지었으면, 그 선업의 무표업은 계속해서 악한 짓을 경계하는 여력이 상존해서 나쁜 일을 못하게 할 것이고, 반대로 악업의 무표업은 선한 짓을 경계하여 좋은 일을 못하게 하는 등의 표면에 드러나지 않고 그 영향력을 행사하는 세력을 말한다.

그리고, (2) 심왕법이란 우리들의 인식 주체인 마음을 가리키는데, 여기에는 단지 한 가지만이 존재한다는 것이다. 그리고 이 법은 마치 한 나라의 국왕이 자기 멋대로 권력을 행사하는 것과 같이 그렇게 막강한 세력이 있기 때문에 이에 비유되어 붙여진 명칭으로서, 이어 소개할 심소유법과는 5가지로 서로 긴밀하게 상응한다는 것이다. 즉, ① 심왕법과 심소법은 그 의지하는 바의 근(根)이 서로 같으며, ② 이들은 그 대상이 같고, ③ 그 작용이 또한 같으며, ④ 이들은 동시에 일어나서 활동하고, ⑤ 이들이 상응해서 활동할 적에 만약 한 심왕법이 나타나서 인식활동을 하면 이와 상응해서 활동하는 심소법도 한 가지만이 일어나서 활동하지, 두 가지 이상씩이 일어나지 않는다는 것이다.[《아비달마구사론》 권제4(《대정장》 29, 22上)에, "謂心心所 五義平等 故說相應. 所依・所緣・行相・時・事皆平等故 事平等者 一相應中 如心體一 諸心所法 各各亦爾."]

그런데 《구사론》 권제4(《대정장》 29, 21下)에서는 이 심왕법을 3가지의 다른 명칭으로 열거하고 있다. 즉, 마음[心]이라고 할 때에 이것은 집기(集起)의 의미로서 심소법과 신구의(身口意) 3업이 지은 바의 것을 결합해서 상승시키는 세력을 일컫고, 이것을 의식[意]이라고 할 때에는 사량분별(思量分別)의 뜻으로서 이른바 대상을 항상 헤아리는 것[量度]을 말하고, 알음알이[識]라고 할 때에는 요별, 식별의 뜻으로서 제법의 경계를 명확하게 아는 것을 의미한다는 것이다. 그렇지만 이 3가지는 비록 그 의미가 다를지라도 한 가지 것에 관한 다른 측면의 해설이기 때문에 몸뚱이는 하나라는 것이다[集起故名心 思量故名意 了別故名識 ---- 心意識三名 所詮義雖有異 而體是一]. 따라서 여기에서는 인식주체에 의한 분류인 6식에 관해서도 그것들이 비록 안식, 이식 내지는 의식 등으로 각각 다르게 활동한다 할지라도 그 당체는 어디까지나 하나로 여겨서 6식체일(六識

體一)설을 주창한다. 이것은 창문이 6개인 우리 안에 한 마리의 원숭이가 갇혀서[六窓一猿] 이리저리 뛰어다니는데, 이 광경을 밖에서 본 사람들이 마치 우리 안에는 6마리의 원숭이가 있다고 착각하는 것과 같다는 것이다.

(3) 심소유법은 심왕법이 오직 인식대상의 총상만을 연취하는 것[唯取總相]에 비하여 이것은 총상은 물론이요 별상까지도 연취하는 것[取總別二相]으로서, 예를 들면 안식이 어느 색경을 소연으로 할 때에 심왕은 단지 색경 전체를 총괄적으로 식별하는데 그치지만, 심소법은 심왕과 함께 총상을 연취하는 동시에 더 나아가서 그 대상의 장단(長短)이나 미추(美醜) 등의 특색까지도 자세하게 분별한다는 것이다.

이와 같이 심소유법은 심왕법을 도와서 인식활동을 하기 때문에 왕을 수행하는 신하와 그 역할이 같다는 의미에서 심왕법에 따른 법이라는 취지로 심왕소유법이라고도 한다. 이러한 심소법에는 6종류에 46가지로 나누어서 고찰하고 있는데, 그것을 보면, ① 대지법(大地法) 혹은 변(遍)대지법이라고도 하는데, 이들 심소는 언제나 두루[大 : 주변(周遍)의 뜻] 심왕인 마음[地]과 함께 일어나는 심리작용[法]을 가리키는 것으로서, 여기에는 감각적인 작용인 수(受)와 모든 사물의 형상이나 명언(名言) 등을 마음 가운데 그리는 심리작용인 상(想) 등 10가지가 있다. ② 대선지법(大善地法)은 선량한 마음과 함께 일어나 인식작용을 돕는 심소를 말하는데, 그 자체가 청정하여 인식하는 바의 대상을 의심치 않고 인정하는 신(信) 등 10가지가 있다. ③ 대번뇌지법(大煩惱地法)이란 좋지 않는 마음과 번뇌로 덮여 있지만[有覆] 선이나 악이라고 할 수 없는 마음[無記心]과 함께 하는 심소법들을 말하는데, 여기에는 인식대상에 대하여 혼미한 무명(無明)과 어떤 일에 대하여 결단력이 없는 무지(無智)로 대변되는 우치(愚癡)라는 심소와 나쁜 일에 전념하여 선법을 닦지 않는 방일(放逸) 등 5가지가 있으며, ④ 대불선지법(大不善地法)이란 일체의 악한 마음과 함께 일어나는 심리작용으로서 이것은 오직 불선(不善)한 마음에만 한정되어 일어나지만, 악하고 유부무기성에 다 통하는 저 대번뇌지법과는 다르다. 여기에는 자신을 반성하여 지은 바의 죄과에 부끄러워하는 마음이 없는 무참(無慚)과 현명한 사람이나 선량한 친구에 대하여 무례한 행동 등을 하고서도 이를 뉘우치지 못하는 무괴(無愧) 등의 2가지가 있다. ⑤ 소번뇌지법(小煩惱地法)이란 대번뇌지법과 같이 악과 유부무기성에 통하나 오직 제6의식의 물든 마음[染心]에 따라서만 일어날 뿐이고, 일체의 다른 마음과 함께 일어나지 않기 때문에 그 범위가 좁은 관계로 소번뇌지법이라고 한다. 여기에는 쉽게 노여워하는 분(忿)과 부(覆)라고 하여 자기의 죄업 등을 은밀스럽게 감추려는 심리작용 등 10가지가 있다. 끝으로 ⑥ 부정지법(不定地法)은 앞의 5부류의 심소법 가운데에 포함되지 않는 독자성을 가진 심리작용을 말한다. 이에는 8가지가 있으니, 거칠고 얕게 심리작용을 하는 심(尋)과 이와 반대로 자세하고 깊게 살피는 심리작용인 사(伺) 등이 그것이다.

(4) 심불상응행법이란 인식주체인 마음과도 상응치 않고 그렇다고 그 대상인 물질과도 상응치 않는 성질을 가지고 있는 심소법을 말한다. 이를테면 득(得)과 같이 무엇을 얻었다고 할 때에 이것은 정신적인 것일 수도 있으나 한편으로는 물질적인 획득 같은 것도 상상될 수 있으므로, 이것은 정신과 물질에 다 통하는 반면에 정

신과 물질에 속하지 않는 존재라고도 할 수 있기 때문에 이러한 의미에서 이를 색심(色心)불상응행법이라고도 한다. 여기에는 득, 비득(非得) 등 14가지가 있다.

(5) 무위법이란 어떠한 인연법이나 인위적인 강압에도 따르지 않고 영구히 독립자존하는 진리나 지혜 등과 같은 것을 일컫는데, 이러한 성질은 색법과 심왕법 등 4위법이 현상계인 유위법으로서 이들이 인연에 따라서 생멸변화하는 무상한 존재인 것과는 그 개념을 달리한다. 여기에는 허공(虛空)과 택멸(擇滅)과 비택멸(非擇滅) 등의 3가지가 있으니, 허공이란 그 안에 일체 만유를 포용하고 있으면서도 이들이 서로 걸림이 없이 자유자재로 활동케 하는 상주불변하는 공간적인 실체를 말하는데, 진리나 지혜의 세계도 마치 허공과 같다는 것을 예를 들어서 표현한 것이다. 택멸이란 '간택력(簡擇力) 소득의 멸(滅)'에서 유래된 말로서, 번뇌 등이 일어났을 때에 이를 잘 선택해서 없앴다는 뜻으로 바로 지혜의 발휘를 가리키는 것이며, 비택멸이란 어떤 법이라도 인연이 결여되면 이 세상에 나타나지를 못하고[緣缺不生] 영원히 무위의 세계로 흘러가는데, 이러한 경우에는 지혜[擇滅]조차도 필요치 않다는 의미에서 비택멸이라고 하며, 인연이 결여된 것은 영원히 존재하는데, 이것이 바로 진리의 세계를 뜻하므로 무위법에 소섭된다는 것이다.

三 오위 백법과 그 해설

1. 5위 100법

- 1. 心王法(八) — 眼・耳・鼻・舌・身・意・末那・阿賴耶 — 心의 主體
- 2. 心所有法(五一) — 心理作用
  - 遍行(五) — 觸・作意・受・想・思
  - 別境(五) — 欲・勝解・念・定・慧
  - 善(十一)
    - 信・慚・愧・無貪・無瞋・無痴・勤・安
    - 不放逸・行捨・不害
  - 煩惱(六) — 貪・瞋・癡・慢・疑・惡見 (六本惑)
  - 隨煩惱(二十)
    - 忿・恨・覆・惱・嫉・慳・誑・諂・害・憍 (十小隨惑)
    - 無慚・無愧 (二中隨惑)
    - 掉擧・惛沈・不信・懈怠・放逸・失念・散亂・不正知 (八大隨惑)
  - 不定(四) — 悔・眠・尋・伺
- 3. 色　法(十一) — 物質
  - 五　根 — 眼・耳・鼻・舌・身
  - 五　境 — 色・聲・香・味・觸
  - 法處色
- 4. 不相應行法(二四) — 得・命根・衆同分・異生性・無想定・滅盡定・無想事・名・句・文・生・老・住・無常・流轉・定異・相應・勢速・次第・時・方・數・和合性・不和合性 — 非色非心의 存在

(1.～4.: 有爲法)

- 5. 無爲法(六) — 虛空・擇滅・非擇滅・不動・想受滅・眞如 — 無爲法

2. 개 요

불교교리를 발달사적인 측면에서 고찰해 보면 대승불교상에서 교설되고 있는 여러 사상들을 후에 종합적으로 정리해서 이것을 논리적이고도 체계적으로 확립한 것이 유식교학이기 때문에, 여기에서 설해지는 일체 제법에 관한 내용도 대승불교에서 주장하는 것과 거의 일치한다. 말하자면 초기불교에서는 일체법을 분류하여 명색(名色), 유,무위, 유,무루, 5온, 12처, 18계 및 4대요소 등으로 나누었고, 소승불교에서는 《구사론》의 교의 등에 입각해서는 5위 75법을, 《성실론》에서는 84법 등으로 정리하였으며, 대승불교에서도 《성유식론》에서는 5위에 관한 간략한 내용만 보이고, 《유가사지론》에서는 6백 6십 법이 있다고 했지만, 그에 관한 자세한 내용은 역시 교설되어 있지 않다. 그렇지만 세친의 저서인 《대승백법명문론(大乘百法明門論)》(《대정장》 31, 855中~下)을 보면, 일체제법을 5위 100법으로 자세하게 나누어서 고찰하고 있다.

1) 유위법(有爲法)

이 우주간의 모든 존재를 유위법과 무위법으로 구분하는 것은 철학적인 개념을 가지고 나누는 방법으로서, 여기에서 말하는 유위법이란 조작(造作)의 의미로 "만들어진 것"을 의미하는데, 이 현상계의 일체제법은 어느 것 한 가지도 인연소생, 즉 연기의 법칙에 의하여 조작되지 않은 것이 없으며, 그렇기 때문에 무상함이 그 자성이라는 것이다. 이러한 유위법에는 어떤 것이 있으며, 또한 그것은 어떤 순서로 배열되어 있는가를 고찰해 보면, 대략 다음과 같다.

(1) 심왕법(心王法)<8법>

일반적으로 마음이라고 하면 자성이 청정한 진여와 같은 것과 분별을 쉬지 않는 망상적인 것으로 나눌 수 있는데, 여기에서는 유,무형의 대상을 보고 항상 분별심을 일으키는 후자에 속하는 마음을 일컫는다. 이것을 심왕이라고 한 것은 이 마음이 우리의 인식주체가 되기 때문으로서 여기에는 8가지가 있다.

---- 안식(眼識) · 이식(耳識) · 비식(鼻識) · 설식(舌識) · 신식(身識) · 의식(意識) · 말나식(末那識) · 아뢰야식(阿賴耶識)

(2) 심왕소유법(心王所有法)<51법>

마음의 주체인 심왕법에 소유되어 활동하는 심리작용으로서 일종의 작은 마음[細心]을 가리킨다. 즉, 이 마음은 항상 저 심왕법에 의지하여 일어나고, 저와 상응하며, 저것을 떠나서는 존재할 수 없는 것이다(恒依心起 與心相應 繫屬於心 故名心所). 이에는 6가지에 51법이 소속되어 있다.

① 변행심소(遍行心所)<5법>

마음의 주체인 심왕법과 첫 생각[初念]에서 만나 언제나 함께 활동하는 심리작용을 말한다. 이를테면 눈[眼]이 물질[色]을 대상으로 안식(眼識)을 일으킬 때에 이들 세 가지(眼 · 色 · 識)가 합하여 발생하는 것이 촉(觸)이다. 촉과 함께 수(受), 상(想), 사(思) 등도 일어난다.

----- 촉(觸) · 작의(作意) · 수(受) · 상(想) · 사(思)

② 별경심소(別境心所)<5법>

심왕법과 다음의 생각[次念]에서 상응하는 한편으로 그 속성에 따라서 각각 다른 경계[別境]에서 일어나는 심리작용을 말한다.

----- 욕(欲) · 승해(勝解) · 염(念) · 정(定) · 혜(慧)

③ 선심소(善心所)<11법>

선량한 마음, 즉 심왕법이 선성(善性)을 일으키면 이에 상응해서 일어나는 선량한 심리작용을 말한다.

----- 신(信) · 참(慚) · 괴(愧) · 무탐(無貪) 등

④ 번뇌심소(煩惱心所)<6법>

마음이 좋지 않는 생각을 일으키면 그에 따라서 함께 활동하는 근본번뇌를 말한다.

----- 탐(貪) · 진(瞋) · 치(痴) · 만(慢) · 의(疑) · 악견(惡見)

⑤ 수번뇌심소(隨煩惱心所)<20법>

근본번뇌가 일어날 때에 함께 따라서 일어나는 잔 마음을 가리킨다.

----- 분(忿) · 한(恨) · 부(覆) · 뇌(惱) · 질(嫉) 등

⑥ 부정심소(不定心所)<4법>

그 성품을 선이라고도 할 수 없고, 그렇다고 악이라고도 할 수 없으며, 선, 악 및 무기인 3성(三性) 중의 어떤 심 · 심소와도 상응하여 일어나므로 이것을 부정심소라고 한다.

------ 회(悔) · 면(眠) · 심(尋) · 사(伺)

(3) 색법(色法)<11법>

일정한 공간을 차지하면서 서로 거리낌과 장애 됨이 있고, 생멸 변화하는 것을 말한다.

① 5가지의 감각기관<5근> — 안근(眼根), 이근(耳根), 비근(鼻根) 등

② 5가지 감각기관의 대상<5경> — 색경(色境), 성경(聲境) 등

③ 관념적인 존재[無表色]<1> — 법처소섭색(法處所攝色)

(4) 심불상응행법(心不相應行法)<24법>

물질[色]과 마음[心] 및 그 작용[心所]상에 일시적으로 이름을 붙인 것으로써 물질도 아니고 그렇다고 마음도 아닌[非色非心] 존재를 말한다.

----- 득(得) · 명근(命根) · 중동분(衆同分) · 명(名) · 구(句) · 생(生) · 노(老) 등

2) 무위법(無爲法)<6법>

무위법이란 것은 유위법과는 달리 조작되지 않고 인연에 따라서 생긴 것이 아니기 때문에 생멸하는 법도 없이 영구적이며, 이 우주에 상주하여 현상계의 소의(所依)가 되는 본체계 등을 말한다.

----- 허공(虛空) · 택멸(擇滅) · 비택멸(非擇滅) · 부동(不動) · 상수멸(想受滅) · 진여(眞如)

결론적으로 이와 같은 제법들이 유식(唯識)의 도리에 지나지 않는다는 것을 강조한 내용을 보면(《성유식론》 권제7 : 《대정장》 31, 39下),

> 심왕법은 식의 자상을 말하고, 심소유법은 식과 상응하는 존재이며, 색법은 이 두 가지가 변한 바의 것이고, 불상응행법은 이 심왕, 심소, 색법 등 세 가지의 분 위상의 가립적인 존재이며, 무위법은 이러한 것들의 진실한 존재이기 때문에, 모든 것은 식을 여의고서는 존재할 수가 없으므로 이와 같은 의미에서 유식이라고 한다[不離識故曰唯識].
>
> (識自相故 識相應故 二所變故 三分位故 四實性故 如是諸法 皆不離識 總立識名)

라는 것이다.

3. 유위법

1 색 법

유식사상에서 현상계의 일체제법을 설명할 때면 인식주체인 심법부터 먼저 해설하는 것이 타당할 것이나 여기에서는 그 대상이 되는 존재인 색법부터 파악해서 일체 유심의 도리를 한층 더 이해하고자 한다. 또한 유식사상에서 물질인 색법을 논술하는 것은 색법 그 자체를 인정하는 것이 아니라 심법으로 지어진 바의 존재[認識의 所變現]인 것을 부각시키기 위한 논증이 본래의 목적이다.

그리고 일반적으로 불교학에서 자주 사용되고 있는 '법'(法)'에 관한 개념부터 정리해 보면, 이것이 몇 가지의 뜻으로 쓰이고 있는데, 첫째는 부처님의 말씀을 불법(佛法)이라고 하는 경우와, 이 현상계를 안목을 가지고 자세하게 관찰해 보면 거기에는 세 가지의 진리가 내재되어 있는데, 이것을 삼법인(三法印)이라고 할 때와 같이 법을 '진리'라는 개념으로 쓰이는 경우가 있다. 둘째는 부처님의 가르침을 교법(教法)이라고 하는 것과 같이 법을 '부처님이 가르치신 내용'으로 표현할 수 있겠으며, 셋째는 원전적인 해석으로서 법을 일컬어서 '임지자성(任持自性) 궤생물해(軌生物解)'라고 정의

하는데, 이 의미는, "그 자신의 성품이나 자성[예 ; 불 → 뜨겁다. 물 → 차다. 습하다]을 지니고 있어서, 그것이 궤범(軌範)이나 규칙, 기준 내지는 법칙이 되어, 다른 것과 구별됨[了解]을 일으키는 것"으로 해석되어서, 우리가 흔히 말하는 '것'[예 ; 색법(色法), 제법무아(諸法無我)]이 이에 해당된다는 것이다.

따라서 색법이라고 하면, 여기에서는 '것'에 상당하는 의미로 해석되어서 물질적인 것, 즉 일반 물질의 총체를 의미하는 것으로서, 경전에서 정의하기를, "이것과 저것이 서로 일정한 형상을 지니고, 공간을 차지하고 있기 때문에 장애가 되고 거리낌이 있는 질애성(質碍性)의 것"이라고 하든지, "생멸변화하고, 서로 장애가 되는 것"[質碍故名爲色] 등으로 정의한다.

그 종류에는 총 11가지가 있다.

(1) 주관을 대표하는 5가지의 감각기관 — 5근(根)

(2) 객관을 대표하는 5가지의 인식대상 — 5경(境)[5진(塵)]

(3) 법처소섭색(法處所攝色)이라고 하여 우리들의 의식 속[法處]에 간직되어 있는 관념적인 존재는 그것이 어떤 모양이나 형상을 지니고 있지 않기 때문[無表色]에 다른 사람에게 쉽게 표현할 수가 없는데, 이것을 법처소섭색이라고 하여 하나의 색법으로 간주한다. 이것도 객관인 인식대상에 해당하는 존재이다.

(1) 5근(根)

① 우리의 마음[心王]과 심리작용[心所]이 무엇에 의지하여 일어나는가 하면, 그 것은 각각 근거할 바의 바탕인 근(根)이 있어서 가

능하다는 것이다.

② 이러한 우리 신체상의 5근은 각각 4가지로 서로 증상연(增上緣)이 되는데, 그 4가지란, ㉠ 몸을 장엄하고, ㉡ 신변의 위험을 알아채고 몸을 보호하며[導養], ㉢ 대상에 관하여 인식 등을 일으키지만, ㉣ 각자 하는 일은 같지 않다는 것이다.[《구사론》 권제3(《대정장》 29, 13中)에, [眼等五根 各於四事 能爲增上 一莊嚴身 二導養身 三生識等 四不共事].

③ 바탕이라는 것은 우리들 신체상의 다섯 가지의 감각기관을 말하는 것으로서 눈을 안근(眼根), 귀를 이근(耳根), 코를 비근(鼻根), 혀를 설근(舌根) 그리고 몸을 신근(身根)이라고 이름한다.[이들은 5식(識)의 소의처가 됨].

여기서 안근(眼根) 내지 신근(身根) 등과 같이 감각기관의 명칭 다음에 '근(根)'자를 붙인 것은 이것이 '뿌리', '근본', '바탕' 등의 의미로서, 인식활동이 이들을 뿌리로 하여 이루어진다는 뜻을 함축하고 있다. 즉, 각각의 근은 그에 따른 인식을 낳아서[出生] 그에게 뛰어난 활용[勝用]을 하게 하며, 힘 등을 증가시켜서[增上] 어떤 물질을 일어나게 하는데 결정적인 역할을 한다는 것이다.[참고 ; 제6의식과 제7 말나식 및 제8 아뢰야식 등의 세 가지 식의 근은 의근(意根) 등 심법(心法)이다].

④ 좀더 자세하게 설명하면, ㉠ 안근은 안식(眼識)이 의지하는 바의 근으로서 다른 근과 달리 오직 물질만을 대상으로 하여 이를 보아서[照見] 요별하고[了別色塵 名之爲眼], 신변의 위험 등을 알아채어서 몸을 보호케 하는[導養] 역할을 한다는 것이고, ㉡ 이근은 이식(耳識)이 의지하는 근으로서 각종의 소리를 능히 청취한다. ㉢ 비

근은 비식(鼻識)이 의지하는 근으로서 각종의 냄새를 맡는 역할을 하고, ㉣ 설근은 설식(舌識)이 의지하는 근으로서 모든 맛을 분별케 하며, ㉤ 신근은 신식(身識)이 의지하는 바의 근으로서 우리의 몸은 모든 근과 4대종의 색법들이 화합하여 성립된 것[積集義]인 반면에 많은 법들의 의지처가 되고 있다[依止義]는 것이다.

⑤ 이들은 우리들이 인식활동을 할 때에 무엇보다도 중요하며 [예 ; 눈이 안 보 이는 사람은 그만큼 다른 사람에 비하여 물건을 정확하게 파악하는데 많은 지장을 초래함], 그 근본구조는 대개 물질로 되어 있기 때문에 이들을 색법으로 한데 묶는 것이다.

이와 같은 근에는 두 종류가 있다.

㉠ 부진근(扶塵根) — 근을 부조(扶助), 즉 도와주는 기관으로서 안식(眼識) 내지 신식(身識) 등 전오식(前五識)으로 하여금 경계(境界 ; 인식대상)를 반연(攀緣)케 하기 위하여 승의근(勝義根)의 의지하는 바가 되며, 또한 이를 붙드는 것을 말한다. 이를테면 육안으로 볼 수 있는 유형의 눈, 귀, 코 등의 감각 기관이 이에 속한다.

㉡ 승의근(勝義根) — 부진근에 의지하여 존재하며, 식을 내어서 대상을 취하게 하는[發識取境] 미묘한 기관을 말한다. 즉, 안으로 마음을 일으켜서 바깥 대상을 인식케 하는 오관(五官)의 신경(神經) 등이 이에 속한다.

☆반연(攀緣) ; 일반적으로 호박이나 칡의 덩굴이 나무나 풀의 줄기를 휘어잡고 올라가듯이, 마음도 이것이 일어날 때에는 스스로의 힘에 의하여 일어나는 것이 아니고 반드시 대상에 의지하여 일어나는 것을 말한다[원인 을 도와서 결과를 맺게 하는 것]. 이럴 경우 마음은 대상을 반연한다고 하며, 이렇

기 때문에 반연은 일체 번뇌의 근본이 된다.

(2) 5경(境)

① 5경(境)이란 5진(塵)이라고도 하는 것으로서 전5식(前五識)의 인식대상이 되는 것을 말한다. 이들의 것은 우리들의 진실한 성품을 더럽혀서 번뇌를 일으키는 원동력이 되므로 이와 같이 부른다.

② 이에는 안식(眼識)의 대상으로서 색경(色境), 이식(耳識)의 대상으로 성경(聲境), 비식(鼻識)의 대상으로 향경(香境), 설식(舌識)의 대상으로 미경(味境) 및 신식(身識)의 대상인 촉경(觸境) 등 다섯 가지의 경계(境界)가 있다.

③ 이들을 자세하게 설명하면, ㉠ 색경이란 안식이 활동하는 바의 대상[爲眼所行 名之爲色]을 일컫는 것으로서, 이것은 대략 3가지로 구별된다. ㉮ 현색(顯色)으로서 겉으로 드러난 색이라는 의미로 보통 '빛깔'을 말하는데, 이에는 청(靑), 황(黃), 적(赤) 및 백(白)의 4가지 색이 근본이 되어서 그림자[影], 빛[光], 밝음[明], 어둠[闇] 등 많은 가색(假色)을 나타난다는 것이다. ㉯ 형색(形色)이란 현색을 기초로 하여 발생하는 것으로서, 이에는 장단(長短), 방원(方圓), 고하(高下) 및 추세(麤細) 등의 구분이 있다. 즉, 장단이란 물체의 길고 짧은 것을 말하고, 방원이란 물체의 모나고 둥근 모양을 일컬으며, 추세란 물체의 대소를 말하는데, 이러한 것들에 의하여 구별되는 것을 형색이라고 한다. ㉰ 표색(表色)이란 형색을 기초로 하고 중생들의 동작에 의하여 구별되는 형태를 말한다. 즉, 중생들의 의사에 따라서 신체상에 나타나는 자세 등을 색이라고 일컫는다. 이러한 것에

는 행(行), 주(住), 좌(坐), 와(臥), 취(取), 사(捨), 굴(屈) 및 신(伸) 등이 있다.

이상의 여러 색 가운데서 안식의 대상은 바로 4현색이며, 형색과 표색은 제 6 의식의 대상이다. 4현색은 실체가 있는 것이나 형색과 표색은 실체가 없는 거짓 존재이다.

㉡ 성경(聲境)이란 이식의 인식대상을 말하는 것으로서, 유정의 신체상에서 나는 소리나 언어 등의 내성(內聲)과 유정이 아닌 물체 등에 의하여 나는 바 람소리나 빗물 소리 등의 외성(外聲) 및 유정의 신체와 물체 등에 의하여 나는 소리로서 손으로 북을 치거나 입으로 피리를 불 때에 나는 내외성(內外聲) 등 3가지는 소리의 발생 원인에 따른 구별이다. 반면에 들어서 쾌감을 환기시켜주는 언어나 음악 등은 이를 가의성(可意聲)이라 하고, 들어서 불쾌감을 주는 이른바 질책이나 번개, 폭풍우 소리 등은 이를 불가의성(不可意聲)이라고 하며, 들어서 쾌감이나 불쾌감을 느끼지 못하는 소리를 구상위성(俱相違聲)이라고 하는데, 이 3가지는 소리를 듣는 사람의 마음에 따른 구별로서 모든 소리를 이와 같이 나눈다.

㉢ 향경(香境)이란 비식의 인식대상으로서, 우리 중생들에게 쾌감을 불러 일으켜 주고 몸을 도와 이익 되게 하는 호향(好香)과 이와 반대로 우리에게 불쾌감을 주고 몸에도 해를 끼치는 악향(惡香)이 있고, 앞의 2가지 중의 어느 것도 아닌 냄새를 일컫는 평등향(平等香)이 있다. 이외에 2가지 이상의 냄새가 화합하여 된 것을 화합향(和合香)이라 하고, 물체가 변이하여 생기는 향기인 변이향(變異香) 등이 있다고 한다.

㉣ 미경(味境)이란 설식의 인식대상으로서, 이것에는 맛 자체에

관한 구별로서 쓰고[苦], 시고[酢], 달고[甘], 맵고[辛], 짜고[鹹] 및 싱겁고[淡] 등의 6가지 가 있고, 맛보는 사람의 입맛에 따라서는 좋은 맛을 주는 것[可意]과 그렇지 못한 것[不可意] 및 좋은 맛도 나쁜 맛도 느끼지 못하는 것[俱相違] 등으로 나누고, 그 출생의 여하에 따른 구분으로서는 물체가 생겨남과 동시에 있는 맛[俱生]과 2가지 이상의 맛이 혼합해서 이루어진 맛[和合] 및 부패 등에 의한 변이된 물체의 맛[變異] 등으로 대략 맛을 나눈다.

㉤ 촉경(觸境)이란 신식(身識)이 의지하는 바의 경계로서 지, 수, 화, 풍의 4 대는 모든 색법이 의지하는 바가 되므로 이것을 능조(能造)의 4대종(大種)이라고 한다. 즉, 우리가 눈으로 볼 수 있는 지, 수, 화, 풍은 이미 조작되어 있는 바[所造]의 색법이지 능조(能造)된 것은 아니다. 다시 말하자면 눈으로 보아서 견고함을 알고, 귀로 들어서 움직임을 감지하는 것은 오직 물질을 보고, 소리를 듣는 안식과 이식 등에 함께 일어나는 오구동연(五俱同緣) 의식(意識)에 의거한 분별에 의해서 그렇게 인식된 것 뿐이지 사실은 그렇지 않다. 그렇기 때문에 오직 신식(身識)만이 친연(親緣)할 수 있는 능조의 4대가 촉경이 되는 것이다. 또한 이 능조의 4대를 접촉하는 분위(分位)에 따라서 일어나는 감각을 지어진 바[所造]의 거짓 감촉[假觸]이라고 하는데, 미끄러움[滑], 껄끄러움[澁], 가벼움[輕], 무거움[重] 등은 신체 외부의 감각이고, 차가움[冷], 힘듦[力], 약함[劣] 등은 신체 내부의 감각이다. 이러한 촉경은 안식, 이식, 비식 및 설식에 의한 감각을 제외한 나머지 신체 각부의 모든 감각을 말한다. 그리고 이 지어진 바의 감촉은 신식의 대상이 아니고 제6 의식의 분별에 의하여 지각되는 감각이다.

④ 이 5경과 5근(根) 및 5식(識)과의 관계를 보면, 색경은 오로지 안근(眼根)과 안식(眼識)의 대상이 될 뿐이고, 내지 촉경은 촉근(觸根)과 촉식(觸識)의 대상이 될 뿐이지 다른 근과 식의 대상이 되는 일은 없다.[참고 ; 제6 의식은 그 대상이 유위(有爲), 무위(無爲)의 일체제법이고, 제7 말나식은 그 대상이 제8 아뢰야식의 견분(見分 ; 주관심)이며, 제8 아뢰야식은 그 대상이 우리의 마음 속에 간직되어 있는 심종자(心種子)와 우리의 몸[有根身] 및 현상계(現象界)이다.]

(3) 법처소섭색(法處所攝色)

① 여기서 법처(法處)란 제6 의식(意識)이 연하는 바의 경계를 총칭하는 것으로서 이는 안식 내지 신식 등 전5식(前五識)의 대상이 아니고, 오직 제6 의식만의 대상임을 말한다.

② 우리 생각 속에 있는 관념상의 가립적인 존재로서 이들이 색법으로 취급되는 것은 비록 형상 등은 없으나 어떤 개념이나 명칭 등으로 인식되고 있기 때문이다[所言法者 謂衆生心]. 따라서 불교에서는 물질만이 물질이 아니라 기억이나 상상되어지는 것과 같이 무형적인 것까지도 존재로 여기고 있는 것이 특징이라고 하겠다.

이에 속하는 것을 자세하게 분류하여 보면 다음과 같은 5가지가 있다.

㉠ 극략색(極略色) — 이것은 지극히[至極] 작은[略少] 색이라는 의미로서 소승불교에서 말하는 극미(極微)설에 해당된다. 소승의 유부종(有部宗) 등에서는 원자의 개념과 유사한 극미를 세워서 이를 실유불멸(實有不滅)한 것으로 간주하고 있는 반면에, 유식사상에서는 모든 것을 가립적인 존재로 파악하기 때문에 극미를 관념상의 존

재로 여기는 것이다. 그러면 어째서 이것을 가립하는가 하면, 우리 범부들이 덩치가 큰 물질에 쉽게 집착하여 생사에 유전하기 때문에 이러한 집착심을 제거해주기 위하여 관념상에서 큰 물질도 점차로 분석해 나가면 마침내 쪼갤 수 없는 데까지 이르게 되는데, 이것을 극미라고 하여 물질에 집착하는 마음이 하나의 허상에 불과함을 일깨워주려고 했으며, 이것은 오직 제6 의식만의 대상이기 때문에 실상이 없는 것이다.

ㄴ 극형색(極逈色) — 모든 형상이 있는 물질들을 제외하면 나머지 중에는 밝음, 어둠, 빛 및 그림자 등만이 있게 되는데, 이러한 것을 공계(空界)의 색이라고 한다. 그리고 이 공계의 색을 분석하여 극미에 이른 것을 극형색이라고 하는데, 이것도 역시 안식의 대상이 아니고 의식의 대상이기 때문에 법처에 속하는 것으로 분류한다.

ㄷ 수소인색(受所引色) — 유부종에서 말하는 무표색과 같은 존재를 가리키지만, 유식사상에서는 가립된 것으로 여기며, 일종의 세력이 있기는 하나 다른 사람에게 표현할 수 없는 잠재적인 것을 일컫는다. 여기에서 수(受)란 영수(領受)의 의미로서 스승의 가르침이나 어떤 교훈을 받아들이는 것이고, 인(引)이란 인발(引發)의 의미로서 어떤 세력을 이끌어서 일어나게 하는 것을 말하는데, 이와 같이 어떤 세력을 받아들여서 그것을 발생시킨 색법을 수소인색이라고 한다. 이를테면 5계, 10계 및 250계 등의 계법과 선정(禪定)의 경지와 무루지(無漏智) 등에 의하여 신구의 3업이 스스로 조절되고 제어되는 선계(善戒)로서의 율의(律儀)와, 좋지 않은 가르침이나 친구의 영향으로 도적질이나 살생 등의 악업을 짓는 악계(惡戒)인 불율의(不

律儀) 및 계율적인 것도 아니고 그렇다고 비계율적인 것도 아닌 것으로서 일체의 선과 악에 관해서 겉으로 드러남이 없는 중간적인 계법인 비율의비불율의(非律儀非不律儀) 등의 율의를 어느 때나 아니면 일생 동안 지키려고 결심했다면, 이 생각은 찰나에 일어났다가 다음 찰나에 없어지지만, 그 종자는 상속되어서 단절되지 않는 것이므로 종자가 이렇게 계속되는 기간 동안의 세력을 무표색이라고 하며, 이것을 또한 수소인색이라고 하는 것이다.

㉣ 변계소기색(遍計所起色) — 제6 의식 가운데의 독산의식[獨散意識 ; 전(前)5식과 함께 일어나지 않고 홀로 활동하는 의식으로서 상상력(想像力)이나 망상(妄想) 등과 같은 산란한 의식]이 거북이의 털, 토끼의 뿔, 아지랑이, 거울 속의 형상 등과 같이 실체가 없는 것들을 의식 중에서 그리는 바의 색을 말한다. 여기서 변계(遍計)라는 것은 분별심을 일으켜서 두루 헤아린다는 주변계탁(周遍計度)의 준말이다.

㉤ 정중소인색(定中所引色) — 이것을 자재소생색(自在所生色) 혹은 정과색(定果色)이라고도 하는 것으로서 부처나 보살이 중생들을 교화할 때에 그 자재한 정력(定力)으로 나무나 물고기, 금 등으로 변작하여 다른 유정으로 하여금 이것을 수용케 하는 것이니, 이와 같은 것을 정중소인색이라고 한다.

이상의 5가지 색 중에서 앞의 4가지 색은 대개 제6 의식의 무한한 상상력에 의하여 상기된 것인 까닭에 현실적으로 존재하지 않는다고 하지만, 정중소인색 만큼은 이것이 실재한다는 설과 가실(假實)에 통한다는 주장 등이 있다.

2 심왕법

(1) 정의

이 현상계의 모든 존재를 분류하는 방법에 있어서 《구사론》 등의 소승계통의 경론에서는 어떤 존재가 먼저 있고 난 후에 우리의 인식이 가능하다는 이른바 법상생기(法相生起)의 순서에 따라서 색법을 맨 앞에 놓지만, 《해심밀경》과 《유가사지론》 등의 법상관계의 대승경론에서는 이와 반대로 우리의 마음이 먼저 있고 난 후에 존재를 인식하는 것이 가능하다는 이른바 유식소변(唯識所變)의 순서에 따라서 마음의 법인 심왕법을 앞에 놓고 있다.

그러면 이 마음이란 과연 어떠한 것인가. 이와 같은 사실을 밝히고자 하는 것이 유식교학의 근본목적이다.

우선 초기경전인 《아함경》에서는 이 마음을 일컬어서 심(心)이나 의(意) 및 식(識)이라고 혼용하고 있으면서 정의하기를, "마음과 의식과 알음알이는 그 이름만 다를 뿐 체성은 하나로서 같다"[心意識三者 名異體一]고 했으며, 설일체유부에서는 이와 같은 무차별의와 함께 유차별의도 주장하였던 것이다. 즉, ① 각각 그 명칭이 다르고[名卽差別], ② 활동시기가 다르며[世卽差別 ; 過去名意 未來名心 現在名識], ③ 의미를 시설하는 항목이 다르고[施設差別 ; 界中名心 處中名意 蘊中名識], ④ 뜻이 다르며[義有差別 ; 心種族義 意生門義 識積聚義], ⑤ 업용(業用)이 다른 것[業有差別 ; 遠行心業 前行意業 續生識業 一 滋長心業 思量意業 分別識業] 등에 의하여 본다면 후대로 갈수록 이들 사이에는 차별이 있는 것으로 판단된 것이다.

한편 유식교학에서는 이 마음을 어떻게 보았는가 하면, 그 체성에 있어서는 8종이 있다고 하였으며, 이 8종의 식(識)을 통틀어서 심(心)이라고 할 때와 제8식만을 심(心), 제7식을 의(意), 전(前)6식을 식(識)이라고 부를 때가 있다. 그렇지만 대체적으로 여기에서도 이를 분리해서 살피고 있는 것이 특징이다. 즉 실차난타(實叉難陀) 역의 《입능가경(入楞伽經)》 제6 〈게품(偈品)〉에 의하면, "장식(藏識)을 심(心)이라 하고, 사량(思量)을 의(意)라고 하며, 능히 모든 대상을 요별(了別)하는 것을 식(識)이라 한다."[藏識說名心 思量以爲意 能了諸境界 是則名爲識]고 했으며, 《유가사지론》 제63권에서는, "다시 이 가운데 모든 식을 이름하여 심, 의, 식이라고 한다. 그런데 만약 가장 뛰어난 기능만을 취해서 부른다면 아뢰야식을 심이라 하고, 말나식을 의라고 하며, 여타의 다른 것들은 식이라고 한다"[復次此中諸識 皆名心意識 若就最勝 阿賴耶名心 末那名意 --- 餘識名識]고 정의했다. 또한 《성유식론》 제5권에서는, "모든 종자를 적집(積集)했다가 현행을 일으키는 집기성(集起性)이 강한 것을 심이라 하고, 사량성의 것을 의라고 하며, 대상을 잘 요별하는 것은 식이라고 한다"[集起名心 思量名意 了別名識]는 것 등이 그것이다.

더 나아가서 이러한 8식이 체일(體一)인가 체별(體別)인가 하는 문제는 일부의 주장도 있지만 호법(護法) 계통에서는 8식 체별설을 그 정의로 받아들이고 있다. 그리하여 이와 같은 8식들을 전5식부터 고찰하여 제6 의식과 제7 말나식 및 제8 아뢰야식 등의 순서로 살펴 보는 것이 보통이다.

(2) 개 요

불교는 본래 어떤 신비적인 체험이나 신앙적인 사례를 중요시하는 것이 아니라, 우리 인간이 건강한 정신을 가지고 일상생활 속에서 자연의 이치를 깨달아 번뇌가 없는 삶을 영위할 수 있게 하는 것을 목표로 한다. 그리하여 그 대상도 인간이기 때문에 인간에 관한 종교라고 할 수 있으며, 이 가운데서도 마음을 많이 다루고 있기 때문에 마음의 종교라고도 통칭하는 것이다. 그리하여 이와 같이 불교를 마음의 종교라고 정의할 때면 거기에는 일반적으로 인식론(認識論)적인 접근이나 관념론(觀念論)적인 사고방식이 대두하게 되는데, 이러한 고찰을 불교에서는 특히 유식사상(唯識思想)이라고 하여 대승불교교학의 한 분야로써 일찍부터 다루어져 왔다.

다시 말하자면 이 유식사상은 불교사상 중에서도 우리들이 각자 소유하고 있는 마음을 종교학적인 측면에서 자세하게 취급하고 있는 분야로써 불교의 심리학과도 같은 것인데, 이는 마음의 구조와 그 심리작용 등을 잘 인식하고서 활동하면 궁극적인 목표인 성불(成佛)의 단계에까지도 이를 수 있다는 원리와 그 수행에 관한 것을 강조한 내용이라고 할 수가 있다. 즉, 이 세상의 모든 것은 그 원리를 관찰하여 보면, 외부에 존재하는 사물 자체에 가치의 기준이 있는 것이 아니고 누구나가 갖고 있는 자기 마음의 인식 여하에 달려 있다는 것이다.

따라서 이와 같은 마음은 이 세계에 대한 개념은 물론이고 사상이나 감정 등을 모두 받아들인 결과라고 볼 수 있는데, 정작 마음은 그 성질이 상주하여 불멸하는 존재가 아니라 일단 일어난 순간에 없어졌다가 다시 다음 순간에 앞의 그것과 교차가 되는 것으로서 마치 폭포수에서 물이 계속해서 흐르는 것과 같다는 것이다.

이렇게 하여 하나의 생각이나 복합적인 사고가 형성되면, 그것을 유지해 줄 수 있는 힘이 존재하는 상태에서는 계속해서 한 흐름으로 유지가 되는데, 이러한 경우를 일컬어서 마음의 흐름이라고 한다. 그러므로 마음을 떠나서 모든 것이 그대로 의연하게 존재한다는 실재론(實在論)에 관한 인식 그 자체도 사실은 마음이 만들어낸 표상(表象)에 불과하며, 외계의 실재가 마음에 영사(映寫)되어 표상이 형성된 것이 아니고 마음 스스로가 표상을 만들어낸 결과에 지나지 않는 것이다.

그런데 이렇게 모든 사물을 먼저 표상하는 마음은 그 구조가 단층으로 되어 있는 것이 아니고 복합적인 형태인 심층심리학적인 것으로 구성되어 있다.

그리하여 이러한 마음에 관한 인식구조를 검토하여 보면, 먼저 소승불교에서는 마음의 체성(體性)은 하나라고 하면서 마음[心]이 곧 의(意)이며, 의는 또한 식(識)으로서 이들은 이름만 다를 뿐, 그 본질은 같다는 것이다. 이는 마치 창문이 여섯 개가 달린 우리 안에 한 마리의 원숭이가 이리저리 왔다갔다하는 것을 사람들이 잘못 보고 우리 안에는 여섯 마리의 원숭이가 있는 것으로 착각하지만, 사실은 원숭이는 한 마리 뿐이라는 것[六窓一猿]으로써, 안식(眼識)·이식(耳識)·비식(鼻識)·설식(舌識)·신식(身識) 등의 전5식(前五識), 즉 우리 몸의 외부에 존재하는 다섯 가지의 감각기관을 통해서 얻는 인식의 뿌리나 그 기저에 놓여 있는 의식(意識), 즉 제6 의식과는 그 본성이 다른 것이 아니고 근본적으로 하나로써 같다는 주장이다.

그런데 이와 같은 소승불교의 사상은 대승불교시대에 오면 심의식 등의 작용과 역할이 각각 다르기 때문에 체성도 따라서 별개라는 이른바 심식체별(心識體別)설을 주장하게 되고, 소승의 6식체일(六識體一)설이 번뇌의 발생 등에 관하여 설명이 부족한 점과 함께, 마음의 활동에 있어서도 앞 생각이 뒷 생각의 의지처가 된다고 하여 이를 의근(意根)이라고 했는데, 이것 역시도 의식불명이나 숙면 등의 경우 심식이 단절되었을 때에는 이에 관한 문제점을 보완해 주기 위해서도 제6 의식 보다도 더 심세하고 고정적인 어떤 주체들이 필요한 데서 제8식(諸八識)설에 달하는 주장을 하게 된 것이다.

그리하여 이 8식설에 대한 설명이 곧 심의식에 관한 분석이 되기 때문에 이에 대해 고찰하여 보면, 먼저 우리의 마음은 여덟 가지의 심층적인 구조, 즉 전5식이라고 하여 눈·코 등 우리 몸의 다섯 가지의 감각기관을 통해서 아는 인식과, 제6 의식이라고 하여 객관적인 사물을 인식하는 의식과, 제7 말나식(末那識)이라고 하여 자기 내의 자아의식 및 제8 아뢰야식(阿賴耶識)이라고 하여 모든 인식들의 출발점이 되는 선험적인 의식 등으로 구성되어 있다.

이를 좀더 자세하게 살펴 보면, 안식·이식·비식 등 5식은 우리 몸의 다섯 가지의 감각기관인 눈·귀·코·입 등이 중심이 되어 인식활동을 할 적에 각각의 감각기관의 뿌리[根]에 의지하게 되는데, 이렇게 눈·귀·코 등이 의지하는 기관을 안근(眼根)·이근(耳根)·비근(鼻根)·설근(舌根)·신근(身根)이라고 하며, 이들 인식기관들의 대상[境]도 각각 달라서 물질[色]과 소리[聲]와 냄새[香]와 맛

[味]과 감촉[觸] 등이기 때문에 이들을 일컬어서 색경(色境)·성경(聲境)·향경(香境)·미경(味境) 및 촉경(觸境)이라고 한다. 그리고 이와 같은 감각기관인 눈을 통하여 물질을 분별했을 때에는 이를 안식(眼識)이라고 하며, 내지는 몸의 감촉을 통하여 인지하였을 때는 이를 신식(身識) 등으로 표현하여 우리의 몸은 기본적으로 다섯 가지의 감각기관, 즉 오근(五根)과 이들 인식기관들이 분별하여 인지하는 다섯 가지의 식, 즉 오식(五識)으로 이루어져 있다.

이러한 5식들은 다른 식들에 비하여 그 인식활동이 비교적 단순하고 품성도 얕기 때문에 한 이념으로 통칭하여 전5식이라고 부르며, 이들이 대상을 인식할 때에는 어떠한 사려분별(思慮分別)도 요하지 않고 오직 눈 앞에 있는 대상 그대로만을 직감적으로 인식하는 것이 특징이다. 따라서 이 감각기관들 중에 한 가지라도 오염이 되었다든지 손상을 입었을 경우에는 그 분야만큼은 직감이 아닌 추리나 억측 등을 통해서 대강 인식하게 된다.

다음으로 제6 의식에 관한 것을 살펴 보면, 여기에서 말하는 의식이란 객관화된 의식을 가리키는 것으로써 눈이 안근에 의지하여 인식작용을 일으키기 때문에 이를 안식이라고 하는 것과 같이, 이는 의근(意根)에 의지하여 인식작용을 함으로 의식(意識)이라고 하는 것이다. 이렇게 전오식과 이 제6 의식은 각각의 근(根)에 따라서 그 이름을 붙였기 때문에 이를 수근득명(隨根得名)이라고 한다.

이 의식은 우리가 흔히 일상생활 속에서 사용하는 의식과 같은 말로써 그 의지처를 살펴 보면, 이의 감각기관의 뿌리인 의근과 우리의 본성으로 일컬어지고 있는 제8 아뢰야식이고, 대상은 법경(法境), 즉 이 세상의 유형·무형의 모든 것[一切諸法]이기 때문에 이를 또한 일체경식(一切境識)이라고도 한다. 이 식은 전오식과 항상 같이 활동하면서 그 기저에서 대상을 사려분별 내지는 추념을 통하여 인식하며, 전오식의 직관적인 감각에 의하여 얻어진 주관과 객관이 아직 분리되기 전의 무분별한 대상을 주관심의 분별을 통해서 비로소 대상인식으로 객관화하는 작업이 곧 이 의식의 작용이라는 것이다.

그런데 이 의식은 전오식과는 달리 두 가지의 경우에 일어나는데, 그 첫째는 전오식과 함께 인식활동을 할 때가 있고, 두 번째는 의식 단독으로 일어나서 인식활동을 하는 경우가 그것이다. 전오식과 함께 일어날 때에는 같은 대상을 5식과 동시에 분별하는 것을 말하며, 단독으로 인식활동을 할 경우에는 전오식과 앞에서 같이 인식활동을 한 뒤에 이를 홀로 상기하거나 선정(禪定) 중에서, 그리고 잡념을 일으키거나 꿈을 꿀 때 등은 의식 혼자서 우리 몸의 다섯 가지 감각기관과는 별도로 활동하는 때를 말한다.

아무튼 우리가 인식활동을 할 때에 전오식 중의 한 두 가지는 어떤 결함이 있더라도 그런대로 대충 대상을 인식하는 것이 가능하지만, 이 의식이 수반되지 않는 인식, 즉 아무리 전오식이 활발하게 인식활동을 한다고 해도 의식이 동반되지 않으면 그 인식은 성립될 수가 없으며, 그 결과에 있어 희로애락심이나 어떤 뿌듯한 감정 내지는 후회하는 마음 등이 일어나지 않을 것이라고 한다.

이렇게 이 제6 의식은 우리가 인식활동을 할 때에 반드시 필요하며, 과거의 일을 회상하거나 어떤 상황을 비교, 추리할 때에도 이의 활동은 필수불가결한 심식이라는 것이다. 그렇기 때문에 소승불교에서는 전오식, 즉 우리 몸과 이 의식의 정신활동만 가지고도 능히 모든 대상을 파악할 수 있다고 하여 6식설까지만 주장했던 것인데, 이 의식은 곤한 잠[熟眠]이나 기절(氣絶)했을 때, 그리고 잡념이 일어나지 않는 세계[無想天]와 생각이 일어나지 않는 선정의 상태[無想定] 및 번뇌망상이 없어진 경지[滅盡定] 등 다섯 가지의 무심(無心)의 상태에서는 단절되어서 일어나지 않으므로, 한 생명을 영원히 지속시켜 주면서도 불변하는 어떤 것이 상정되기에 이르렀는데, 그것이 바로 대승불교사상에서 설하는 아뢰야식설로 발전하게 되었다는 것이다.

이어서 제7 말나식은 의식과 같이 때때로 단절이 있으면 이는 근(根)으로써의 역할을 다하지 못하기 때문에 이와 같은 제6 의식의 의지처인 의근의 역할을 하기 위해서도 어떤 견고한 심식이 존재해야 하며, 더 나아가서 우리 중생들의 망념인 근본번뇌 등이 어디에서 발생하는가를 살펴 볼 때에도 근본이 되는 심성(心性)보다는 얕고 의식보다는 강한 어떤 것을 상정하기에 이르렀으니, 이것을 말나식, 즉 자아의식이라고 한 것이다. 다시 말하자면 제6 의식인 대상인식 자체가 발생하기 위해서도 이를 이미 분별해서 인식하고자 하는 주체가 있어야 한다는 것이니, 이러한 것을 자아의식인 말라식이라고 한 것이다.

이 자아의식에 의해서 비로소 대상과 인식주체인 자아가 성립하게 되며, 여기에서 대상과 맞선 주체로서 나에 대한 집착심이 발생하게 된다. 그런데 이 집착심으로 말미암아 자연히 구속력이 가해짐으로 유식사상에서는 이를 청정하지 못한 식, 온갖 번뇌의 근본이 되는 식 등이라는 의미에서 염오식(染汚識)이라고도 하며, 경전상에서도 이미 이에 관한 논증들이 있어서 주목된다. 즉《입능가경》의 교설에 의하면, "장식(藏識)을 이름하여 심(心)이라 하고, 사량성(四量性)의 것을 의(意)라고 하며, 능히 모든 대상의 모습을 식별하는 것을 식(識)이라고 한다"는 내용에서 알 수 있듯이, 항상 무엇인가를 살펴서 헤아리는 성질인 사량성의 것은 장식인 제8 아뢰야식도 아니고, 그렇다고 대상을 식별하는 제6 의식도 아니므로 이것을 제7 말나식에 해당되는 것으로 여겨서 이의 연원을 여기에서 찾았으며, 또한 《해탈경》에서도, "오염된 자아의식[意]는 항상 갖가지의 미혹들과 발생과 소멸을 함께 하는데, 만약에 해탈하면 이러한 여러 가지의 미혹은 마땅히 없어진다"라고 교설되어 있는 것 등으로 보아서, 이미 경전에서도 말라식이라고는 안했지만 이에 가까운 뜻으로 서술하고 있으므로 이러한 내용들이 후세에 무착과 세친 등에 의하여 정립된 것이라고 하겠다.

아무튼 소승불교인들은 비교적 지혜가 천박하기 때문에 이 말나식과 제8 아뢰야식에 관한 것을 설하지 않았다는 내용에서도 알 수 있다시피 그 내용이 심오한 이 심식은 네 가지의 근본번뇌인 아치(我痴), 아견(我見), 아만(我慢) 및 아애(我愛) 등과 함께 하며, 항상 무엇인가를 살펴서 분별하는 것[恒審思量]이 그 특성으로 되어 있다. 즉, 전오식은 연하는 바의 대상이 바로 눈 앞에 있지[現在前] 않으면 대상을 대면할 수가 없기 때문에 항상 살피는 것이 불가능하고, 또한 과거를 회상한다든지 아니면 두루두루 분별해서 헤아릴 수 있는 능력이 없기 때문에 심세성(審細性)도 없다는 것이다. 그렇기 때문에 전오식은 항심성(恒審性)이 결여된 것이며, 제6 의식은 분별하는 힘이 섬세하기는 하나 숙면(熟眠)일 때와 기절 및 선정 등에 든 오위무심(五位無心)의 경우에는 그 작용이 단절되어서 항상(恒常)의 뜻이 결여된 것이요, 제8 아뢰야식은 어느 식 보다도 항상 존속하는 성질은 있으나 무엇을 자세하게 살피는 이른바 심세성이 없으므로 오직 이와 같은 두 가지의 성질인 항심사량성(恒審思量性)을 모두 갖춘 심식은 제7 말나식 뿐이란 것이다.

우리들이 업에 따라 육도윤회하면서 함께 하는 이 말라식은 그 의지처가 중생의 본성으로 여겨지는 제8 아뢰야식이며, 대상은 견분(見分), 즉 주관심이다. 다시 말하자면 이 식은 근본식인 아뢰야식을 의지처로 하면서 항상 네 가지의 근본번뇌와 함께 함은 물론이고, 제8식의 견분을 대할 때마다 이 견분 자체를 상일주재(常一主宰)하는 자아의 실체라고 세심하게 집착하는 것을 그 자성으로 삼으며, 이와 같이 주관심에 집착하는 것이 곧 말나식의 활동이라는 것이다. 그리하여 사람들이 활동하면 거기에는 인식이 일어나고, 인식이 일어나면 거기에는 주관심이 작용했다고 보기 때문에 이러한 연유로 '사람'이라는 뜻의 영어 단어인 'man'이 말나식의 범어인 man(as)에서 왔다는 것도 이 식의 특성을 잘 말해주는 내용이라고 하겠다.

다음으로 고찰의 대상이 되는 것은 유식사상에서 처음으로 그 존재가 확연히 드러나게 되고, 또한 이에 관한 이론과 해명이 유식사상의 전부를 차지할 정도로 비중이 큰 제8 아뢰야식(阿賴耶識)에 관한 내용이다. 말하자면 이 아뢰야식사상은 유식교학에 있어서 가장 핵심을 이루고 있는 분야로써 이에 관한 고찰이 무엇보다도 강조된다고 하겠다.

먼저 이 제8 아뢰야식설이 성립하게 된 연원을 살펴 보면, 부파불교나 소승불교에서도 마음을 영원히 유지시켜주면서 업력까지도 보존해 줄 수 있는 어떤 것들을 탐구하게 되었는데, 그 결과로 먼저 대중부(大衆部)에서는 이와 같은 것을 상정하여 근본식(根本識)이라고 하였으며, 상좌부(上座部)와 설가부(說假部)에서는 이를 유분식(有分識), 즉 과거와 현재 및 미래 등의 삼세에 걸쳐서 생존의 원인이 되는 식을 이렇게 표현했고, 독자부(犢子部)에서는 보특가라(補特伽羅 ; Pudgala)라고 하여 중생들은 번뇌와 업의 결과로 자주 육취(六趣)에 왕래한다[數取趣]고 하여 이를 불변의 식체로 간주했던 것이다. 그리고 화지부(化地部)에서는 궁생사온(窮生死蘊)이라고 하여 우리 중생의 생사의 맨 끝단계인 금강유정(金剛喩定)에까지 상속되어서 수전(隨轉)되는 근본식으로써 제6식 보다 더 미세한 심식을 주장했고, 경량부(經量部)에서도 끝없는 옛적부터 단절되지 않고 같은 종류로 계속해서 상속된다는 미세한 세의식(細意識)을 내세웠는데, 그 성류(性類)가 일정하기 때문에 또한 이를 일미온(一味蘊)이라고도 했던 것이다.

이와 같은 사상들의 개념이 발전하여 후세에 아뢰야식설로 정리가 된 것인데, 이 아뢰야식은 우리 인간의 마음 속에 상존해 있으면서 변함이 없으며, 그 흐름은 일생 동안 끊어지지 않고 미래의 생존에까지 계속 이어져 간다는 것이다. 다시 말하자면 우리 범부 중생들이 어떤 행위나 행동을 하는 한 그것은 대개 선업이나 악업을 짓게 되어 있어서 결과를 초래할 수 밖에 없는데, 이 때에 아뢰야식이 모든 업력의 귀의처로 사용되어서 그 안에 마음의 종자들을 간직하고 있다가 그에 알맞는 환경이나 조건 등의 연(緣)을 만나면 그에 부응되는 세계를 일으키는 원동력이 되어 현상계를 생성한다는 것이다.

그러므로 이와 같이 하여 만들어진 세계는 어떤 창조주가 인위적으로 만든 것도 아니며, 단지 각 개인이 평소에 지은 선・악업의 결과로 그렇게 나타난 것에 불과하다는 것이다. 이러한 의미에서 사람들은 처음부터 업을 짓지 않아서 마음 속에 선・악업의 종자를 함유하고 있지 않는 것이 무엇보다 중요하지만, 중생들은 우선 집착심과 무지 등으로 그 마음이 먼저 선점되어 있기 때문에 쉽게 업을 짓지 않을 수가 없다는 것이다. 따라서 이 아뢰야식을 정화시켜 주는 종교적인 실천덕목이 수행인데, 이것을 유식학에서는 유가(瑜伽)라고 하여 완전한 인격자로 나아가는 방법으로 여기고 있다.

그러면 이와 같이 중생이 인식활동을 하면 업을 지을 수밖에 없고, 업을 지었으면 이를 수용하는 아뢰야식이 있기 마련인데, 이러한 아뢰야식은 구체적으로 어떤 성질을 가지고 있는가 하는 것이다. 우선 이 심식을 아뢰야(Ālaya)라고 이름을 붙인 것은 이 의미가 무엇을 "저장하고 있다"든지 혹은 "간직하고 있다"는 등으로 해석되어서 이를 한역으로는 장(藏)・저장소(貯藏所) 내지는 가(家) 등으로 번역하고 있으며, 만약 이를 Alaya라고 쓸 때에는 이를 A + laya로 세분하여 해석하는데, 이 때에 A는 무(無 ; not)의 뜻이고, laya는 "없어졌다"든지 "다 되었다"는 등으로 해석하여 이를 몰(沒)・실(失) 내지는 멸진(滅盡) 등으로 번역하는 것이다. 어떻게 해석하든지간에 이의 의미를 전체적으로 간추리면, 아뢰야란 우리 중생들이 업을 지으면 그 업의 세력은 어디에 가지 않고 바로 자신의 마음 속에 간직된다는 뜻에서 이와 같이 부른 것이다.

그 성질을 살핌에 있어서는 보통 열 가지로 자세하게 세분하여 고찰하지만, 여기에서는 이를 자상(自相)・인상(因相) 및 과상(果相)

등의 세 가지로 나누어서 간략하게 살펴 보고자 한다. 먼저 제8 아뢰야식의 자상(自相)이란 이 심식이 다양한 기능과 역할을 하는 정신의 체성이라는 것을 강조하기 위하여 살펴 보는 부분으로써, 아뢰야식은 세 가지의 장식(藏識)의 뜻[賴耶 三藏義]이 있다는 것이다. 이를테면 이 식은 모든 잡념법의 종자들을 능히 간직해서 보존하고 있기 때문에 이를 능장(能藏)이라고 하며, 또한 모든 마음의 종자가 함장될 바의 처소가 되므로 소장(所藏)의 능력도 있다는 것이다. 그러나 이 아뢰야식은 무엇보다도 집장(執藏)의 뜻이 강한데, 이는 제7 말나식이 항상 이 식의 견분(見分), 즉 주관심을 빗대어서 그것이 자아의 실체인양 집착하는 것과 같이 제8 아뢰야식이 제7 식에게 수동적으로 집장 당하는 것을 말한다.

그리하여 아뢰야식이 집장의 뜻이 잠재해 있는 기간과 그에 따른 경지를 수행단계에 따라서 세 가지로 나눈 것을 보면, 첫째로 범부에서부터 제7지 이전의 보살들은 제8식에 의지하여 안정을 희구하려는 성질이 있는데, 이러한 경향은 아직도 아집이 일어나고 있음을 의미하는 것으로써 이를 가리켜서 아애집장현행위(我愛執藏現行位)라고 하며, 이 때의 제8식을 특히 ālaya라고 한다는 것이다. 두 번째로는 제8지 이상 10지까지의 보살도 선악업에 의한 과보가 아직도 상속되어서 받고 있으므로 이를 선악업과위(善惡業果位)라고 하며, 이 때의 제8식을 Vipaka(異熟)라고 한다. 세 번째로는 최후의 지위인 부처님의 경지에까지도 제8식 중에는 종자를 간직하고 있는데, 대개 중생들은 유루(有漏)와 무루(無漏) 등의 모든 종자를 함께 가지고 있으나 부처님은 무루의 종자만을 가지고 있으므로 이를 상속집지위(相續執持位)라고 하며, 이 때의 제8식을 ādāna(執持)

라고 한다. 말하자면 유식사상[특히 중국의 법상종]에서는 부처님의 경지에서도 제8 아뢰야식은 없어지는 것이 아니고 단지 그 안에 지혜의 종자만이 소장되어 있는 것으로 간주하며, 이 아뢰야식을 범부는 물론이고 성인(聖人)의 경지에서도 존재하는 불멸의 실체로 인정하는 것이다.

다음으로 이 식의 인상(因相)이란 모든 마음의 종자를 간직하고 있으면서도 잃어 버리지 않는 능력을 말하는 것으로써, 이 식은 인연에 따라서 여러 가지로 중생의 몸을 받고 또한 그 몸과 정신을 부단히 변화시키고 유지시켜주는 체성을 가지고 있기 때문에 이를 이숙(異熟)이라고 하며, 이것에 의하여 7식과 6근이 생기고, 출생 후에도 이에 의하여 생활하게 되는 인간의 바탕이 되는 식이므로 근본식(根本識)이라고 한다는 것이다.

끝으로 과상(果相)이란 전생의 업력에 의하여 초래되는 과보를 말하는데, 그 과보는 업력을 보존하고 있는 아뢰야식 내의 종자로부터 힘을 빌려야 나타난다는 것이다. 즉, 이 식이 업력에 의하여 금생의 몸과 다른 몸을 내생에 변화시켜 받는다는 의미에서 이를 이숙식(異熟識)이라고 하는 까닭도 여기에 있다.

이상과 같은 8식설에 의하여 우리의 심식을 고찰해 보았지만 이와 같은 견해는 유상유식론(有相唯識論)의 입장이고, 중관학파와 제휴된 무상(無相)유식론에서는 제8식까지 설정하는 것을 부정하고 최고의 절대지로서 제9 아말라식(阿摩羅識 ; Amala-Vijñāna), 즉 무구식(無垢識) 내지는 백정식(白淨識)을 주장하여 그 입장을 달리하고 있는 것이다. 다시 말하자면 법상종에서는 부처님의 경지[相續執持位]에서도 집지(執持 ; Ādāna)라는 심식의 활동이 있다고 하는데, 이는 불지(佛地)의 경지가 아니고 제7 말나식의 활동이며[지론종 · 섭론종 및 천태종 등의 주장], 저들의 5성각별설(五姓各別說)도 부정하는 것이다. 그렇지만 법상종이 제8식까지만 주장하는 것은 만약에 법성(法性), 진성(眞性), 진여(眞如) 및 여래장(如來藏) 등과 같은 개념의 제9식에서 이 현상계가 발생되었다면, 그것은 진리의 체성상 이치에 맞지 않는다[眞如凝然說]고 하면서 제8식 내의 청정분(淸淨分)을 제9식으로 간주하고 있기 때문이다.

(3) 현실의 관찰

불교학에 있어서 그 교의(敎義)의 전개는 온갖 신이나 초월적인 원리와 같은 어떤 절대적인 개념들에 의하여 서술되는 것이 아니라, 순수하게 우리들이 이 세상에서 인식할 수 있는 현실세계에 대한 관찰에서부터 시작되고 있다.

그렇다면 이 현실세계는 어떠한 구조와 성질을 가지고 있는가를 고찰하여 보면 그것은 대략 다음과 같이 분류하여 살필 수 있다.

① 4대종설(四大種說) ; 이 현상계를 구조적인 측면에서 인식하려는 방법으로서, 모든 것을 굳고 단단한 것[地大]과 물기를 포함하고 있는 것[水大]과 열을 가지고 있는 것[火大] 및 동력을 가지고 있는 것[風大] 등 네 가지의 것으로 나누어서 고찰하는데, 여기에서 대종(大種)이란 그 본체와 형상과 작용 등이 모두 광대하여 색계를 일

으키는 원동력이 되므로 이와 같이 부른다. 이를 또한 4대요소설이라고도 한다.

② 5온설(五蘊說) ; 현실세계를 물질적인 것과 정신적인 것과의 상호작용으로 인식하려는 방법이 5온설로서, 물질적인 것을 색온(色蘊)이라 하고, 이 색온을 인식하려는 네 가지의 정신적인 영역으로서 느끼고[受], 생각하고[想], 작용하고[行], 식별하는[識] 등의 4온의 활동을 통하여 파악하는 경향을 말한다.

③ 12처설(十二處說) ; 순수하게 인식론적인 입장에서 현상계를 파악하려고 할 때는 12처설을 도입한다. 여기서 처란 "들어간다"는 뜻으로서 이 세상의 모든 것은 이 12가지 속에 포함되는 것 외에 더 이상의 것은 없다는 것이다. 12가지란 6가지의 인식기관[六根]인 눈[眼]·귀[耳]·코[鼻]·혀[舌]·몸[身]·의지[意]와 그 6가지의 인식대상[六境]인 물질[色]·소리[聲]·냄새[香]·맛[味]·감촉[觸]·법[法]을 말한다.

④ 18계설(十八界說) ; 이 설은 12처설을 보다 자세하게 설명한 것으로서, 우리의 인식주체인 6근이 그 대상인 6경을 인식할 때에 안근 등의 근은 기능에 따라서 각각 다르게 활동하는데, 이를테면 눈으로 인식활동을 하는 것을 안식이라 하고, 귀로 듣는 것을 이식이라고 하며, 내지 의지를 가지고 일체의 법을 헤아리는 것을 의식이라고 한다. 이와 같이 눈, 귀, 코 등의 인식활동인 6식을 12처와 합한 것을 18계라고 한다.

그러면 어떠한 이유로 이 18계설을 설하는가 하면, 《구사론》에 이르기를,

제6 의식의 의지처를 성립시켜야 하기 때문이니, 18계도 응당 그렇게 알라.

라고 하면서, 이에 관하여 논술하기를,

다섯 가지의 인식세계는 각각 눈 등의 경계가 있어서 그것에 의지하지만, 제6 의식은 별도로 의지할 데가 없으므로, 이의 의지처를 성립시키기 위하여 인식경계를 설한다. 이와 같이 의지되는 것과 능히 의지하는 것과 그 경계가 각각 여섯 가지이기 때문에 18계를 이룬다.

(何緣得立十八界耶 頌曰 成第六依故 十八界應知 論曰 如五識界別有眼等五界爲依 第六意識無別所依 爲成此依 故說意界 如是所依能依境界 應知各六界成十八界.)(《구사론》 권제1 ; 《대정장》 29, 4中)

라고 하여, 전5식은 그 인식대상이 존재하여 그것에 의지하여 인식활동을 하지만, 제6 의식은 그 대상이 없으므로 경계를 설정해야 한다는 것이다. 이렇게 의식의 대상이 세워지면, 6근과 6식 및 6경이 성립되어서 18계를 이룬다는 것이다.

이렇게 불교교학에서 현상계를 관찰할 때에 4대요소설과 같이 그 근본을 이루고 있는 구성요소를 고찰하는 방법도 있지만, 5온 · 12처 · 18계설과 같이 다분히 각 개인의 인식론적인 입장에서 이것을 관찰하는 방법이 더 구체화되고 있다. 왜냐하면 모든 인식이라는 것은 지금 그것을 인지하고 있는 당사자 외에 궁극적으로 다른 것이 있을 수 없기 때문이다. 다시 말하자면 모든 것은 개인의 인식여하에 달려 있다는 뜻을 강력히 내포하고 있다. 그러한 의미에서 각자가 인식하고 있는 5온 · 12처 · 18계를 현상계를 분류하는 3가지의 과목[三科]이라고 하며, 이들이 바로 이 세상의 모든 것을 대변하고 있기 때문에 이를 총체적으로 또한 '일체(一切)'라는 말로 표현한다[三科恒現在].

12처 및 18계설

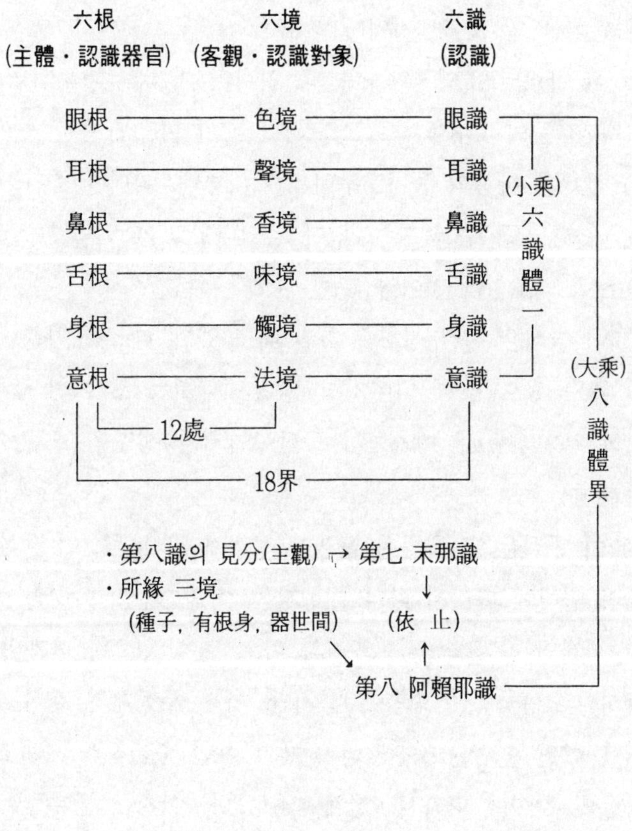

(4) 전5식(前五識)

① 안 식(眼識)

① 이 안식은 안근(眼根)에 의지하여[隨根得名] 알음알이를 일으켜서 대상을 취하는[發識取境] 인식작용을 함으로 안식이라고 한다. 마치 두 손이 서로 마주쳐서 소리를 내는 것처럼 눈과 물질이 인연하여 안식을 일으키는 것이다.[釋名]

② 이 안식의 소연경(所緣境), 즉 인식의 대상은 청(靑), 황(黃), 적(赤), 백(白) 등의 4가지 겉으로 드러난 색이다.[所緣]

③ 안식은 마음의 종자로부터 생겨나는데, 이러한 종자는 그것이 없다고도 할 수 없고, 그렇다고 있다고도 할 수 없는 일종의 별종소생(別種所生)의 것이다.[假實]

④ 이 안식은 선한 성질을 가질 때도 있고, 때로는 나쁜 성질을 가질 때도 있으며, 더 나아가서 선도 아니고 악도 아닌 중성적인 성질인 무기성(無記性 ; 非善非惡) 등의 3가지의 성질을 모두 가지고 있다.[性類]

⑤ 이 안식은 그 활동의 한계가 정해져 있다. 즉, 이 세상은 중생들의 업력에 따라서 나타나는 지옥, 아귀, 축생, 아수라 등 6욕천의 세계인 욕계(欲界)와, 욕계의 바로 위에 있으나 욕계와 같이 음욕이나 식용 등의 탐욕은 없지만, 아직 무색계와 같이 완전히 물질을 여읜 순수한 정신적인 세계가 아닌 중간적인 세계로서 선정(禪定)의 깊이에 따라서 4선계(禪界)로 나누어지는 색계(色界)가 있

으며, 순수한 정신세계로서 온갖 형색이 없고 수, 상, 행, 식 등의 4온(蘊)만이 있는 공무변처(空無邊處), 식무변처(識無邊處) 등의 4가지 천계(天界)인 무색계(無色界)의 3계 중에서 안식은 욕계와 색계 가운데의 초선(初禪)까지가 그 활동의 범위라는 것이다.[界繫]

⑥ 이 안식이 의지하는 데는 4가지가 있으니, 무엇 보다도 다른 여러 식들과 공통되지 않는 정상적인 안근인 눈이 있어야 하고, 여타 인식활동을 실제로 하는 제6 의식과 제7 말나식 및 제8 아뢰야식 등에 의지한다.[所依]

⑦ 우리들이 경험이나 지적인 판단을 가지고 객관계인 대상을 인식할 때에 그 판단이 반드시 올바른 것만은 아닐 때가 있는데, 이러한 판단을 3가지로 나누어서 고찰하는 것을 3량설(三量說 ; 現量, 比量, 非量)이라고 한다. 즉, 현재 눈 앞에 있는 대상을 어떠한 사려 분별 없이 그대로 직감적으로 인지하는 현량(現量)과 과거의 경험이나 기억 등을 되살려 대상을 이에 비교해서 판단하는 비량(比量)과 어떤 지식이나 경험 등도 없이 자기 멋대로 대상을 헤아려서 인식하는 비량(非量) 등이 그것이다. 그런데 안식은 오직 현량지(現量知)에만 속하여 눈 앞에 있는 대상을 그대로 보기만 한다.[三量]

⑧ 이와 같은 안식과 상응하는 심리작용들을 관찰하여 보면, 촉(觸), 작의(作意) 등의 5변행(五遍行) 심소, 욕(欲), 승해(勝解) 등 5별경(五別境) 심소, 신(信), 참(慚), 괴(愧) 등 11선(十一善) 심소, 탐(貪), 진(瞋) 등 6번뇌(煩惱) 심소 중의 3, 도거(掉擧), 혼침(惛沈), 불신(不信) 등 8대수혹(八大隨惑) 심소 및 무참(無慚)과 무괴(無愧)의 2중수혹(二中隨惑) 심소 등 총 34심소와 상응하나 이들과 동시에 상응하는 것이 아니고, 그 때의 상황에 따라서 적절한 심소만이 관여하게 되는 것이다.[心所相應]

결론적으로 안식이 일어나는 데는 9가지의 실질적인 인연이 요구되는데, 그것을 보면, ㉠ 인식의 주체인 안근, ㉡ 안근의 친인연인 종자, ㉢ 안근이 의지하는 분별의로서 제6 의식, ㉣ 염정의로서 제7 말나식, ㉤ 근본의로서 제8 아뢰야식, ㉥ 안식을 환기시켜주는 경각(警覺)작용인 작의, ㉦ 그 대상, ㉧ 공간, ㉨ 광명 등이 있어야 한다.

2 이 식(耳識)

① 그 이름을 해석하면 이근(耳根)에 의지하여 인식작용을 일으키므로 이식(耳識)이라고 한다.[釋名]

② 이 이식의 인식의 대상은 오직 소리[聲] 뿐이다.[所緣]

기타 6문은 모두 안식의 경우와 비슷하게 작용한다. 또한 이근이 소리를 대상으로 하여 이식을 일으키려면 9가지의 실질적인 인연 가운데서 광명의 1가지만을 제외한 8가지의 생연(生緣)이 있어야 가능하다.

3 비 식(鼻識)

① 그 이름을 해석하면 비근(鼻根)에 의지하여 인식작용을 일으키므로 비식(鼻識)이라고 한다.[釋名]

② 이 비식의 인식대상은 오직 냄새[香]이다.[所緣]

③ 이 비식은 욕계, 색계 및 무색계의 3계 중에서 욕계에서만 활동하지 위의 두 세계에서는 인식활동이 이루어지지 않는다. 다시 말하자면 코로서 냄새를 맡는 것은 중생들이 업을 짓는 욕망의

세계에서만 가능한 것이지 4선(禪)의 세계나 순수한 정신의 세계에서는 필요치 않다는 것이다.[界繫]

나머지는 앞의 두 식과 비슷한 활동을 한다. 또한 비식이 일어나려면 9가지의 생연 중에서 공간과 광명의 2가지를 제외한 7가지의 실질적인 인연들이 필요하다.

4 설 식(舌識)

① 그 이름을 해석하면 설근(舌根)에 의지하여 인식활동을 함으로 설식(舌識)이라고 한다.[釋名]

② 이 설식의 인식대상은 오직 맛[味] 뿐이다.[所緣]

그 나머지는 앞의 식들과 비슷하게 활동한다. 설식이 일어나는데도 역시 앞의 비식의 경우와 같이 7가지의 생연이 필요하다.

5 신 식(身識)

① 이름을 해석하면 신근(身根)에 의지하여 식의 작용을 일으키므로 신식(身識)이라고 한다.[釋名]

② 그 대상은 오직 감촉[觸]이다.[所緣]

③ 그 활동의 범위는 3계 중에서 욕계와 색계의 초선(初禪)까지만 이 신식의 영향력이 미친다고 한다. 즉, 색계의 제2선부터는 우리의 몸에 의한 감각은 일어나지 않는다는 것이다.[界繫]

나머지는 앞의 여러 식들과 그 활동이 유사하다. 신식이 일어나는 데도 비식과 설식의 경우와 같이 7가지의 생연들이 요구된다.

이상과 같이 이 5식들은 그 작용이 유사한 까닭에 이것들을 일괄적으로 한데 모아서 전5식(前五識)이라고 부르는 것이며, 바로 눈앞에 있는[現在前] 대상만을 어떠한 사유분별(思惟分別)도 요구함이 없이 오직 대상 그대로만을 식별하기 때문에 이것을 현량지(現量知) 또는 자성분별(自性分別)이라고 한다는 것이다.

그러나 이러한 전5식, 곧 우리의 몸만으로는 중생들이 가지고 있는 번뇌를 끊을 수가 없다고 한다. 즉, 그 이유를 들어 보면,

① 중생들의 번뇌를 끊으려면 그 발생 만큼이나 복잡하여 한 가지만이 아닌 여러 방면의 관찰이 필히 모색되어야 가능한 것인데[共相作意 ; 제6 意識], 전오식은 오로지 그 자체[自相]만을 요별하기 때문에 번잡한 번뇌를 끊는 것이 불가능하다는 것이다.[了自相故]

② 번뇌의 발생은 내적인 것이어서 만약에 마음 안의 인지 활동적인 것[內門]이 아니면 능히 이것을 끊을 수가 없는데, 전오식은 오직 밖으로만 활동하기 때문에[外門轉] 불가능하다는 것이다.[外門轉故]

③ 번뇌를 끊으려면 무엇 보다도 마음이 안정된 상태[禪定]에서만 가능한데, 전오식은 오직 산란한 인식체[散心]이어서 고르게 유지되는 힘[等引力 ; 定] 등이 없기 때문이다.[無等引故]

④ 무엇을 헤아린다거나 과거의 일을 기억할 수 있는 등의 마음의 분별력이 없으면 능히 번뇌를 끊을 수가 없는데, 전오식은 이러한 분별력이 없기 때문이다.[無分別故]

⑤ 어떤 대상을 알려는 의지의 유무에 따라서 마음의 활동이 일어나기도 하고 안 일어나기도 하는데, 전오식은 이러한 마음의 활동과는 관계없이 오직 대상을 직관하는 기능만 있기 때문이다.[隨境故]

⑥ 어떤 번뇌를 끊을 수 있는 지혜는 그에 관계되는 일체의 일들 중에서 해결될 수 있는 요인을 잘 선택함으로서 가능한 것인데, 안식은 오직 물질만을 연취하고, 내지 신식은 촉경만을 연취할 뿐이기 때문에 그 대상이 한정되어 있어서 번뇌를 끊는 것이 불가능하다는 것이다.[所緣少故]

心識이 활동하는 방향 ─ 外門轉 ─ 前五識
心識이 활동하는 방향 ─ 外門轉·內門轉 ─ 第六識 ; 內外門轉
心識이 활동하는 방향 ─ 內門轉 ─ 七・八識

그런데 만일 생각을 오로지 하여 안(眼), 이(耳), 비(鼻), 설(舌), 신(身), 의(意)의 6근(六根)과 색(色), 성(聲), 향(香), 미(味), 촉(觸), 법(法)의 6경(六境)을 잘 지킨다면, 끝내 악도에 떨어지는 일은 없을 것이다. 눈으로 모양을 보매 어떤 것은 아름답다 하고, 어떤 것은 추하다고 여겨서, 아름다운 것을 보면 좋아하지만 그렇지 못한 것을 보면 싫어하는 것이 일반 범부들이다. 이, 비, 설, 신 및 의도 마찬가지이니, 이는 여섯 종류의 각기 다른 짐승들이 행동하는 것과 같다. 이를테면 사람이 새끼줄로 개와 원숭이, 물고기 등을 묶어서 한 곳에 매어 놓았다면, 이 때에 개는 빨리 마을에 갔으면 할 것이고, 원숭이는 숲 속으로, 물고기는 물 속으로 갔으면 할 것이다.

이와 같이 여섯 짐승들의 성질이 각각 다르므로 사람들이 이들을 붙잡아 한 데에 묶어서 동서남북으로 이동한다 할지라도 그들은 옛 보금자리에 대한 향수를 떨쳐버리지 못하는 것이다. 우리 범부의 6근도 이와 같이 각각 주관하는 곳이 다른 데다가 그 작용이 다르므로 대상 또한 달라서 좋은 것이 있고 싫은 것도 있기 마련이다.

비구들은 이 6정(六情)을 한 데에 잘 매어 두어야 한다. 그리하여 한결같이 정진하여 마음을 어지럽히지 않게 한다면, 악마 파순도 침입할 수가 없어서 온갖 선한 공덕을 남김 없이 완성할 것이다. (《증일아함경》 권제32 ; 《대정장》 2, 723下～724上)

그러므로 선남자야, 깨달음에는 모습이 없는 것이며, 또한 이것은 관찰할 수가 없는 것이니라. 어째서 모습이 없으며, 관찰할 수가 없는 것인가 하면, 안식(眼識)이 인식활동을 하지 않으므로 모습이 없는 것이며, 안식이 그의 대상인 색(色)에 대해서 분별하지 않으므로 관찰할 수가 없는 것이다. 이식(耳識)이 활동하지 않으므로 모습이 없는 것이며, 그 대상인 소리[聲]에 대해서 분별하지 않으므로 인지할 수가 없는 것이다. 비식(鼻識), 설식(舌識), 신식(身識) 및 의식(意識)도 이와 같다. 이렇게 모습이 없고, 관찰할 수가 없는 것은 성자(聖者)의 경지인 바, 이것이 3계(三界)를 초월해서 이루어지는 까닭에 범부로서는 능히 이해하기가 힘든 것이니라.(《수호국계주타라니경》 권제4 ; 《대정장》 19, 539下)

(5) 제6 의식(意識)

가 개 요

일반적인 의미로는 각성(覺醒)하여 정신이 든 상태에서 사물을 깨닫는 일체의 의식작용을 말한다.

분석심리학에서는 자아에 의하여 지각되고 있는 정신적인 내용물을 가리키고, 이에 지각되지 않는 것은 무의식이라고 한다.

불교에서는 안식과 이식 등의 전5식이 그 대상인 물질이나 소리 등만을 인식함에 반하여, 이는 대상을 총괄적으로 판단, 분별하는 심적인 작용을 의식이라고 한다.

전5식의 단계에서는 나타나지 않던 대상에 관한 내외의 구분이 이 의식의 활동과 함께 일어난다. 즉, 직관적인 주객미분의 전5식이 대상을 인식하는 현량(現量)일 경우에는 대상에 대하여 안팎이라는 개념이 없지만, 이와 동시에 일어나는 의식이 허망하게 분별을 일으켜서 안팎이라는 이념을 만든다는 것이다[現量證時 不執爲外 後意分別 妄生外思 ;《성유식론》 권제5). 이와 같이 분별상에서 성립되는 외적대상에 관한 인식을 의식이라고 한다.

이 의식을 좀더 자세하게 살펴 보면 다음과 같다.

(1) 이 식은 의근(意根)에 의지하여 인식작용을 일으키므로 의식(意識 ; 意之識 : 隨根得名)이라고 한다.[釋名]

(2) 그 인연하는 바의 대상은 법경(法境 ; 法處), 즉 유위, 무위의 일체제법을 이 의식의 대상으로 삼는다(一切境識).[所緣].

(3) 이 의식을 낳은 종자의 가실(假實)을 논한다면, 그것은 있다고도 할 수 없고, 그렇다고 없다고도 할 수 없는 별종소생(別種所生)의 것이다.[假實]

(4) 이 의식의 성질[性類]은 선, 악, 무기 3성(三性)에 다 통한다.[性類]

(5) 이 의식이 활동할 수 있는 한계를 논한다면, 중생계인 욕계(欲界)와 선계(禪界)인 색계(色界) 및 순수한 정신세계인 무색계(無色界)에 다 통한다. 즉, 의식이 깨여 있으면 색계은 물론이고, 정신세계

인 무색계까지도 들어갈 수 있다는 것을 의미한다.[界繫]

(6) 이 의식이 의지하는 바의 처소[所依處]를 살펴 보면, 제7식인 의근(意根)과 제8식의 객관인 상분(相分 ; 마음 속에 그려진 그림자)에 의지하기 때문에 이것을 객관의식이라고도 한다.(제7 말나식은 주관의식)

그런데 여기에서 언급되고 있는 제7 말나식과 제8 아뢰야식 등은 대승불교의 중기라고 할 수 있는 유식불교 시대에 이르러서야 착안된 개념들이기 때문에, 근본불교와 소승불교의 교학사상에서는 찾아 볼 수 없는 내용이다. 즉, 소승불교에서는 6식까지 만을 인정했기 때문에 제6 의식의 소의처로 부각되고 있는 의근으로서의 말나식의 존재가 애매한 것이었다. 따라서 《구사론》 등 소승불교에서 말하는 의식의 소의처로서의 의근은 말나식이 아니고, "6식이 현행을 마치고 과거로 사라져 갈 때에, 사라지면서 다음 순간의 식이 발생하도록 작용하는 것이 의근이다. 이를테면 여기에서는 아들이지만 다른 곳에서는 그를 아버지라고 부를 수 있고, 여기에서는 과일이지만 다른 데서는 그것을 종자라고 할 수 있는 것과 같다."[《구사론》 권제1(《대정장》 29, 4中)에, "六識身無間滅已 能生後識故名意界 謂如此子卽名餘父 又如此果卽名餘種."] 다시 말하자면 《구사론》 등에서 논술하고 있는 제6 의식의 소의처인 의근은 유식사상에서 말하는 제7 말나식이 아니고 "무간멸(無間滅)의 의(意)"로서, 의식이 생기기 전의 이미 사라진 제6식(諸六識)의 총체를 말한다는 것이다.[所依]

(7) 이 의식은 그 대상을 인식할 때에 과거의 경험과 기억력 내지는 추측 등을 통하여 판단하는데, 이러한 판단의 종류인 3량문

(三量門)에서 본다면, 이것은 3량(現量, 比量, 非量)을 다 동원하여 인식하려고 한다는 것이다.[三量]

(8) 이 제6 의식과 함께 작용하는 심소법과의 상응관계를 본다면, 일체의 모든 심소와 상응한다. 그렇지만 꼭 동시에 상응하는 것은 아니다.[心所相應]

(9) 일반적으로 그 명칭에 있어서 전5식, 제6 의식, 제7 말나식 및 제8 아뢰야식 등과 같이 이들을 식(識)이라고 부르는 것은, 이것들이 각자의 경계에 대하여 식별하는 능력이 뛰어나므로 이와 같이 부른다.

(10) 이 제6 의식은 바깥 경계를 요별하는 것을 그 자성으로 삼고, 이것이 동시에 이 의식이 활동하는 모습[行相]이다(了境爲性相). 사려분별이라는 정신작용이 이 식의 활동이다.

(11) 이 식은 말나식[意根]에 의지해서 아뢰야식의 객관인 상분을 그 대상인 법(法)으로 집착하는 경향이 있으므로, 이것을 객관 의식이라고 할 수 있다.

(12) 이 의식은 아주 깊은 잠[極睡眠]에 들었거나 기절(氣絶)했을 때, 그리고 어떤 생각도 일어나지 않는 세계[無想天]에 낳을 때, 마음에 어떤 공상력도 일어나지 않은 선정(禪定)의 경지[無想定]에 들었을 때 및 보살 등이 마음 속의 모든 망상 등을 버리고 적정(寂靜)키 위하여 닦는 선정[滅盡定]에 들었을 때 등 다섯 가지의 경우에는 의식이 단절되어서[五位無心] 일어나지 않는다고 한다.

여기에서 참고로 5위무심(五位無心)이라는 것은 제6 의식이 전혀 일어나지 않아서 인식활동을 하지 않는 5가지의 경계를 말한다.

① 극수면(極隨眠) ; 깊은 잠에 취했을 때에 의식이 없어서 인식

활동을 할 수 없는 경우이다.

② 민절(悶絶) ; 기절이라고도 하는데, 의식이 잠시라도 없는 경우에도 역시 인식 활동이 일어나지 않는 것을 말한다.

③ 무상천(無想天) ; 무상유정천(無想有情天), 소광천(小廣天) 또는 복덕천(福德天)이라고도 하는데, 무상정(無想定)을 수행함으로서 얻어지는 경지로, 소승의 설일체유부와 경량부 등에서는 색계 제4 선정의 3위인 광과천[색계 18천의 하나로 ① 무운천(無雲天)과 ② 복생천(福生天)의 위이지만, ④ 무번천(無煩天)의 아래에 위치]의 일부라고 하는데, 이 경지는 일체의 마음 작용이 끝난 하늘을 의미 하지만, 오랜 시간 뒤(5백 겁)에는 다시 일상의 마음 작용으로 돌아온다고 한다.

④ 무상정(無想定) ; 마음과 그 심리작용 등의 활동이 모두 멸절한 선정의 경지로서 두 무심정(無心定) 중의 하나를 가리킨다.(《구사론》 권제5에, "復有別法 能令心心所滅 名無想定")

또한 색계 제4 선정의 경지에 속하는 무상천의 과보를 깨달음의 경지로 잘못 아는 외도와 범부들이 닦는 경지를 말하기도 하며, 이 세계에 태어나면 머무르는 5백 겁 동안에는 의식의 활동이 현행하지 않는다고 한다.

⑤ 멸진정(滅盡定) ; 멸수상정(滅受想定), 멸진삼매(滅盡三昧)라고도 하는데, 마음과 그 인식활동 등을 모두 단절한 선정의 경지로서 두 무심정 중의 하나이다. 무소유처의 도리를 체득한 성자가 그 선정의 경지를 무여열반의 고요함에 견주어 무심의 적정경을 즐기기 위하여 들어가는 경지로서, 여기에서 선정을 닦음으로서 무색계 제4 선정인 유정천 즉, 비상비비상천에 들어간다고 한다.

유식학에서는 이 경지에서도 아뢰야식은 없어지지 않는다고 하며, 불환과 이상의 성자가 열반에 가입(假入)하는 생각을 일으켜 이 경지에 들어간다고 한다.(수 혜원, 《대승의장》 권제2에, "滅盡定者 謂諸聖人 患心勞慮 暫滅心識 得一有爲 非色心法 領補心處 名滅盡定.")

자아라는 찌꺼기 등 번뇌의 습기를 소멸하기 위하여 잠시(최대 7일) 동안 들어가지만[완전히 멸하면 죽은 사람이 되고, 무기(無記)가 되기 때문에], 중생제도의 원력 때문에 장시간 동안은 들어 갈 수는 없다고 한다. 왜냐하면 너무 오래 있으면 보살의 원력이 아닐 뿐만 아니라 건강에도 지장이 생기기 때문이다.

결론적으로 제6 의식이 발생하려면, 무엇보다도 이 심식을 있게 한 친인연인 종자와 소의처로서 염정식인 제7 말나식과 근본식인 제8 아뢰야식, 그리고 경각작용인 작의와 그 대상이 되는 법경 등 5가지의 생연이 필요한 것이다.

그런데 이와 같은 전6식이 현행할 때면 1가지의 심식만이 일어나서 인식작용을 하는가, 아니면 동시에 2,3가지 이상의 심식들이 함께 일어나서 인식작용을 하는가의 문제가 일찍부터 제기되었던 것이다. 이에 관하여 소승불교에서는 1가지의 심식만이 일어나서 활동한다고 하였으나, 대승의 유식 사상가들은 여러 심식들이 동시에 구전(俱轉)된다고 하여 8식 중에서 몇 가지의 심식이 함께 일어나 인식활동을 한다고 하며, 특히 제7 말나식과 제8 아뢰야식은 항상 일어난다는 것이다.

그리고 제6 의식이 활동하는 경우를 고찰해 보면, 다음과 같이 두 가지로 요약된다. 즉, 그 하나는 전5식과 함께 일어나는 5구의식(五俱意識)의 경우이고, 다른 하나는 의식 자체만이 일어나 활동하는 독두의식(獨頭意識)의 경우를 말한다. 이것을 좀더 자세하게 설명하면, 5구의식이란 예를 들어 안식이 그 대상인 색법을 보고, 이식이 소리를 들을 때에 단순히 안식이나 이식만으로 그 자체의 대상을 인식하는 것이 아니라, 이와 동시에 일어나는 제6 의식이 참여하여, "이것은 청, 황, 적, 백의 색이다", "저것은 사람의 소리, 새의 소리, 물소리이다"라고 분별하여 알게 되는 것이니, 이러한 인식활동을 5구의식의 분별작용이라고 한다. 반면에 독두의식이란 전5식과 함께 일어나지 않고 오직 의식만이 단독으로 일어나 활동하는 것이니, 어떤 대상을 눈으로 본다든지 귀로 들음으로 인하여 의식이 함께 일어나 인식하는 것이 아니고, 전5식과는 전혀 무관하게 생각 등이 떠올라 나름대로 인식하는 것을 말한다.

이러한 5구의식에는 또한 전5식과 동시에 일어나서 이의 각 식과 함께 동일한 대상을 연취하는 동연의식(同緣意識 ; 與五識俱起 而緣與五同境)과 비록 전5식과 함께 일어났으나 다음 순간부터는 전5식과 다른 대상을 연취하는 의식인 부동연의식(不同緣意識 ; 雖與五俱起而緣不同境)의 둘로 나눈다. 다음에 독두의식도 두 가지로 구분하는데, 산란한 의식인 독산의식(獨散意識)과 입정(入定) 중에 그 선정(禪定)과 상응하는 의식인 정중의식(定中意識 ; 餘定相應)으로 나누는 것이 그것이며, 독산의식을 또한 둘로 구별하는데, 함께 일어났던 전5식의 작용이 이미 끝난 뒤에 그 여운을 인지한 의식이 일어나서 앞 생각의 대상을 연취하는 5후의식(五後意識 ; 於五識後 猶相續緣前念境)과 꿈 속에서와 같이 홀로 일어나는 독기의식(獨起意識 ; 於夢中等位獨起)이 있다.[이상 도표 (1) 참조]

그렇지만 위와 같은 구분이 있는 반면에 의식의 발생을 5구의식과 5불구의식(不俱意識)으로 크게 구별하고, 5구의식에는 앞의 내용과 같이 동연의식과 부동연의식으로 나누지만, 5불구의식은 독두의식과 5후의식으로, 다시 독두의식을 정중의식, 독산의식 및 몽중의식으로 나누는 경향도 있다.[아래 도표 (2) 참조]

의식의 활동

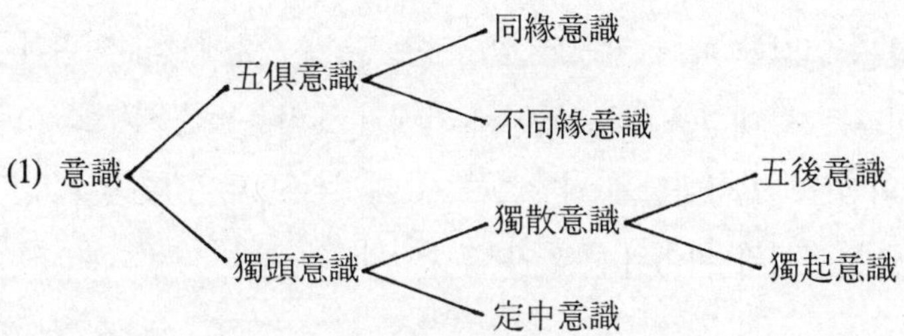

【도표(1)】

[金東華著,《唯識哲學》(寶蓮閣, 1973), p.65 ; 全觀應譯,《唯識論解說》(民族社, 1993), p.353 ; 吳亨根著 ,《唯識學入門》(佛光出版部, 1992), pp.57~64 ;《望月辭典》, pp.113~114]

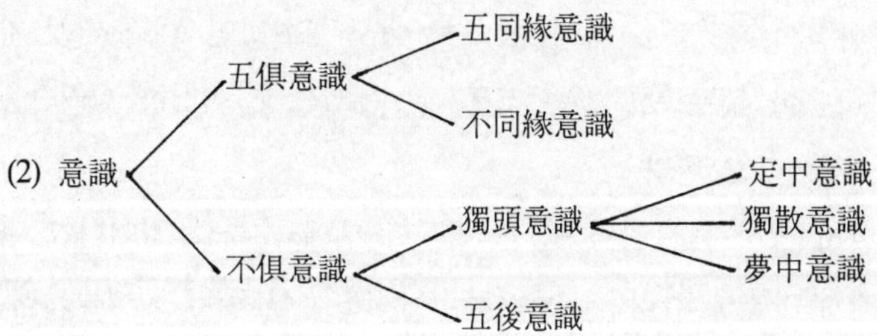

【도표(2)】

[深浦正文著,《唯識學硏究》 下(永田文昌堂, 昭和 17), p.312 ; 全明星譯,《唯識綱要》(雲門寺, 佛紀 2518), p.94 ; 太田久紀著,《佛敎の深層心理》(有斐閣, 昭和 58), p.111]

나 의식의 작용

이와 같은 제6 의식이 활동하는 내용을 좀더 자세하게 살펴 보면, 다른 여러 식들과 함께 인식작용을 해서 그 대상을 파악하기 때문에 공동작업의 성격이 강하지만, 그러한 가운데서도 이 의식이 주로 많이 활동하는 관련 설들이 몇 가지가 있다. 그 중에서 대상을 인식할 때에 차례로 발생하는 5심(心) 중에서의 의식의 활동이라든지, 대상을 식별하는 세 가지의 심리작용인 3분별(分別) 중의 의식 및 인식대상을 파악하는 세 가지의 판단의 종류인 3량(量) 등에 있어서의 의식의 활동이 그것이다.

㉠ 5심(五心)

우리들이 어떤 대상을 인식할 때에 그 과정을 세밀하게 관찰해 보면, 거기에는 우리가 미쳐 알지 못했던 심리작용들이 전적으로 관여하고 있음을 알게 된다. 이와 같이 인식대상을 향하여 일어나는 마음의 작용들을 차례대로 나누어서 고찰하면, 대략 다섯 가지의 마음이 활동하고 있는 것을 알 수 있는데, 이러한 심리작용들을 5심이라고 한다.

다시 말하자면 인식대상을 인식할 때에 순차로 일어나는 다섯 가지의 마음을 가리키는데, 《유가사지론》(《대정장》 30, 280上)에 의하면,

> 안식이 일어남으로 말미암아 세 가지의 마음이 얻어지게 된다. 그것을 차례로 말하면, 처음 대상을 찰나적으로 대면하면서 일어

나는 갑작스런 마음인 솔이심(率爾心)과 그 대상에 관하여 의구심을 갖는 심구심(尋求心) 및 대상을 직감적으로 파악한 결정심(決定心)이 그것이다. 처음의 것은 바로 안식이고, 두 가지의 것은 의식에 있으며, 결정심 뒤에 바야흐로 그 대상에 관하여 좋은 감정과 나쁜 감정을 갖게 되는 염정심(染淨心)과 이 뒤에 이내 이러한 감정을 그대로 유지하는 등류(等流)의 안식이 일어나서 좋은 감정과 나쁜 감정을 전전(展轉)한다. 그러나 저 안식은 스스로의 분별력이 없으므로 이 의식이 일어나기까지는 다른 대상을 취하지 못한다. 그러한 때가 지나면 안식과 의식 두 가지는 혹은 좋은 감정으로 혹은 나쁜 감정으로 상속되면서 전전한다. 안식이 일어난 것과 같이 내지 신식도 응당히 그러한 줄을 알아야 한다.

(由眼識生 三心可得 如其次第 謂率爾心 尋求心 決定心 初是眼識 二在意識 決定心後 方有染淨 此後乃有等流眼識 善不善轉 而彼不由自分別力 乃至此意 不趣餘境 經爾所時 眼意二識 或善或染相續而轉 如眼識生 乃至身識 應知亦爾.)

이러한 5심을 좀더 자세하게 설명하면 다음과 같다.

(1) 솔이심(率爾心) ; 인식주체인 우리의 마음 중에서 먼저 대상과 접촉하는 것은 바깥에서 직감적인 감각을 가지고 활동을 하고 있는 안식 내지 신식 등 전5식이다. 이 가운데서 안식의 경우를 상정한다면, 안식이 그 대상인 색경, 즉 물질적인 것을 인식하려고 할 때에 먼저 어떠한 분별이나 판단도 없이 대상인 물질과 순수하게 접촉하는 찰나적인 마음을 솔이심이라고 한다.

(2) 심구심(尋求心) ; 이와 같이 일단 어떤 대상에 대하여 인식주체인 마음과 그 대상이 되는 객체와의 사이에 서로 접촉하는 관계

가 이루어졌다면, 그 다음 단계에서는 그것이 무엇인가 하는 의구심이 일어날 수 밖에 없는데, 이렇게 솔이심 다음에 일어나서 대상을 파악하려는 심리적인 활동을 심구심이라고 한다.

(3) 결정심(決定心) ; 중생들은 어떤 대상에 대해서든지 뜻을 가지고 그것을 알려고 하면, 그에 따라서 쉽게 대상을 인식하는 경우가 많다. 이와 같이 눈 앞에 있는 대상을 본 그대로 혹은 들은 그대로 내지는 맛본 그대로, 어떠한 분별력도 없이 거의 직관적으로 저것이 무엇이라고 결정하는 마음이 심구심의 다음 단계에서 일어나는데, 이러한 심리활동을 결정심이라고 한다.

이상으로 일어나는 3가지 마음, 즉 심리활동들은 눈 앞에 있는 대상을 대상 그대로 인지하는 직관만이 있을 뿐이지, 이에 관하여 어떠한 사려분별도 하지 않았기 때문에 좋은 감정도 없고 그렇다고 나쁜 감정도 없는 무기(無記)적인 성격을 띈다. 말하자면 이 3가지의 심리작용은 순수한 전5식의 활동으로서 아직 제6 의식의 활동이 개입하지 않아 대상에 관한 어떠한 분별도 이루어지지 않았기 때문에 대상의 자상만을 있는 그대로 파악한 것이며, 그렇기 때문에 이와 같은 3가지의 심리활동은 모두 무기성이라고 정의한다.(《성유식론술기》 권제5 · 末, "瑜伽論說 率爾等五心中 前三定無記.")

(4) 염정심(染淨心) ; 안식, 이식 등 전5식이 대상을 있는 그대로 인식해서 그 자상 등을 연취했으면, 우리 범부들의 마음은 그것으로 끝나는 것이 아니고 다음 단계에서는 생각을 일으켜서 분별하는 습관이 있다. 그렇기 때문에 전에 그 대상에 관하여 원한(怨恨)이 있는 것에는 좋지 않는 감정인 고수[苦受]를 내고, 친숙한 것에는 좋은 감정인 낙수(樂受)를, 이러한 두 감정이 없고 그저 그런 것

에는 불고불락수(不苦不樂受), 즉 사심(捨心)을 내는 것을 말한다. 그러므로 이 심리활동부터 의식이 작용했다고 볼 수 있으며, 따라서 선악의 업을 지어서 중생들은 6도 윤회를 계속하는 존재로 남게 되는 것이다.

(5) 등류심(等流心) ; 그런데 이와 같이 마음 가운데서 분별심을 일으켜서 좋은 감정[淨心]과 좋지 않는 감정[染心]이 한번 일어나면, 그 인지된 알음알이의 세력들은 어디로 가지 않고 모두가 우리 중생들의 마음 가운데에 저장이 되어서[아뢰야식(阿賴耶識)의 발생] 마치 흐르는 물과 같이 시시각각으로 상속되는 것이다. 즉, 앞서의 마음의 세력과 같이 습관적으로 계속하여 유전되는 마음을 등류심이라고 부른다.

㉡ 3분별설(三分別說)

제6 의식의 주요 심리작용은 인식대상을 분별하는 것을 그 자성으로 삼고, 또한 분별력을 가지고 활동하기 때문에 다른 어떤 식보다도 식별(識別)하는 능력이 뛰어나다고 한다. 즉, 우리 마음이 선입관을 가지고 대상을 인식하는 분별이란 식별과 요별(了別)의 뜻으로서 우리의 인식활동을 일컫는데, 이와 같이 대상을 식별하는 정신작용에는 3가지가 있으며, 이러한 마음 속의 심리작용을 3분별이라고 한다.

(1) 자성분별(自性分別) ; 이것을 임운분별(任運分別) 또는 자성사유(自性思惟)라고도 하는데, 바로 눈 앞에 있는[現在前] 모든 대상의 자상(自相)을 어떠한 사려분별이나 선입견 없이 직관적(直觀的)으로

그대로 인지하는 것을 말한다. 이러한 인식활동을 하는 식을 보면, 모든 식들이 그 나름대로의 자성이 있어서 이 분별활동은 자연스럽게 이루어지지만, 그러한 가운데서도 오직 현재전한 대상만을 있는 그대로 인식하는 능력이 있는 안식 등 전5식과 우리 범부들의 마음의 자성이라고 할 수 있는 제8 아뢰야식의 활동이 더욱 두드러진다는 것이다. — 전5식과 제8 아뢰야식

(2) 수념분별(隨念分別) ; 이것을 수억사유(隨憶思惟)라고도 하는데, 어떤 인식대상을 접했을 때에 이에 관하여 일찍이 경험한 일이 있는 기억이나 인상 등을 다시 되살려서 이것에 결부시켜 나름대로 분별하여 아는 추념(追念)적인 심리활동을 말한다. 이러한 활동은 오직 제6 의식의 심리작용만으로 이루어지는데, 그 이유는 다른 식들은 자상만을 분별한다든지 아니면 자기 본위로 상상력 등을 발휘하여 인지하는 반면에, 이 의식은 과거의 것을 기억하는 능력이 갖추어져 있기 때문이다. — 제6 의식

(3) 계탁분별(計度分別) ; 이것을 추탁분별(推度分別) 또는 분별사유(分別思惟)라고도 하는데, 일찍이 과거나 현재, 더 나아가서 미래 등의 3세에 걸쳐서 경험하지도 않고, 현세에 나타난 적도 없는 어떤 대상을 자기 마음대로 독단적으로 상기(想起)해서 계탁추량(計度推量)하는 상상, 공상 및 망상 등과 같은 정신작용을 말한다. 이러한 분별심은 지혜가 없을 경우와 무아의 도리에 암울하여 자아의식이 팽대하여 아집과 법집 등이 일어났을 적에 나타나는 현상으로서 제6 의식도 일부 참여하지만, 주로 제7 말나식이 전적으로 활동해서 일으키는 분별심을 말한다. — 제6 의식과 제7 말나식

이와 같이 인식대상을 식별하는 3가지의 정신작용에서 볼 때에 제6 의식은 어느 분별력에도 참여하는 폭넓은 인식활동을 하고 있는 것이다. 그렇기 때문에 의식의 활동이 그만큼 중요하며, 이러한 이유 등으로 《구사론》과 같은 소승관계의 논장에서는 제6 의식까지만을 설정해서 모든 인식활동이 가능하다고 주장하였던 것이다.

㉢ 3량설(三量說)

삼량설이란 대상을 분별하여 인지하는 3분별설 외에 인도의 논리학인 인명학(因明學)에서 많이 논증되고 있는 내용으로서 유식사상에서도 그 논법이 활용되고 있는 인식적인 판단의 종류를 말한다. 즉, 우리의 주관심인 마음이 대상을 인식할 때에 그 판단이 정확할 적도 있지만 모든 것이 항상 옳지는 않는데, 왜 옳지 않는가 하는 까닭을 고찰해 보면 거기에는 3가지로 나누어지는 판단이 있기 때문이라는 것이다. 이와 같은 3가지의 판단을 3량설이라고 하며, 여기에서 양(量)이란 양지(量知)의 뜻으로서 인식대상을 인식할 때에 나타나는 판단을 말한다.

(1) 현량(現量) ; 안식 내지는 신식 등 전5식과 이와 동시에 일어나서 활동하는 의식 및 주관심인 자증분(自證分) 등의 마음이 현전(現前)의 대상을 연취할 때에, 이것을 분별하지 않는 지혜[無分別智]가 나타나서 그 대상의 명칭이나 성질 등에 의한 인식을 떠나서 대상의 자상을 있는 그대로 직각(直覺)하는 인식작용을 말한다. 또는 어떤 대상을 직관적으로 인식하는 것으로서 주관심이 직접 대상의 자상에 합치되는 경우[契合]를 현량이라고 한다.

예를 들면 청색을 인식할 때에 우리는 이미 마음 속에 자리잡고 있던 청색에 관한 공상(共相) 개념을 먼저 일으키고 난 후에 이것을 청색에 계합시켜서 인식하는 것이 아니고, 이 보다 앞서 자연스럽게 아무런 분별력도 없이 직접 주관심이 대상의 자상인 청색을 직감적으로 인식하는 것을 말한다. — 전5식과 이와 동시에 일어나는 의식 및 자증분(自證分)

(2) 비량(比量) ; 이것은 비교양탁지(比較量度知)를 의미하는 것으로서, 혼란스럽지 않고 차분한 심식이지만 단지 명확하게 드러나지 않는 대상을 비량분별하였기 때문에 그 대상의 자상을 정확하게 얻지 못하는 인식작용을 말한다. 다시 말하자면 유추(類推)와 추리로써 대상을 인식하는 것인데, 이 비량지(比量知)는 현량연(現量緣), 즉 현재전한 것만을 그 인식대상으로 하는 것이지, 만약에 대상이 현재전하지 않으면 일어나지 못하는 심리작용을 가리킨다.

예를 들면 바로 가까운 곳이 아니고 먼 곳에 있는 산에서 연기가 솟아오르는 것을 보고, 그 밑에는 반드시 불이 있을 것으로 추정하는 것과 같은 경우를 일컫는다. 즉, 이러한 경우에 불이라는 실물은 보이지 않았지만 연기라는 것은 반드시 불에 의하여 발생하는 것이므로 연기를 가지고 불의 존재를 추측하는 것 등을 말한다.

그런데 이 비량(比量)은 올바른 판단을 내릴 때도 있지만 항상 그러한 것만은 아니기 때문에 현량과 다르며, 우리들의 인식활동 중에서 이 비량이 가장 중요한 것은 전5식에 주로 많이 의지하는 현량은 그 인식 자체에는 착오가 없지만, 인식된 결과에 관한 어떤 통일성과 체계성이 결여되어 있기 때문에 이를 종합하는 것이 불가능하다는 것이다. 반면에 비량(比量)은 얻어진 결과들을 잘 비교하고, 선택해서 이들을 종합적으로 정리하는 작용이 뛰어나다는

것이다. — 제6 의식 — (예) 먼 산의 연기 ⇒ 불

(3) 비량(非量) ; 우리 중생들이 생각을 일으켜서 업을 많이 지으면, 마음은 언제나 평온함을 유지할 수가 없다. 이러한 경우 등 산란한 심식이 그 대상이 현전할 때나 불현전(不現前)한 때를 막론하고 이를 인식대상으로 할 때에, 오직 착각과 망상 등으로 그것을 분별하여 진실로 자상을 얻지 못하는 오류를 말한다. 이를테면 현량지(現量知)와 같으면서도 현량이 아닌 잘못된 현량[似現量]이나 잘못된 비량[似比量]이 이에 속한다. 또한 의식이 전5식과 함께 일어나서 어떤 대상을 크다거나 작다, 둥글다 및 모나다 등으로 분별할 때에, 이러한 경우 올바른 판단은 비량(比量)이고, 틀리는 판단은 비량(非量)이다.

예를 들면 먼 산에서 피어오르는 안개를 잘못 보고 연기로 여겨서, 그 밑에는 반드시 불이 있을 것으로 착각하는 경우와 같은 잘못된 비량(比量)을 말한다. — 제7 말나식과 제6 의식의 일부 — (예) 먼 산의 안개 ⇒ 불

지금까지 설명한 3분별심과 3량설과의 상호관계를 도표를 통하여 나타내 보면 다음과 같다.

(三分別)	(諸 識)	(三 量)
自性分別	五八識(五八은 唯現)	現 量
隨念分別	第六識(第六은 通三)	比 量
計度分別	第七識(第七은 唯非)	非 量

다 전6식의 인식과정 중에 나타나는 2가지의 연(緣)

(1) 자상연(自相緣) ; 안식, 이식 등 전5식이 심리활동을 할 적에 그 인식대상의 자상 그대로를 연취(緣取)하는 것을 말한다. 일종의 직관으로서 언설 등으로서는 어떻게 표현할 수 없는[言說未及] 형상을 대상으로 할 때만 가능하다.

예를 들면 불에 있어서는 태우는 성질[煙性]을, 물에 있어서는 적시는 성질[濕性]과 찬 기운[冷性] 등을 연취해서 인식하는 것을 말한다. 따라서 이와 같은 인식이 가능한 심식은 자상을 그대로 연취하는 전5식 뿐으로서, 이것은 현량연(現量緣)에 속하는 분별이다.

(2) 공상연(共相緣) ; 어떤 인식대상의 자상 그대로를 연취하는 것이 아니라 연기법에 따라서 그 자성상에 가립(假立)된 여러 가지 대상의 명언(名言) 등을 통하여 연취하는 것을 말한다. 이것은 비량연(比量緣)에 속하는 분별로서 별도로 실체가 없는 대상을 가리켜서 공상연이라고 한다. 그런데 제6 의식은 자상연과 공상연을 아울러서 연취하는 특징이 있다.

예를 들면 5온(蘊)이 일시적으로 가합(假合)하여 만들어진 것이 사람이고, 많은 나무와 풀들이 어울려서 된 것이 숲이며, 지수화풍의 4가지 요소들이 합쳐져서 그릇이나 건물 등이 되는데, 이렇게 어떤 대상 위에 일시적으로 가립된 명칭 등에 의하여 그것을 파악하려는 분별심을 일어나게 하는 것을 공상연이라고 한다.

요컨대 제6 의식의 인식 한계는 시간과 공간에 구애받지 않으며, 그 대상이 유,무형의 존재이든 아니면 가실(假實)의 존재이든지 간에, 어떠한 것도 능히 상상할 수 있는 세력이 있는 것이 이 의식의 특징이다.

(6) 제7 말나식(末那識)

가 개 요

우리들이 어떤 대상을 중립적인 견지에서 인식하는 것처럼 보이는 의식도 그 바탕을 자세하게 고찰해 보면, 선악 업의 의지작용과 결합된 자아의식에 근거하고 있는 것이 보통이다. 즉, 대상화된 의식의 근저에 작용하고 있는 식은 선악 업의 활동과 번뇌의 감정 등으로 물들어져 있는 주관적인 의식이 있기 마련인데, 이것을 말나식(末那識 ; manas)이라고 한다.

이 말나식은 제8 아뢰야식을 항상 의지처로 하면서 아치(我癡), 아견(我見), 아만(我慢) 및 아애(我愛) 등 4종류의 번뇌와 함께 하며, 또한 아뢰야식의 견분(見分 ; 主觀心)을 연취하여 이것을 상일(常一)하고 주재(主宰)하는 자아의 실체라고 세심하게 사량(思量) 집착하는데, 이러한 것이 바로 그 자성이며, 동시에 활동하는 모양[行相]인 것이다.

이 말나식에 관하여 좀더 자세하게 설명하면 다음과 같다.

(1) 이것을 manas(意, 思量)식이라고 부르는 것은 그 의지하는 근(根)에 의하지 않고 식 자체의 뜻에서 연유된 명칭[當體得名]으로서, 제6 의식(意識)과 이름은 같으나 실체가 다름[同名異體]을 구별하기

위해서다.

(2) 이 말나식의 특성 중의 한 가지는 항상 마음 속으로 무엇인가를 살펴서 분별하는 것[恒審思量]인데 비하여, 다른 식들은 그렇지 않다. 즉, 전5식은 연취하는 바의 대상이 현재전하지 않으면 그것을 취할 수 없기 때문에 항상 살피는 것이 불가능하고, 또한 수념(隨念)과 계탁분별(計度分別)을 할 수 없으므로 자세하게 살피는 성질[審細性]도 없다는 것이다. 그렇기 때문에 전5식은 항심(恒審)의 뜻이 결여된 것이며, 제6 의식은 분별하는 것이 자세하기는 하지만 5위 무심(無心) 때에는 그 작용이 단절되므로 항상의 뜻이 결여된 것이요, 제8 아뢰야식은 항상 존속하는 성질은 있으나 심세의 작용이 없으므로, 오직 이 말나식만이 항상 일어나[俱轉] 살피는 이른바 항심사량(恒審思量)의 특성이 있다는 것이다.

(3) 말나식이라는 종자의 가실(假實)을 논한다면, 특별하게 존재한다고도 볼 수 없고, 그렇다고 없다고도 볼 수 없는 별종소생(別種所生)의 것이다.

(4) 이 식의 성품을 보면 오직 4종 번뇌와 함께 하지만 중성적인 성격[有覆無記性]이 강하다는 것이다. 왜냐하면 이 식은 항상 아(我)와 법(法)에 집착하여 마음을 가리고 지혜를 장애하지만 그 심리작용은 미세하며, 염오성이기는 하지만 악성은 아니라는 것이다.

(5) 말나식은 그 심리작용이 어디까지 가능한가 하면[界繫], 인간의 3가지 욕망이 치성한 세계인 욕계는 물론이고, 4가지 선계(禪界)인 색계와 순수한 정신의 세계인 무색계에 이르기까지 다 활동한다.

(6) 말나식은 그 의지하는 장소가 언제나 제8 아뢰야식이다. 또한 아뢰야식도 말나식에 의지하여 일어나므로 이들 간에는 서로

가 소의처가 된다.

(7) 이 말나식이 어떤 인식대상을 접촉해서 판단할 때는, 그 대상이 눈 앞에 존재하든 존재하지 않든지 간에 주관심[見分]에 빗대어서 마음대로 분별하는 오직 비량(非量)적인 정신작용을 한다.

(8) 특히 말나식이 연취하는 바의 대상[所緣境]을 논한다면, 이것은 제8 아뢰야식의 주관심인 견분(見分)을 그 대상으로 하므로 주관의식이라고 할 수 있다(제6 의식은 객관의식). 다시 말하자면 말나식이 발생하려면, 서로 의지하는 제8식과 그 대상인 견분과 경각심인 작의 및 이 심식을 존재케 한 친인연인 종자 등 4가지의 생연이 필요하다는 것이다.

(9) 말나식이 인식활동을 할 때에 그에 따라서 함께 일어나 심리작용을 하는 심소법을 알아 보면, 이 심식은 변행심소의 촉(觸) 등 5가지와 아치(我癡) 등 4가지의 번뇌, 대수혹의 도거(掉擧) 등 8가지 및 별경(別境) 중의 혜(慧) 등 18심소와 동시에 상응한다.

(10) 중생들이 가지고 있는 이 식은 아집의 근본[恒審思量, 思量爲性相, 思量執着]이 되는 식으로서 언제부터 생긴 것인지 모르지만, 한 가지로 간단없이 상속하면서 존재한다(제8식도 같음).

(11) 그러나 만약에 번뇌가 일어나지 않는 지위인 무루위(無漏位)에 오르면, 이 식은 활동하지 않는다. 즉, 이 말나식은 선악 업을 짓지 않아서 생사윤회를 하지 않는 위치인 아라한(阿羅漢)의 경지와 지혜 있는 사람이 모든 마음의 형상들을 없애고 적정(寂靜)하기를 기원하면서 닦는 선정인 멸진정(滅盡定)과 해탈키 위하여 번뇌심을 없앤 깨달음의 경지인 출세도(出世道) 등 이른바 3가지의 무루지(無漏智)가 나타나는 경지에서는 이 식이 일어나지 않는다.(《유식삼십

송》 제7송에, "阿羅漢滅定 出世道無有")

(12) 소승불교인들은 비교적 지혜가 천박함으로 이 말나식과 제8 아뢰야식에 관하여 교설하지 않았다고 하며, 대승불교의 초기인 용수(龍樹) 때까지도 이 식의 존재를 모르고 있었다고 한다.

나 존재에 관한 논증

이 말나식이 소승불교의 교학사상에서는 물론이고, 대승교학의 초기까지도 그 존재가 확연하게 드러나지 않았다면, 본래 경론상에서 이에 관한 설명이 전혀 없었던 것을 후세에 유식 학자들이 첨족(添足)한 것이 아닌가 하는 의문이 일어날 수 밖에 없다. 그러나 이에 관련되는 경전들의 내용을 살펴 보면 아직까지는 말나식이라고 명칭하지 않았지만, 이것과 버금가는 개념들을 설정하여 설명하고 있었으며[二教證], 또한 이 식이 교학적인 관점에서 미루어 보아도 반드시 존재해야만 한다는 논증[六理證]들이 교설되고 있기 때문에 이러한 내용들을 살펴 본다.

㉠ 2교증(二教證)

먼저 경전상에서 이 말나식의 개념에 관하여 설명되고 있는 2가지의 교학적인 논증을 고찰해 보면 다음과 같다.

(1)《성유식론》 권제5(《대정장》 31, 24下)에서《입능가경》의 게송 내용을 인용하여 논하기를,

장식(藏識)은 이를 마음[心]이라 이름하고, 사량성(思量性)의 것은

의(意)라고 하며, 능히 모든 대상의 모습을 요별하는 것은 이것을 식(識)이라고 한다.

(藏識說名心 思量性名意 能了諸境相 是說名爲識.)

라는 내용에서 알 수 있다시피, 제7 말나식의 존재가 이미 관련되고 있는 대승 경전류에서 그 개념이 거의 정확하게 설해지고 있던 것이다.

(2) 또한 같은 《성유식론》 권제5(《대정장》 31, 24下)에서 《해탈경》의 교설을 인용하여 논술하기를,

물들여진 의식은 항상 모든 번뇌와 함께 생멸하는데, 만약에 이러한 번뇌에서 해탈하면 그것은 과거에도 없고, 또한 미래에도 없을 것이다.

(染汚意恒時 諸惑俱生滅 若解脫諸惑 非曾非當有.)

라고 한 내용에서 볼 때에, 여기에서 오염되어 갖가지의 번뇌와 함께 하는 의식이란 다른 인식주체가 아닌 바로 말나식을 가리키는 것이므로, 제7식의 의미는 이미 설정되어 있었다는 것이다.

더구나 여기에서 위의 게송에 관하여 주석한 내용이 결정적으로 이러한 논증을 뒷받침해주고 있다. 즉,

물들여진 의식이 언제부턴가 있어서 4가지 번뇌와 항상 생멸을 같이 하는데, 그 4가지 번뇌란 아견, 아애, 아만 및 아치를 말한다. 이것을 대치(對治)하는 해탈 도가 생겨나면 번뇌들은 단절된다. 이

의식도 저것[對治]에 따라서 곧 해탈을 얻는다.

(有染汚意 從無始來 與四煩惱恒俱生滅 謂我見我愛及我慢我癡 大治道生斷煩惱已 此意從彼便得解脫.)

라고 논술되어 있는 것에서 볼 때에, 이것은 분명히 4종 번뇌와 함께 그 생멸을 반복하는 제7 말나식에 관한 해설이기 때문에 다른 견해는 있을 수 없다고 보는 것이다.

㉡ 6리증(六理證)

대승불교 시대의 중기에 와서 모든 교리들을 총괄적으로 정리하여 성립된 것이 다름 아닌 유식교학인데, 만약에 이 말나식의 존재가 유식사상에서 증명되지 않는다면 그것은 심각한 교리상의 모순에 접하게 되는 것이다. 다시 말하자면 다른 식들의 존재도 그러하지만, 특히 이 말나식의 존재는 그 활동성에서 볼 때에 어떤 개념 보다도 막중한 위치에 놓여 있는 중요한 내용인 것이다. 따라서 이와 같은 심각한 의도에서 그것이 존재해야 할 이유를, 주로 대승불교사상을 모두 포함하고 있어서 일명 《광포대승론(廣包大乘論)》이라 불려지고 있는 《섭대승론》의 교설을 중심으로 6가지로 나누어서 논증하고 있는 것이 6리증이다.

(1) 《성유식론》 권제5(《대정장》 31, 24下~25上)에 의하면 다음과 같이 서술되어 있다.

탐진치(貪瞋癡) 등의 근본번뇌와 상응하고, 일체 범부의 마음 속에서 항상 일어나서 간단없이 상속되면서도 전6식과 상응하는 무명[獨行不共無明]과는 다른 공통되지 않는 무명을 항행불공무명[恒行不共無明]이라고 하는데, 이것은 진실을 가리는 성질이 있다. 따라서 만약에 이 식(말나식)이 없다면 저 항행불공무명의 존재도 무의미하게 된다.

(契經說 不共無明 微細恒行 覆蔽眞實 若無此識 彼應非有.)

라고 함에서 알 수 있는 바와 같이, 중생들의 번뇌력으로 말미암아서 항상 마음 속에 유지되고 있는 항행불공무명은 간단(間斷)이 있는 제6 의식이나 일체의 번뇌와 상응치 않는 제8 아뢰야식과는 함께 일어날 수가 없고, 오직 말나식과만이 상응할 수 있는 심리 작용이므로 저것이 있는 한 이 말나식도 당연히 존재해야 한다는 것이다.

(2) 역시《성유식론》권제5(《대정장》31, 25中)에 보면,

눈이 물질을 연취해서 안식을 일으키고, 내지 의(意 ; 제7식)가 법을 연취해서 의식(意識 ; 제6식)을 일으킨다. 그런데 만약 이 말나식이 없다면 의근(意根)이 없어서 제6 의식까지도 일어나지 못할 것이다.

(契經說 眼色爲緣生於眼識 廣說乃至 意法爲緣生於意識 若無此識 彼意非有.)

라고 논술되어 있는 내용과 같이, 제6 의식이 발생하려면 그 소의처로서 의근(意根)의 존재가 필수적인 것인데, 이 의근이 바로 제7

말나식이기 때문에 이것이 존재하지 않는다면 저 제6 의식도 당연히 존재하지 않는다는 것이다.

(3) 위와 같은 논장(상동)에서 다시 강조하기를,

> 항상 무엇인가를 헤아리는 심리작용인 의(意)가 제7식인데, 만약에 이것이 없다면 저 제6식도 당연히 존재하지 않게 된다.
> (契經說 思量名意 若無此識 彼應非有.)

라고 한 바에서 알 수 있듯이, 앞에서는 제6식의 소의처로서 의근인 말나식이 존재해야 했지만, 여기에서는 제6 의식(意識)을 왜 의식이라고 명칭했는가 하면, 제7식인 의(意 ; manas)에 의지했기 때문이라는 것으로서, 주관의식인 제7식이 있어서 그에 따른 객관의식인 제6식이 있게 되는 것은 올바른 인식활동을 위해서도 필수적이라는 것이다.

(4) 여기에서는 2가지의 무심정(無心定)은 말나식의 심리활동 유무에 의하여 구별될 수 있는데, 만약에 그 기준이 되는 말나식이 존재하지 않는다면 이들의 차이도 없을 것이라는 데서 그 이유를 찾고 있다.

즉, 《성유식론》 권제5(상동)에 의하면,

> 마음에 어떠한 형상도 일어나지 않는 경지인 무상정(無想定)과 성자(聖者)가 마음 속의 형상을 없애고 적정(寂靜)함을 얻는 경지인

멸진정(滅盡定)에서 만약에 오염된 의식이 없다면, 저들은 어떠한 차별성도 없고 똑 같은 경지일 것이다.

(契經說 無想滅定 染意若無 彼應無別.)

라는 내용이 그것으로서, 주로 외도들이 많이 닦는 무상정은 아직까지도 말나식에 의한 아집 등이 남아 있어서 활동하고 있는데 반하여, 불교인들이 많이 닦는 수행법인 멸진정은 이것을 멸수상정(滅受想定)이라고도 하는데, 어떠한 감정과 상상력까지도 모두 없어진 선정의 세계를 가리키는 것이다. 그러므로 여기에서는 오염된 심식은 활동할 수 없다고 한다. 따라서 만약에 오염된 의식인 제7말나식이 존재하지 않는다면, 이들 2가지의 선정의 경지는 그 구분이 모호하게 되므로 반드시 기준이 되는 말나식은 존재해야 한다는 것이다.

(5) 또한 같은 곳(상동)에 논술되어 있는 내용을 고찰해 보면,

무상정을 닦아서 무상천(無想天)에 태어난 중생은 한 평생 동안 마음과 그에 따라서 함께 일어나 활동하는 심리활동이 없다고 한다. 이럴 경우 만약에 말나식이 없다면, 저 무상천은 물듬이 없는 청정한 세계이어야 한다.

(契經說 無想有情一期生中 心心所滅 若無此識 彼應無染.)

라고 풀이되어 있는 내용을 보면, 이것은 역설적인 방법을 도입하여 제7식의 존재를 증명하고 있다. 즉, 외도들이 닦는 무상정을 유

식사상가들이 정의할 때면 그 곳에서도 전6식과 그 심소들의 활동은 없지만, 아직까지도 오염된 말나식이 활동하고 있는 경지로 여기기 때문에 성인(聖人)의 세계로는 인정치 않는다는 것이다. 따라서 모든 심식[諸八識]들 특히 오염된 말나식의 활동이 소멸된 경지라면, 그 곳은 바로 멸진정과 같이 청정한 세계이어야 하는데, 그렇지 않는 것으로 보아서 무상정에서 모든 심식들의 활동이 소멸되었다는 것은 어불성설이라는 것이다. 이를테면 무상정에서는 아직까지도 오염된 말나식의 활동이 있으며, 그 때문에 청정한 세계는 결코 아니라는 내용이다.

(6) 끝으로 중생들은 일상생활을 영위하면서 많은 업을 지으면서 살아가는데, 그러면 그 주체는 무엇인가 하는 의문을 가끔 갖게 되는 경우가 있다. 이럴 경우에 쉽게 떠오르는 개념이 자아의식인 말나식이라는 것이다.

즉, 《성유식론》 권제5(상동, 25下)에 보면,

> 여러 다른 모습을 하면서 살아가는 범부[異生]들이 대상을 보고서, '좋다', '나쁘다' 내지는 '그저 그렇다'라고 마음을 일으킬 때에는 항상 아집이 함께 한다. 그리하여 만약에 말나식이 없다면, 저 아집도 없어서 업을 짓지 않게 된다.
>
> (契經說 異生善染無記心時 恒帶我執 若無此識 彼不應有.)

라는 내용을 음미해 보면, 중생인 범부들은 선, 악 및 무기성(無記性 ; 非善非惡)의 업을 지어서 그 과보를 받아 6도 윤회하기 때문에,

이를 또한 모습을 달리해서 태어난 존재라는 의미에서 이생(異生)이라고도 부르는데, 이러한 이생들이 좋은 업을 짓든지 아니면 나쁜 업을 짓든지 간에 그 활동의 주체는 '나'라는 인식인 아집이 있어서 가능하다는 것이다. 이렇게 아집을 일으키는 심식은 다른 심식의 활동에서는 찾아볼 수 없고 오직 제7 말나식의 활동에서만 감지되므로, 이 심식은 반드시 존재해야 한다는 것이다.

(7) 제8 아뢰야식(阿賴耶識)

가 연원사상(淵源思想)

불교를 마음의 종교라고 정의할 때면 그것은 유식사상을 염두에 두고 평가한 것이라고 해도 과언이 아니다. 왜냐하면 유식사상을 불교의 심리학이라고 부르거나 동양의 심리학 등으로 호칭하는 것은 이 학문이 전적으로 우리의 마음을 다루고 있기 때문이다. 더구나 이러한 유식사상 중에서도 그 핵심이 되고 있는 것은 바로 아뢰야식(阿賴耶識)에 관한 내용인데, 이 아뢰야식에 대한 논증과 해설이 사실상 유식사상을 완성시킨 것이다.

그런데 이와 같이 아뢰야식에 관한 개념이 정립된 데는 후세에 이에 관하여 부단한 관심과 연구를 게을리 하지 않은 많은 대승인들의 노력이 무엇 보다도 큰 원천이 되었지만, 그들로 하여금 이러한 관심을 갖게 한 것은 대승불교 사상 이전에 설파된 부파나 소승관계의 경전류에서 더러 시사되고 있었던 아뢰야식 사상과 유사한 내용들일 것이다. 즉, 아직까지 대승불교에서와 같이 아뢰야식이라고 확실하게 명칭하지는 않았지만, 부파나 소승불교의 교학에서도 우리 인간들의 마음을 영원히 유지시켜주면서 업력(業力)까지도 보존해 줄 수 있는 어떤 것들에 대하여 꾸준히 탐구한 내용들이 산견(散見)되고 있었던 것이다. 왜냐하면 저들이 주창한 6식설이 완벽하게 중생들의 윤회와 생명에 관한 문제를 해결해 줄 수 있는 교의가 아니라는 것을 일부 선각자들은 깨닫고 있었기 때문이다. 이를테면 마음의 본체로 여기고 있던 제6 의식의 활동에 있어서 이것이 평상시에는 인간의 인식주체로서 그 역할을 충분히 다 하기 때문에 별문제가 될 것이 없지만, 어떤 불의의 사고나 극한 상황, 즉 숙면(熟眠)이나 기절(氣絶) 등을 했을 때에는 우리의 목숨이 죽었다고 해야 할지 등의 난관에 빠진 것이다.

이렇게 단지 의식 등이 활동치 않더라도 생명의 주체로서 목숨이 살아 있는 한은 우리의 삶도 보장되고 있다는 어떤 것들을 부파불교나 소승불교인들도 상정하게 되었는데, 이러한 개념들이 대승불교의 중기에 와서 아뢰야식 사상으로 자리 잡는데 결정적인 역할을 한 것이다. 이와 같은 연원사상이 될만한 것들을 고찰해 보면 대략 다음과 같다.

(1) 근본식설(根本識說) ; 진보적인 성향의 대중부(大衆部)에서는 보수적인 상좌부와는 달리 단지 부처님의 말씀에 대하여 설파만하고 자기의 생각을 개입치 않는 태도[述而不作]에서 벗어나 모든 교의를 시의(時宜)에 맞게 재해석하려는 경향을 보였는데, 중생들의

의식에 관한 내용에 있어서도 모든 인식의 근본이 되는 것을 설정해 놓고 이것을 근본식이라고 했다. 그런데 이것은 아마도 제6 의식 보다 깊은 마음의 본바탕으로 여긴 것 같다.

(2) 유분식설(有分識說) ; 부처님의 말씀을 그대로 전승했다고 주장하는 상좌부(上座部)와 대중부에서 파생되었지만, 저와는 달리 세간법과 출세간법에는 진실된 법과 거짓된 법이 있다고 분별하여 주창하는 설가부(說假部 ; 일명 分別說部)에서는 유분식(有分識)이라고 하여, 욕계, 색계 및 무색의 3계에 걸쳐서 중생들의 생존의 원인이 되는 식을 가정하여 이렇게 불렀다. 여기에서 유란 '미혹에 의한 생존'을 말하고, 분이란 '그 원인'을 의미하는데, 이를테면 중생들은 미혹함이 있고, 또한 이것이 원인이 되어서 과거 등 3세에 걸쳐서 끊임 없이 윤회케 된다는 것이다. 이렇게 하는 주체가 바로 이 불멸의 식 때문이라고 한다.

(3) 보특가라설(補特伽羅說) ; 부처님의 말씀에 의지한다고 하지만 사실은 외도들의 주장과 가깝기 때문에 이를 불법(佛法) 내의 외도 혹은 부불법(附佛法) 외도 등으로 불려지고 있는 독자부(犢子部)에서는 사람, 자아, 삭취취(數取趣) 및 중수자(衆數者) 등을 의미하는 보특가라(pudgala)를 내세우는데, 이것이 있어서 중생들은 태어나고 죽는다는 것이다. 다시 말하자면 많은 중생들은 번뇌와 업의 인연으로 말미암아서 자주 6도(六道 ; 六趣)를 왕래하게 되는데, 그 원인은 보특가라가 있기 때문이라는 것이다. 그리하여 이것을 삭취취라고 한 것도 중생들이 자주 6취를 취하는 것을 의미하며, 그 원인은 그들에게 나[自我]라는 아집이 있기 때문이라고 한다.

(4) 궁생사온설(窮生死蘊說) ; 설일체유부에서 파생되었지만 막상

그 교의는 대중부의 것과 비슷하며, 시조가 국왕이었던 관계로 이 부파를 건립하여 온 나라[地]를 교화[化]한다는 의미에서 화지부(化地部)라고 했는데, 여기에서는 중생들이 생사를 반복하는 한 끊임 없이 이에 관계하여 상속되는 온이라는 의미에서 이것을 궁생사온(窮生死蘊)이라고 했다. 다시 말하자면 미혹의 세계에 사는 중생들이 생사의 끝인 금강유정(金剛喩定)에 이르기까지 상속되어서 수전(隨轉)되는 근본온(根本蘊)을 가리키는 것으로서 제6 의식 보다 더 미세한 심식을 말한다.

(5) 세의식설(細意識說) ; 경전의 내용을 중요시한 부파로서 소승 20부파 중의 하나인 경량부(經量部)에서는 의외로 진보적인 내용들을 교설하였는데, 특히 이 세의식설과 같은 사상은 유식교학의 성립에 지대한 영향을 미쳤던 것이다. 즉, 경량의 근본부(根本部)에서는 중생들의 생사는 정신과 물질이 서로 도와서 상속, 유지된다고 주장하는 반면에, 그 지말부(枝末部)에서는 끝없는 옛적부터 단절되지 않고 동일한 성류로 계속해서 상속되는 미세한 심식이 존재하기 때문이라고 보는데, 이것을 세의식이라고 한 것이다. 또한 그 성향에 따라서는 알 수 없는 과거로부터 현재까지 한 가지로 상속하여 윤회 전생(轉生)하는 주체라는 의미에서 이것을 일미온(一味蘊)이라고도 했다.

나 개 요

대승불교 사상에 있어서 2대 지류 중의 하나인 유식교학이 그 학문적인 특색을 발휘하는 것은 무엇 보다도 아뢰야식에 관한 해명에 있다고 본다. 물론 이 심식의 확립은 소승불교에서 주장하는 업감연기설의 미비점, 즉 중생들이 지은 업력이 오랫 동안 유실되지 않고 상속시켜 줄 장소로서 그 어떤 개념이 상정되다가 이것이 주목을 받는 계기가 되었지만, 법상학의 근원은 이 아뢰야식에 관한 자세한 내용이 중심이 되지 않으면 안된다.

따라서 이 아뢰야식에 관해서는 많은 관심과 해설 등이 집중되고 있는데, 우선 다른 심식들과 같이 석명(釋名)과 소연(所緣) 등 8문으로 나누어서 간략하게 고찰해 보고 난 후에, 여기에서 더 나아가 자상(自相), 과상(果相) 등 10문으로 이를 확대하여 상세하게 살펴보고자 한다. 이외에도 이것을 또한 3상문으로 줄여서 고찰하고도 있으며, 이것과 불가분의 관계에 있는 마음의 종자설에 관해서도 그 해명이 요구되고 있기 때문에 이에 관해서도 규명해 보고자 하는 것이다.

(1) 이 심식을 아뢰야식(alaya-vijñāna)이라고 하는데, 그 어원을 살펴 보면, ① a(not ; 無) + laya(滅盡 ; 沒失) + vijñāna(識)로 나누어지는데, 이 의미는 "없어지지 않는 인식"이 되고, ② ālaya(家 ; 藏 ; 貯藏所) + vijñāna(識)로서 "장식"이나 "저장된 인식" 등의 뜻으로서 ①과 ②를 종합하여 해석하면 "장식"이라고 하거나 "인식들이 저장되어서 없어지지 않는 장소" 등으로 이것이 풀이된다.[Hima(雪) + ālaya(藏) 산(山) ⇒ 설장산(雪藏山), 설산(雪山)]

(2) 이 심식은 안식이 색경을 인식대상으로 하듯이 그 대상으로 하는 경계에는 3가지가 있는데, ① 마음 속에 간직되어 있는 종자(種子)와, ② 이것이 의지할 바의 우리의 몸[유근신(有根身) ; 5근(五根)] 및, ③ 우리가 살고 있는 이 현상계(器世界) 등이 있어야만 이 아뢰

야식도 그 존재가치가 있는 것이다.

(3) 이 심식은 마음의 종자로부터 생겨나는데, 그러면 그 종자는 실재하는 것인가 아니면 거짓된 것인가를 논할 적에 이 2가지의 성격을 모두 함유한 독특한 존재라는 것이다.

(4) 이 아뢰야식은 그 성질이 번뇌와 상응치 않는 심식[無覆]이므로 중성적인 성류[無記性]를 가지고 있어서 이것을 무부무기성(無覆無記性)의 것이라고 한다. 또한 이숙(異熟) 무기적인 성질도 있다고 하는데, 그 까닭은 선업을 짓거나 악업을 지어서 그 업력이 마음속에 저장될 때에는 선성이나 악성도 아닌[異類而熟] 중성적인 것으로 변환되어 잠재해 있기 때문이라고 한다.

(5) 이 아뢰야식이 존재하는 세계는 욕계, 색계 및 무색계 등 3계에 다 통한다고 한다. 이와 같은 입장은 중국의 법상종의 견해로서 저들은 범부나 성인을 막론하고 모두가 이 아뢰야식이 존재하는데, 단지 업을 짓지 않아서 마음이 청정해지면 이것이 바로 진여와 같은 존재로 전환된다고 하여[眞如與無明 乃一法之異名 如水與氷 氷之自性爲水 無明之自性爲眞如也] 제8식까지만을 주장하는 것이다. 그렇지만 섭론종이나 대부분의 대승불교에서는 아뢰야식이란 중생들의 업과는 분리될 수 없는 필연적인 것이기 때문에 성인의 경지에서는 존재할 수가 없는 것으로 여겨서, 이 보다 더 깊은 제9 아말라(Amala ; 無垢, 白淨, 淸淨)식을 설정하여 진여와 같은 존재로 취급하고 있다. 따라서 아뢰야라는 명칭은 유루법이 현행하는 사이, 즉 아집이 있는 위치까지만 존재하는 것이지, 아집이 발생하지 않는 성인의 지위에 오르면 이 심식의 이름은 없어진다고 한다. (《유식삼십송》에, "阿羅漢位捨")

중국의 유식불교 사상사에서 보면, 지론종의 남도파에서는 제8 아뢰야식을 순정무구(純淨無垢)한 진실한 심식으로 보았으며, 지론종의 북도파와 섭론종, 화엄종 및 기신론 등에서는 이를 진망(眞妄) 화합식으로, 법상종에서는 망식(妄識) 등으로 간주하는 경향이 있었다.

(6) 중생들의 작업(作業)의 결과로 생성되는 제8 아뢰야식은 그 의지하는 심식이 제7 말나식이다. 자아성이 강한 주관의식이 끝없는 분별을 하여 업을 짓기 때문에 그 업력의 저장소로서 아뢰야식이 설정된 것이다. 이를테면 지혜가 없는 무명이 진여에 훈부(薰附)되어 아뢰야식을 낳고 이 아뢰야식에 의하여 만법이 나타나게 된다는 것으로서, 누구나 다 각자의 아뢰야식으로부터 변현된 세계 가운데서 살아가고 있다는 것은 이러한 도리를 설명한 것이다. 즉, 아뢰야식은 일체가 생기되는 근본식으로서 능히 색심 등 제법의 종자를 함장해서 유루, 무루의 일체제법으로 변현된다고 한다.

(7) 이 심식을 인식대상을 판단하는 입장인 3량문에서 본다면, 오직 눈 앞의 대상만을 어떤 사려분별도 없이 그대로 직관하는 현량적인 인식을 한다는 것으로서, 본래부터 어떤 번뇌심과도 상응치 않는 존재이기 때문이다.

(8) 이 아뢰야식은 제6식이나 제7식과 같이 많은 작은 마음들과 함께 일어나 활동하는 것이 아니고, 대상을 인식하려면 항상 일어나서 인식주체와 대상을 대면케 하는 촉(觸)과, 이것을 알고자 하는 의지인 작의(作意) 등의 활동을 하는 5변행 심소의 협조만을 필요로 한다.

결론적으로 이 제8 아뢰야식이 발생하려면, 먼저 서로 의지처가 되고 있는 제7 말나식의 존재가 무엇보다도 필요하고, 이어서 경각작용을 일으키는 작의와 이 심식을 낳은 친인연인 종자와 그 대상인 현상계와 유근신 등 4가지의 실질적인 인연들이 요구된다.

다 존재에 관한 논증

말나식의 존재와 같이 소승불교 뿐만이 아니고 대승교학의 초기인 용수 때까지도그 존재가 확연하게 드러나지 않은 것이 제8 아뢰야식에 관한 내용이다. 그러나 이 심식에 관련되는 내용이나 존재의 당위성 등을 살펴 보면, 여러 경론에서 이미 이에 관한 언급과 필요성 등이 논술되고 있는 것을 볼 수 있는데, 여기에서는 이러한 설문들을 들어서 이 존재를 증명하거나 교학적인 관점에서도 반드시 존재해야만 한다는 논증들을 들어서 살펴 보려고 한다.

㉠ 5교증(五教證)

(1) 우리가 살고 있는 이 현상계를 나투고, 본체계인 열반의 세계를 증득하는 모든 원인은 이뢰야식 내에 함장되어 있는 종자가 아니면 불가능하다는 논리에서 이 심식의 존재가 증명된다는 것이다.

즉, 《성유식론》 권제3(《대정장》 31, 14上)에 설해져 있는 내용을 보면,

> 《대승아비달마경》 가운데에서 설하기를, 언제부터인가 존재해 온 계[界]에 일체법이 고르게 의지하며, 이것[界]으로 말미암아 모든 5취와 열반의 증득이 있게 된다. 이 제8식은 그 자성이 미세하기 때문에 작용으로서 이를 나타낸다. ---- 계란 원인의 뜻으로

서 곧 종자식이 어느 때부터인지는 모르지만 계속 상속해서 친히 제법을 낳기 때문에 원인이라고 한다. 의(依)란 소연의 뜻으로서 곧 집지식이 어느 때부터인지는 모르지만 일체법에 고르게 의지케 하기 때문에 소연이라고 한다.

(大乘阿毘達磨 契經中說 無始時來界 一切法等依 由此有諸趣 及涅槃證得 此第八識 自性微細 故以作用 而顯示之 ---- 界是因義 卽種子識 無始時來 展轉相續 親生諸法 故名爲因 依是緣義 卽執持識無始時來 與一切法 等爲依止 故名爲緣.)

라는 설명에서 알 수 있다시피, 아뢰야식은 그 체성이 미세하여 존재를 확연하게 알 수는 없지만 작용으로서 체성을 나타내는데, 이 심식이 제법을 낳은 원인이 되고, 동시에 제법이 의지할 바의 소연이 될 작용, 즉 체성이 이 심식에게는 있다는 것이다. 다시 말하자면 중생의 세계에 선악이 있고, 성인의 경지에 열반이 전개되는 근본적인 원인은 바로 아뢰야식 내에 항상 상속되고 있는 종자가 있어서 가능하다는 것이다. 이러한 의미에서 종자가 무엇 보다도 중요한데, 이 종자의 중요성에 의하여 바로 아뢰야식의 존재가 필연적으로 증명된다는 것이다.

(2) 일체 지혜가 있는 사람들에 의하여 아뢰야식의 존재가 증명된다는 것으로서 《성유식론》 권제3(상동, 14中)에 있는 내용을 검토해 보면,

저 《대승아비달마경》에서 다시 설하기를, 제법을 거두어서 저

장한 일체 종자식이므로 아뢰야식이라 한다. 수승한 자에게만 이것을 개시한다고 한 것은, 이 근본식이 모든 종자를 갖출 수 있어서 능히 모든 잡념법을 거두어 저장하므로 이에 의해서 아뢰야식이라고 명칭한다.

(彼經中復作是說 由攝藏諸法 一切種子識 故名阿賴耶 勝者我開示 由此本識 具諸種子 故能攝藏 諸雜染法 依斯建立 阿賴耶名.)

라고 설명되어 있는 것이 그것으로서, 여기에서 보면 아뢰야식이란 일체의 모든 종자가 그 안에 갖추어져 간직되고 있음을 의미하는데, 이러한 개념을 지혜가 있는 수승한 자에게만 열어 보인다는 것이다. 즉, 부처님께서 소승불교인들에게 이 심식의 존재를 설하지 않았던 것은 그들의 지혜가 우둔해서, 오히려 잘못하다간 이것에 대하여 아집과 법집만을 키울 수 있는 우려가 많았기 때문에 설하지 않았다고 한다. 따라서 이 아뢰야식의 묘의를 증득한 견도(見道), 즉 초지 이상의 보살이든지 아니면 이것으로 말미암아서 열반과 깨달음을 얻을 수 있다고 확신하는 초지 이전의 보살들에게 이 심식에 관하여 오묘한 이치를 열어 보이고 있음으로 그 존재가 교학적으로 증명되고 있다는 것이다.

(3) 부처님의 경지에서도 이 심식은 제법의 종자를 집지(執持)하고 있는데, 그 때에는 오직 지혜의 종자만이 간직되어 있는 아타나식의 상태라고 한다. 이러한 이유에 의하여 아뢰야식의 존재가 증명된다는 것이다.

즉, 《성유식론》 권제3(상동, 14下)에 보면,

《해심밀경》에 다음과 같이 설해져 있다. 아타나식은 매우 심오하고 미세하며, 일체 종자식은 마치 항상 유전하는 폭포수와 같다. 범부나 우둔한 자에게 이것에 관하여 설하지 않는 것은, 저들이 이것을 분별하여 자아로 집착할 것을 두려워하기 때문이다. 능히 제법의 종자를 집지하고, 색근과 그 의지처를 집수하며, 결생(結生)과 그 상속을 집취하기 때문에 아타나식이라고 한다.

(解深密經 亦作是說 阿陀那識甚深細 一切種子如瀑流 我於凡愚不開演 恐彼分別執爲我 以能執持諸法種子 及能執受色根依處 亦能執取結生相續 故說此識名阿陀那.)

라고 설명된 내용에서 알 수 있듯이, 우둔한 범부나 무불성(無佛性) 종성(種姓) 등은 지혜만이 그 안에 있는 부처님의 경지인 아타나식을 이해하지 못하는데, 그 이유는 이것이 너무나 심오하고 미세하기 때문이며, 더 나아가서는 이것을 잘못 이해하여 자아의 실체로 삼아 윤회케 될 것을 염려하여 부처님은 설하지 않았을 뿐이라는 것이다. 이러한 내용을 추론해 보면 아타나식으로서 그 다른 명칭인 아뢰야식은 존재해야 된다는 것이다.

(4) 이 아뢰야식은 마치 큰 바다와 같아서 갖가지의 파랑들이 일어나지만 그 존재 자체는 부단하여 변화가 없는 것이므로, 항상 존재해야 한다는 것이다.

즉, 《성유식론》 권제3(상동)에 보면,

《입능가경》에 다음과 같이 설해져 있다. 바다가 바람을 만나서 갖가지의 파랑을 일으키는 것은, 현전에 작용이 유전하여 간단될 때가 없는 것과 같다. 장식의 바다도 또한 그러하다. 대상 등에 바람이 부딪치는 바가 되어 항상 여러 심식의 파랑을 일으키는 것은 현전에 작용이 유전됨이다. 안식 등 여러 심식은 대해와 같이 항상 상속하고 유전해서 여러 심식의 파랑을 일으키지 못한다. 그러므로 별도로 제8 아뢰야식의 체성이 있음을 알아야 한다.

(入楞伽經 亦作是說 如海遇風緣 起種種波浪 現前作用轉 無有間斷時 藏識海亦然 境等風所擊 恒起諸識浪 現前作用轉 眼等諸識 無如大海 恒相續轉 起諸識浪 故知別有 第八識性.)

라고 논술되어 있음과 같이, 우리의 심식 중에서 바다와 같이 항상 상속되고 유전되어서 여러 가지의 인식을 일으킬 수 있는 것은, 안식 등과 같이 간단함이 있는 심식과는 달리 어떤 변치 않는 체성을 지닌 심식이 존재해야만 하는데, 그것이 바로 제8 아뢰야식이라는 것이다.

(5) 다른 부파불교의 경전 중에서도 밀의로서 아뢰야식이 존재함을 설하고 있다는 것이다.

즉, 《성유식론》 권제3(상동, 15上)에 보면,

다른 부파의 경전 가운데에서 또한 밀의로서 아뢰야식에는 별도의 자성이 있다고 했다. 대중부의 《아함경》 중에 밀의로서 이것을 근본식이라고 설했다. ----

상좌부 경전과 분별론자들도 함께 밀의로서 이것을 유분식이라고 했다. ----- 화지부에서는 이것을 궁생사온이라고 했다. ----- 설일체유부의《증일아함경》중에서도 또한 밀의로서 아뢰야라고 했는데, 이들을 애아뢰야, 낙아뢰야, 흔아뢰야 및 희아뢰야라고 했다.

(餘部經中 亦密意說 阿賴耶識 有別自性 謂大衆部 阿笈摩中 密意說此 名根本識 ----- 上坐部經 分別論者 俱密意說 此名有分識 ----- 化地部說 此名窮生死蘊 ----- 說一切有部 增一經中 亦密意說 此名阿賴耶 謂愛阿賴耶 樂阿賴耶 欣阿賴耶 喜阿賴耶.)

라고 한 내용에서 알 수 있는 바와 같이, 유식사상에서와 같이 그 개념이 명확하게 정립되어서 제법을 낳은 일체 종자식으로서 항상 유전되고 있는 모습의 아뢰야식설은 드러나고 있지 않지만, 안식 등의 의지처가 된다는 근본식, 3계를 윤회하는 원인이 된다는 유분식, 생사를 다할 때까지 단절됨이 없다는 궁생사온 및 탐애의 총체로 여기고 있는 애아뢰야설 등은 아직까지 아뢰야식이라고 명칭되지는 않았지만, 뒷날에 이 심식을 성립시킨 연원사상이 된 것은 분명한 사실인 것이다. 따라서 이러한 연원사상에 비추어 볼 때에 아뢰야식은 그 성질이 일찍부터 예견되어 왔던 터이므로 필연코 그 존재 또한 당연하다는 것이다.

㉡ 10리증(十理證)

불교사상적인 측면에서 대,소승의 여러 경론에 교설되어진 내용들을 검토해 본 결과 일찍부터 아뢰야식적인 것에 대한 설정이 있어 왔고, 또한 영원히 우리 중생들의 개체를 유지시켜주면서 한편으로 생사의 바다를 윤회케 하는 원동력으로서의 심식이 바로 아뢰야식임은 부정할 수 없는 사실이다. 그런데 이와 같은 교학적인 사실 외에 이 심식이 존재해야 할 이치들을 들어서 증명하는 것이 요구되었다.

따라서 여기에서는 일체제법을 탄생시킬 원인인 종자를 함장하여 보존할 수 있는 심식은 다른 데서는 찾아 볼 수 없고, 오직 이 아뢰야식만이 장식으로서 소임을 다할 수 있는 내용을 들어서, 이러한 사실을 논증하는 지종증(持種證) 등 10가지로 나누어서 이것의 존재 이유를 증명한다.

(1) 모든 존재를 탄생시킬 원인인 종자를 함유하고 있는 심식은 아뢰야식 뿐이다.[持種證]

즉, 《성유식론》 권제3(상동, 15中)에 보면,

> 경전에서 설하기를, 잡념과 청정의 제법의 종자가 결합하여 상승되는 곳이기 때문에 마음이라고 한다. 만약에 이 심식이 존재하지 않는다면, 저 종자들을 간직할 마음도 없게 되기 때문이다.
>
> (謂契經說 雜染淸淨 諸法種子之所集起 故名爲心 若無此識 彼持種心 不應有故.)

라고 설해짐과 같이, 우리 중생들의 마음 속 깊은 곳에는 잡념법과 청정법 등을 불문하고 모든 법들의 종자를 간직해서 잃어버리지 않는 능력을 가지고 있는데, 이러한 기능은 다른 전7식 등에서는 찾아 볼 수 없고, 오직 장식의 뜻인 이 아뢰야식만이 가능하다는 데서 그 존재가 당연히 부각된다는 것이다.

(2) 중생들은 번뇌가 치성하여 업을 지을 수 밖에 없는데, 이 때에 그것이 선업이든 악업이든지 간에 모든 업을 받아들일 수 있는 것은 이숙식인 이 심식이 아니면 안된다는 것이다.[異熟心證]

즉, 《성유식론》 권제3(상동, 16上)에 보면,

> 경전에서 설해지기를, 성질을 달리해서 받아들이는 마음이 있어서 선업과 악업을 초감(招感)한다고 한다. 만약에 이 심식이 없다면, 저 이숙심도 없는 것이 되기 때문이다.
>
> (又契經說 有異熟心 善惡業感 若無此識 彼異熟心 不應有故.)

라고 논술되어 있는 것과 같이, 앞서의 선악의 업력에 의하여 초감되는 심식으로서 항상 상속되어 무간단하고 욕계와 색계 및 무색계 등 3계에 두루하는 심식을 진이숙식(眞異熟識)이라고 하는데, 이와 같은 조건을 갖춘 심식은 오직 이 제8 아리야식 뿐이라는 것이다.

(3) 중생들이 세세생생을 윤회하는 것은 어떠한 주체가 있어서 그런가 하면, 실유성과 상속성과 잡난(雜亂)치 않으면서도 3계에 두루하는 것이어야 하는데, 이러한 조건을 구비한 심식은 이 아뢰야식 뿐이라는 것이다.[趣生證]

즉, 《성유식론》 권제3(상동, 16中)에 보면,

경전에 설해지기를, 유정들은 5취와 4생에 유전된다고 한다. 만약에 이 심식이 없다면, 저 5취와 4생하는 자체도 없어야 한다. (又契經說 有情流轉 五趣四生 若無此識 彼趣生體 不應有故.)

라고 서술되어 있는 것과 같이, 우리들이 지옥이나 아수라장에 떨어지고, 태, 난, 습, 화의 4생으로 다시 태어나서 한 없는 고통을 받게 되는 것은 어떠한 것이 있어서 그러한가 하면, 바로 이 아뢰야식이 존재하기 때문에 그렇다는 것이다. 그런데 이 심식은 인과율에 따라서 진실성을 보이는 실유성의 것이어야 하고, 항상 상속해서 3계에까지도 존재하며, 잡난치 않는 것, 즉 한 취생(趣生)을 낳을 법은 여기에 다른 업력이 더해지더라도 그 결과만을 낳아서 혼란스럽지 않는 성질을 가지고 있어야만 한다는 것이 요구되는데, 이와 같은 성질들을 구비한 심식은 오직 아뢰야식 뿐이라는 것이다.

(4) 우리의 몸은 이것을 지각하는 어떤 주체가 있을 때에 그 존재가치가 있는 것으로서, 이렇게 대상을 접촉해서 그에 대한 인상이나 자극 등을 잃어버리지 않고 가지고 있는 집수 작용은 아무 심식이나 할 수 없고 오직 아뢰야식만이 가능하다는 것이다.[能執受證]

즉, 《성유식론》 권제3(상동)에 보면,

경전에서 설하기를, 유색근신인 5근은 집수됨이 있다고 한다. 만약에 이 심식이 없다면, 저 능집수도 당연히 없는 것이 된다. (又契經說 有色根身 是有執受 若無此識 彼能執受 不應有故.)

라고 설해짐과 같이, 아뢰야식은 그 인식대상이 집수와 처인데, 집수에는 심종자와 우리의 몸인 5근을 말한다. 다시 말하자면 이러한 대상들이 없다면 아뢰야식은 그 존재가 무의미하다는 것으로서, 우리의 몸인 유근신이 있는 한 이것을 능히 인식할 능집수인 제8 아뢰야식도 존재해야 한다는 것이다. 이를테면 전6식과 같은 것은 대상이 눈 앞에 있을 경우에만 일어나므로 5근 등에 관한 감각 등을 집수하여 상속할 능력이 없는데 비하여, 아뢰야식은 앞서의 업에 의하여 일어나지만 선이나 잡념 등의 것이 아니고, 한 가지의 성질로 두루 그 대상만을 집수하여 항상 상속되는 존재이기 때문에 능히 집수하는 능력이 있다는 것이다.

(5) 우리의 생명은 수명과 체온과 의식 등의 3가지에 의하여 유지되는데, 이 때에 무간단의 심식이 아니면 수명과 체온을 보호해 줄 인식주체가 없어서 생명 본연의 의미를 상실하게 된다는 것이다. 그러므로 이와 같은 조건을 만족해 줄 수 있는 심식은 항속성이 있는 아뢰야식이 아니면 안된다는 것이다.[壽煖識證]

즉,《성유식론》권제3(상동, 16下)에 보면,

> 경전에서 설하기를, 사람은 수명과 체온과 인식 등 3가지가 서로 의지하므로 계속해서 머물게 된다고 한다. 만약 이 심식이 없다면, 능히 수명과 체온을 지녀서 오랫동안 머물게 할 인식이 없게 되는 것이다.

(又契經說 壽煖識三 更互依持 得相續住 若無此識 能持壽煖 令

久住識 不應有故.)

라고 쓰여진 내용이 그것으로서, 항속성이 없는 전6식과 같은 심식은 우리의 생명을 그 본연의 자리에 있게 하는 경우가 5위 무심때와 같은 처지에서는 불가능하므로, 여러 심식 중에서 생명을 지켜주는 심식은 오직 이 아뢰야식 뿐이라는 것이다.

(6) 우리 중생들이 태어날 때나 죽을 때는 반드시 산란한 심식이 업을 짓거나 생각을 일으켰을 경우에 가능하므로, 이와 같이 생사시의 심식은 아뢰야식이지 않으면 안된다는 것이다.[生死證]

즉, 《성유식론》 권제3(상동)에 보면,

경전에 설해지기를, 모든 유정들이 태어나고 죽을 때는 반드시 산란한 마음이 일어날 때이지, 의식 등이 활동하지 않는 무심위와 선정(禪定)의 경지에 머물 때는 일어나지 않는다고 한다. 만약에 이 심식이 없다면, 낳고 죽을 때에 관여하는 심식이 없게 되는 것이다.

(又契經說 諸有情類 受生命終 必住散心 非無心定 若無此識 生死時心 不應有故.)

라고 한 바와 같이, 전6식과 같이 어느 때에 심신이 혼미하여서 의식이 없는 경우에는 인식대상에 대한 감각과 인식활동 등이 일어나지 않을 뿐만이 아니라, 앞서의 업에 의하여 초래되는 미세한 세력들을 받아들여서 이에 따라 각각 생을 달리해서 태어나게 하는[衆生] 상속적인 역할을 하지 못한다는 것이다. 그렇기 때문에 중생들의 생명을 낳게 하고 죽게 하는 영속성이 있는 심식은 이 아뢰야식 뿐이라는 것이다.

(7) 심식 중에는 명색과 서로 인연이 되어서 의지하는 것이 마치 갈대의 묶음이 서로 기대면서 서 있는 것과 같다는 것이다. 그런데 이렇게 명색과 상호 의지처가 될 수 있는 심식은 다른 데서는 찾아 볼 수 없고, 오직 아뢰야식만이 가능하다는 것이다.[識名色互爲因證]

즉, 《성유식론》 권제3(상동, 17上)에 보면,

> 경전에 설해지기를, 심식은 명색을 인연으로 하고, 명색은 심식을 인연으로 한 다. 이와 같이 2가지 법이 되풀이하면서 서로 의지하는 것은 마치 갈대 묶음이 서로 기대어 서 있는 것과 같다는 것이다. 만약 이 심식이 없다면, 저 식 자체도 없는 것이나 마찬가지이다.
>
> (又契經說 識緣名色 名色緣識 如是二法 展轉相依 譬如蘆束 俱時而轉 若無此識 彼識自體 不應有故.)

라고 논술하고 있음과 같이, 우리의 심식과 명색은 서로 불가분의 관계에 있는데, 이를테면 유정들이 생명을 받을 때에 처음의 생각 이후로는 명, 즉 수, 상, 행, 식의 4온과 색인 신체 내의 5위와 심식은 서로 긴밀한 인연이 되어서 함께 유전되는 바, 이렇게 처음부터 이들과 같이 하고 지속성이 있어서 서로 인연이 될 수 있는 심식이란 제8 아뢰야식과 같은 존재가 아니면 안된다는 것이다.

(8) 우리 중생들의 몸을 유지시켜주면서 파괴되지 않게 하는 음식 중에서 의식의 음식[識食]이 가장 중요한데, 이 의식의 음식이 될 수 있는 심식은 무간단하여 상속성이 있는 아뢰야식이 아니면 안된다는 것이다.[四食證]

즉, 《성유식론》 권제4(상동, 17中)에 보면,

> 경전에서 설하기를, 일체의 유정들은 모두가 음식에 의지하여 생존한다고 한다. 만약에 이 심식이 없다면, 저 식식(識食) 자체도 없는 것이나 마찬가지이다.
>
> (又契經說 一切有情 皆依食住 若無此識 彼識食體 不應有故.)

라고 논술되어 있음과 같이, 우리 몸을 지탱해주는 음식에는 4종류가 있는데, 단식(段食)은 욕계에만 있는 것으로서 향미촉에 의지하여 소화를 목적으로 만들어진 밥이나 국수 등을 말하고, 촉식(觸食)은 전6식과 상응하는 심소가 대상을 접촉하고서 희락 등을 느껴서 신체를 자양시켜주는 것을 일컫는다. 의사식(意思識)은 욕망과 함께하는 유루의 생각 심소가 대상을 희구하여 심신을 자양하는 것을 말하고, 식식(識食)이란 앞의 3가지 것에 의하여 증장되는 것으로서, 모든 감각기관과 지,수,화,풍의 4대 요소를 장양시켜주는 집지를 행상으로 하는 심식을 가리키는데, 진정한 음식은 항상 심신을 유지시켜주면서 어디에나 두루 존재하는 식식인 아뢰야식이 아니면 안된다는 것이다.

(9) 평상시는 물론이고, 심신의 작용이 멈춘 멸진정의 경지에 든 때에도 우리의 신체를 유지시켜주어서 목숨이 끊어지지 않게 하는 것은 아뢰야식이 아니면 안된다는 것이다.[滅定證]

즉,《성유식론》 권제4(상동, 17下)에 보면,

경전에서 설하기를, 멸진정에 머무는 자는 신체와 언어 및 마음의 행위가 모두 없어지지만, 그러나 수명은 끊어지지 않고, 체온도 있으며, 감각기관도 훼손되지 않고, 의식도 몸을 떠나지 않는다고 한다. 만약에 이 심식이 없다면, 멸진정에 머문 자에게 몸을 여의지 못한 심식은 당연히 없어야 하기 때문이다.

(又契經說 住滅定者 身語心行 無不皆滅 而壽不滅 亦不離煖 根無變壞 識不離身 若無此識 住滅定者 不離身識 不應有故.)

라고 설명되어 있는 것과 같이, 지혜 있는 수행자가 마음의 상을 모두 버리고 적정키 위하여 닦는 선정인 멸진정의 경지에 들면, 우리의 신체와 언어 및 마음의 활동은 없어지지만 그 속에서도 우리의 몸을 유지시켜주고, 수명 등이 그대로 보존되는 것은 이 아뢰야식이 존재하기 때문이라는 것이다.

(10) 우리의 심식 중에서 유루법와 무루법, 항상법과 무상법, 염법과 정법 등 어떤 법의 종자를 불문하고, 이를 받아서 함장, 보존할 수 있는 심식은 아뢰야식 뿐이라는 것이다.[染淨證]

즉,《성유식론》 권제4(상동, 18下)에 보면,

경전에서 설하기를, 마음이 물들었기 때문에 유정이 물들고, 마음이 청정하기 때문에 유정이 청정하다고 한다. 만약에 이 심식이 없다면, 저 염정심도 응당히 없어야 한다.

(又契經說 心雜染故 有情雜染 心淸淨故 有情淸淨 若無此識 彼染淨心 不應有故.)

라고 함에서 알 수 있는 바와 같이, 인식의 소산인 제법의 종자를 받아들여서 잘 간직하고 있다가 그에 따른 연을 만나면, 현상으로 생기하게 하는 심식은 다른 데서는 찾아 볼 수 없고, 오직 이 제8 아뢰야식의 기능에서만 가능하다는 것으로서, 이런 까닭으로 아뢰야식은 존재해야 한다는 것이다.

라 10문해석(十門解釋)

유식교학의 학문적인 특징은 바로 우리들 심식 중에서 가장 근본이 되므로 이것을 본식이라고 하거나, 식주(識主)라고도 부르는 아뢰야식에 관한 체계적인 내용과 그 해설에 있다고 해도 과언은 아니다. 그렇기 때문에 그 중요성에 비추어서 이를 자상과 인상 및 과상 등 3가지의 모습[三相門]으로 살펴 볼 때도 있지만, 여기에서는 이에 관하여 좀더 자세하게 고찰해 보기 위하여, 그 자체의 모습을 밝히는 자상문과 이 심식은 앞서의 선악업에 의하여 초래되는 결과로서 존재한다는 과상문 등 이른바 10문으로 나누어서 규명해 본다.

(1) 자상문(自相門) ; 자상문이란 아뢰야식이 그 자체에 어떠한 성질을 가지고 있는가를 밝히는 것을 말한다. 그리하여 《성유식론》

권제2(《대정장》 31, 7下)에 보면,

초능변식을 대,소승의 교학에서 아뢰야식이라고 부르는데, 이 심식은 능장과 소장 및 집장의 의미를 갖추고 있기 때문이다. 말하자면 잡념법과는 서로 인연이 되기 때문이고, 중생들이 집착해서 내면의 자아로 삼기 때문이다. 이것이 곧 초능변식이 소유하고 있는 자상을 드러내 보인 것인데, 인과를 섭지하여 자상으로 삼기 때문이다.

(初能變識大小乘教名阿賴耶 此識具有能藏所藏執藏義故 謂與雜染互爲緣故 有情執爲自內我故 此卽顯示初能變識所有自相 攝持因果爲自相故.)

라는 내용에서 알 수 있다시피, 이 아뢰야식이 장식으로서 그 역할을 다 하는 것은 자체 중에 갖추어져 있는 종자들을 어떻게 유지하고, 관리하는가 하는 것인데, 이에는 3가지의 능력이 있다는 것이다. 이것을 아뢰야식의 3가지 장식의 뜻[賴耶 三藏義]이라고 하여 자세하게 설명되고 있으므로 그것을 살펴 보면 다음과 같다.

① 능장의(能藏義) ; 이것을 일명 지종의(持種義)라고도 하는데, 선, 악 및 무기성 등의 일체 잡념법의 종자를 모두 이 아뢰야식 가운데에 함장하여 보존하는 능력을 말한다. 이 때에 잡념법의 종자들은 이 심식 내에 소장(所藏)되는 것이고, 제8 아뢰야식은 이들 종자들을 능히 간직하는 능장(能藏)이 되는 것이다.

② 소장의(所藏義) ; 이것을 일명 수훈의(受薰義)라고도 하는데, 이를테면 중생들이 업을 지으면 이 심식은 그 여운이 무엇이 되었든지 간에 받아들이는데, 이와 같이 이 아뢰야식이 일체의 잡염법을

수용하여 간직하는 바의 처소가 되는 것을 소장의라고 한다. 이때에 아뢰야식은 소장처가 되는 것이고, 종자는 능장법이 된다.

③ 집장의(執藏義) ; 이것을 아애소집의(我愛所執義)라고도 하는데, 이를테면 아애 등 4종 번뇌와 항상 같이 하는 제7 말나식은 무시 이래로 제8식의 견분(見分) —거울에 그림자를 비쳤을 때의 거울 자체, 즉 객관의 사물이 인식되기 전에 그것은 인식에 적합하도록 주관에 나타나는 영상인 상분(相分 ; 그림자)을 인식하는 주체— 을 향하여, 그것이 아(我)의 실재적인 주체라고 집착하나니, 아뢰야식이 이와 같이 제7식에게 집장(執藏)되는 것을 집장의(執藏義)라고 한다. 이 때에 제7식은 능집장(能執藏)이 되고, 제8식은 소집장(所執藏)이 된다.

제8 아뢰야식의 본래 의미는 집장의에 있다. 왜냐하면 아뢰야식이라는 명칭은 유루법이 현행하는 사이 곧 아집이 있는 위치에서만 존재하는 것이지, 아집이 없는 성인위에 오르면 이 식의 이름은 자연히 없어지기 때문이다.

그런데 이 아뢰야식 자체를 한편으로 고찰해 보면, 오직 유루법의 세계에서만 국한되어 존재하는 것이 아니고, 무루법 즉, 진리의 세계에까지도 통하는 존재로 중국의 유식가들이 인식하고 있기 때문에 이 집장의와는 서로 상반되는 성격을 지니고 있다. 다시 말하자면 아뢰야식은 아집 등이 있는 기간 동안의 명칭으로서 수행력에 의하여 이 아집이 설사 없어진다고 할지라도 제8식 자체는 없어지는 것이 아니고, 오직 그 명칭만 전환될 뿐이라는 것이다. 이와 같은 내용을 좀더 자세하게 고찰해 보면 다음과 같다.

① 아애집장현행위(我愛執藏現行位) ; 이 위치는 일체 범부는 물론이고, 유학위(有學位 ; 무학위 이전의 위치[4向3果])의 2승과 제7지까지

의 보살들은 제8식에 의지하여 안정을 희구하려는 성질이 있는데, 이것은 아직도 아집이 현행하고 있음을 의미하는 것이다. 이와 같이 아집에 의한 집착이 현행하는 위치에 놓여 있는 제8식을 일컬어서 alaya라고 한다.

② 선악업과위(善惡業果位) ; 일체 범부는 물론이고, 유학위의 2승과 제8지 이상 제10지까지의 보살들도 이전에 지었던 선악 업의 과보가 여전히 상속되고 있다는 위치를 말하는 것으로서, 이 때의 제8식을 특별히 vipaka라고 하는데, 이는 선악 업이 그 성질을 달리하여 놓여 있다는 의미로 이숙(異熟)을 뜻한다.

③ 상속집지위(相續執持位) ; 일체의 이생 범부는 물론이고, 최후의 경지에 이른 불지(佛地)까지도 제8식 중에 종자를 집지(執持)하고 있는데, 중생들은 유루와 무루의 종자를 함께 지니고 있으나 부처는 무루의 종자만을 지니고 있다는 것으로서, 이 때의 제8식을 ādāna(執持, 執我)라고 부른다.

그런데 이렇게 마음 속의 종자와 신체를 유지해준다는 의미에서 아타나식을 제8식과 같은 존재로 여긴 것은 법상종 중심의 유식가들이지만, 기타 천태종(天台宗)이나 지론종 및 섭론종 등에서는 이 심식이 제8 아뢰야식을 자아라고 집착하는 심식이므로 제7 말나식으로 취급하는 것이다.

아무튼 제8 아뢰야식에는 이와 같이 아뢰야, 비파카 및 아타나 등의 3가지 명칭이 있는데, 범부와 유학인과 제7지 이전의 보살들은 이 3가지의 명칭을 모두 다 가지고 있는 것이며, 제8지 이상의 보살들은 비파카와 아타나의 2가지만을, 그리고 부처님의 경지에는 아타나 한 가지만의 이름이 있을 뿐이라고 한다.

그러면 제8식에는 이상과 같이 아뢰야식이라는 명칭만이 아니고 여러 가지의 다른 이름들이 있는데, 어째서 특별하게 아뢰야식이라고만 통칭되고 있는가라는 의문이 일어날 수 있다. 이에 관하여 《성유식론》 권제2(《대정장》 31, 7下)에서 논하기를,

> 이 초능변식의 자상이 비록 여러 가지의 지위로 나누어지나 아뢰야식이라고 한 것은, 첫 지위이면서 과실(過失)이 많기 때문에 이에 치우쳐 설하는 것이다.
>
> (此識自相 分位雖多 藏初過重 是故偏說.)

라고 주석하고 있는 바와 같이, 이것을 장식, 곧 아뢰야식이라고 통칭하는 것은 처음의 지위에 놓여 있음과 동시에 중생들의 아애(我愛)에 의한 업의 과실이 얼마나 큰 장애인가를 보여주어서, 이것을 단절하는 것이 수행의 목적임을 은연중 드러내기 위하여 아뢰야식이라는 명칭을 채용한 것이라고 한다.

(2) 과상문(果相門) ; 제8 아뢰야식의 과상문이란 《성유식론》 권제2(상동)에 보면 다음과 같이 해설되어 있다. 즉,

> 이 초능변식은 능히 모든 계, 취 및 생을 이끌어들인 선업과 악업의 이숙과(異熟果)이기 때문에 이숙식이라고 이름한다.
>
> (此是能引 諸界趣生 善不善業. 異熟果故 說名異熟.)

라는 내용에서 인지할 수 있다시피, 이 아뢰야식은 욕계, 색계, 무

색계의 3계와 지옥, 아귀, 축생 등의 5취 및 태, 난, 습, 화의 4생 가운데서 어떠한 것으로도 전생(轉生)할 수 있는 모든 종자들을 함장하고 있지만, 이러한 기운이 현행되려면 강성한 선악업의 조력이 없이는 안되는 것이다. 이와 같이 선악업의 협력에 의하여 한 기간 동안 상속되는 아뢰야식의 현행을 가리켜서 이숙과라고 한다. 다시 말하자면 우리가 전생에 지었던 선업 또는 악업의 과보를 받은 총보(總報)의 주체로서 이 심식을 이제 이숙식이라고 하는 까닭은 원인에 대한 결과를 이름함이다. 즉, 이 식을 초감(招感)할 원인은 반드시 강성한 선업이나 악업이기를 요구한다. 이 선업이나 악업의 원인이 성류를 달리하여 익은[異類而熟] 결과의 뜻에서 이것을 이숙식이라고 부르는 것이다.[果는 因과 별류, 因是善惡 果是無記]

또한 이러한 이숙은 진이숙(眞異熟)과 이숙생(異熟生)의 2가지로 구분되는데, 먼저 진이숙에는 업과(業果)와 부단(不斷)과 변삼계(遍三界)의 3가지의 의미가 갖추어져 있다. 업과란 아뢰야식이 중심이 되어 전생에 지은 선악 업의 업력에 따라서 과보를 받는 것을 말하고, 부단이란 이 식의 체성은 항시에 상속되어서 영원히 단절되지 않기 때문에 3계 6도를 윤회케 하는 주체라는 것이며, 변삼계란 욕계, 색계 및 무색계의 3계까지 두루 존재하면서 업력에 따라서 새로운 과보를 받는 심식은 오직 이 아뢰야식 뿐이라는 것이다. 그러나 이에 반하여 다른 심식들, 이를테면 말나식은 오직 유부무기성이기 때문에 두루 모든 종자를 받아들이지 못하여 업과를 초래할 수 없고, 제6 의식은 극수면과 기절 등의 경우에는 단절이 되어서 상속성이 없으며, 전5식은 간단성이 있고, 색계의 제2 선정 이상의 경지에서는 불필요한 감각이므로 3계에 두루 하지도 않기 때문에 진이숙의 존재가 될 수 없는 것이다. 다음으로 이숙생이란 전6식은 총보(總報)인 제8 아뢰야식의 이숙성으로부터 생겨났기 때문에 이러한 것을 가리켜 이숙생이라고 한다.

결론적으로 많은 종자를 함유하고 있어서 3계, 4생 및 5취 등 어떤 세계의 것으로도 지을 수 있는 업력[總報業 ; 引業]에 이끌려지는 제8식을 가리켜서 진이숙이라 하고, 이와 같이 얻어진 총보의 결과를 장엄하고 원만하게 하는 업력[別報業 ; 滿業]에 이끌려지는 제6식을 가리켜서 이숙생이라고 한다.

(3) 인상문(因相門) ; 여기에서 인상(因相)이라고 함은 제8 아뢰야식에는 유위나 무위, 유루나 무루 및 색심 등 일체제법의 종자를 모두 갖추고 있다는 것을 밝히는 내용으로서, 이러한 의미에서 제8식을 일체종식(一切種識)이라고도 한다는 것이다. 그리하여 《성유식론》 권제2(《대정장》 31, 7下~8上)에 보면,

> 이 초능변식은 능히 일체제법의 종자를 지니고 있으면서 잃지 않기 때문에 일체 종자식이라고 한다. 이 심식이 아닌 다른 것은 능히 두루 제법의 종자를 지니는 것이 불가능하기 때문이다. 이것은 곧 초능변식의 인상을 밝힌 것으로서 이 심식의 인상문에는 비록 여러 종류가 있지만, 제법의 종자를 지니고 있는 것은 이것뿐이므로 이에 치우쳐 설하는 것이다.
>
> (此能執持 諸法種子 令不失故 名一切種 離此餘法 能遍執持 諸法種子 不可得故 此卽顯示 初能變識 所有因相 此識因相 雖有多種 持種不共 是故偏說.)

라고 논술되어 있는 내용에서 알 수 있는 바와 같이, 유위, 무위 등 일체제법의 모든 종자는 이 아뢰야식에 함장되어 잃어버리지 않고 보존되다가 그 종자가 현행할 인연을 만나면 결과로 나타나는데, 이와 같이 여러 심식들의 종자를 집지하고서 잃어버리지 않는 능력은 다른 식에서는 전혀 찾아 볼 수 없고, 오직 이 아뢰야식만의 특질인 까닭에 이것을 이름하여 일체 종자식이라고 한다는 것이다.

유식사상에서 이 인상문에 관한 이론의 확립은 《구사론》 권제4(《대정장》 29, 22下) 등에서 주장하는 물질과 마음[色心]이 서로 훈습[互熏]되어서 생겼다는 종자와 그 의지처로 상정될 수 밖에 없는 제6 의식과의 관계가 불분명하고, 기타 경량부와 대중부, 화지부 등에서 주장하던 세의식, 근본식, 유분식 등의 개념과 전6식과의 관계가 또한 언급되어 있지 않으며, 이들 세력이 존재할 바의 처소 등도 정확하게 설정되지 않아서, 이러한 어려운 문제들을 해결하는 과정에서 결과적으로 이 인상문과 같은 사상이 중기 대승불교인 유식교학 시대에 와서 정립하게 된 것이다.

(4) 소연문(所緣門) ; 소연이란 바로 이 심식의 인식대상을 말하는 것으로서 《삼십송》에서, "가히 알 수 없는 집수(執受)와 처(處)와 요(了)이다"[不可知執受處了]라고 한 내용 중에서, '가히 알 수 없는 집수와 처'가 이 소연문을 말하는 것이고, '요'에 관한 내용은 다음에서 살펴 볼 행상문(行相門)의 것이다. 이와 같이 소연문과 행상문은 서로 밀접한 관계에 있기 때문에 두 문을 함께 살피는 것이 일반적인 관례로 되어 있다.

그러기 앞서 먼저 이들의 개념부터 정리해 보면, 소연에 관하여

《성유식론》 권제2(《대정장》 31, 10上)에서 해설하기를,

> 처란 처소로서 기세간을 말한다. 이것이 모든 유정의 소의처이다. 집수에는 2가지가 있는데, 모든 종자와 5근인 유근신을 말한다.
>
> (處謂處所 卽器世間 是諸有情所依處故 執受有二. 謂諸種子及有根身.)

라고 한 바와 같이, 아뢰야식의 소연인 인식대상은 중생들이 활동하고 있는 이 현상계를 떠나서는 그 의지처를 상상할 수 없기 때문에 우선 기세간을 든 것이고, 다음으로는 내부적인 의지처로서 마음의 종자와 이것이 기댈 우리의 몸이 인식대상이라는 것이다.

여기에서 집수라는 것은 우리의 마음이 외부의 경계를 접촉하고서, 그에 관한 인상과 영감 등을 받아들여서 섭지(攝持)하여 이것을 잃어버리지 않고 그 잠재된 기운으로 고락 등을 지각하는 것을 말한다. 이를테면 제8 아뢰야식은 종자와 유근신을 섭지하여 이것을 자체로 삼아 안위(安危)를 함께 하고, 파괴되지 않게 하며, 수령하여 대상으로 여겨서, 감각기관으로 하여금 능히 인식을 일으키게 하므로 아뢰야식은 능집수(能執受)이고, 종자와 유근신은 소집수(所執受)가 되는 것이다. 이와 같이 아뢰야식이 대상으로 하는 소연 3경(三境)을 도시하면 다음과 같다.

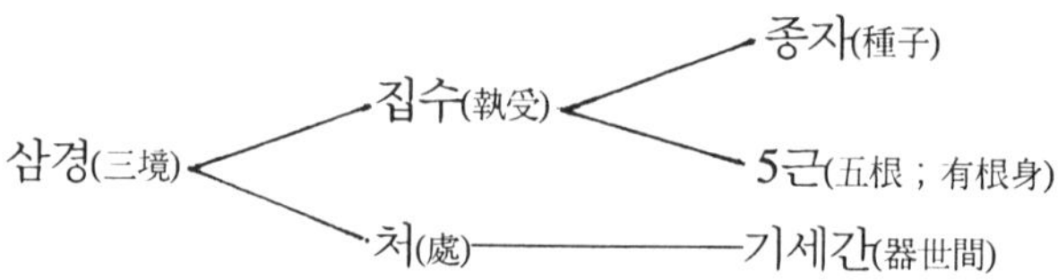

(5) 행상문(行相門) ; 다음에 행상이란《삼십송》에서 '불가지의 요(了)'라고 말하는데, 이에 관한 해설을《성유식론》권제2(상동)에서 살펴 보면,

> 요란 요별로서 곧 행상을 말한다. 식은 요별로서 행상을 삼기 때문이다.
>
> (了謂了別 卽是行相 識以了別 爲行相故.)

라는 내용에서 알 수 있는 바와 같이, 행상이라 함은 인식주체인 제8식이 그 대상을 요별 내지 식별하는 인식활동의 실태를 말한다. 따라서 결론적으로 말하면, 제8 아뢰야식은 마음의 종자와 5근인 우리 몸과 우리가 의탁하고 있는 이 현상계 등 3가지만을 그 인식대상으로 하고서, 이것만을 식별하는 능력이 있다는 것이다.

이와 같이 이들의 개념을 종합적으로 고찰해서 정리한 것이 제8식의 소연문과 행상문의 요체이다. 그리고《삼십송》에서 '가히 알 수 없는'이라고 했는데, 이것이 무슨 뜻인가 하면, 우리 범부들은 이러한 아뢰야식의 소연인 종자와 5근에 있어서 그것들을 감지하는 마음이 미세하기 때문에 그 진실한 모습을 헤아리기 어렵고, 또한 이러한 미세한 인상 등을 연취해서 식별하는 행상도 역시 미묘하기 때문에 '가히 알 수 없는'이라고 표현한 것이다.

그런데 유식사상이 대승불교다운 최상의 기치는 마음 밖에 따로 경계가 없으며, 삼라만상의 모든 것은 오직 마음으로부터 변현된 것이라는 도리를 표방함에 있는데, 기세간인 현상계가 아뢰야

식의 인식대상이라는 것은 일견 의문이 간다는 것이다. 그러나 이러한 견해에 관하여 기세간일지라도 그것은 결코 마음 밖의 존재가 아니고, 마음으로부터 변현된 것에 불과하다는 것이다.

즉, 《성유식론》 권제2(상동)에 이러한 의문에 관하여 설명되어 있는 내용을 보면,

> 아뢰야식이 인연력에 의하여 자체가 생성될 때면 안으로는 종자와 유근신을 변현시키고, 밖으로 기세간을 변현시킨다. 이렇게 변현된 것을 자신의 인식대상으로 삼는데, 그 행상인 인식작용[見分]은 이것[相分]에 의지하여 일어나기 때문이다.
>
> (阿賴耶識因緣力故 自體生時 內變爲種及有根身 外變爲器 卽以所變爲自所緣 行相仗之而得起故.)

라고 논해져 있는 바와 같이, 아뢰야식이 일어날 때면 그 자신 내부적으로는 종자와 5근을 변현시킴과 동시에 외부적으로는 현상계를 변현시킨 이 3가지를 소연인 대상으로 하기 때문에, 우리가 일상에서 눈 등으로 볼 수 있는 대상이란 사실 실체가 아니고 마음이 변화시킨 바의 존재에 불과하다고 하여 유심의 도리를 벗어나지 않는다는 것이다.

(6) 수구문(受俱門) ; 수구문에서 수(受)라는 것은 바깥 대상을 감각적으로 받아들이는 영납(領納)을 의미하는 것으로서, 우리들의 감각작용을 말한다. 이러한 감각에는 5가지가 있는데, 좋게 받아들이는 것[樂], 나쁘게 받아들이는 것[苦], 근심을 주는 것[憂], 기쁨을 주는

것[喜] 및 그저 그런 것[捨] 등이다. 이렇게 외부와의 접촉을 통하여 쾌락과 고통 등을 받는 것을 여기에서 수라고 한다.

그런데 고수(苦受)와 낙수(樂受)는 우리의 신체가 어느 환경에 잘 적응된 경우와 그렇지 않는 경우, 무엇을 감지하고서 좋은 느낌을 내는 경우와 그렇지 않는 경우 등에서 얻어지는 감정이고, 우수(憂受)와 희수(喜受)는 정신적으로 얻어지는 슬픔과 기쁨을 말하며, 사수(捨受)는 신체와 정신적으로 아무런 감각이 없는 평온한 마음의 경지를 일컫는다. 또한 이러한 감정들과 인식주체인 심식과의 상관관계를 살펴 보면, 안식, 이식 등 전5식은 신체적으로 느끼는[身受] 고수, 낙수 및 사수 등 3가지 감정과 함께 하고, 제6 의식은 마음 속으로 느끼는데[心受], 여기에서도 3가지 감정의 것만을 받아들인다. 그 다음 제7 말나식과 제8 아뢰야식은 그 감정들이 지극히 미약하여 명료하게 드러나지 않으므로 오직 사수와만 상응하는 것으로 여기고 있다.

(7) 상응문(相應門) ; 유식교학에서는 이 아뢰야식을 마음의 본체와 같이 여겨서 청정한 면도 있다고 강조하지만, 일부는 이것이 중생들의 선악업에 의하여 오염된 결과로 잡념된 면도 있다는 것이다. 그 가운데서 이 잡념된 부분이 잔 마음, 즉 세심(細心)인 심리작용과 함께 하는 활동하는 경우는 극히 제한되어 있어서 5가지 심소와만 상응하는데, 이러한 심소법을 가리켜서 5변행(五遍行) 심소라고 한다. 말하자면 이 5변행 심소는 인식주체인 심식들과 반드시 함께 해야만 대상에 관한 인식이 가능한 것이기 때문에 특별하게 강조되는 심리작용으로서, 여기에서 변행이라고 함은 이 부

류의 심소법은 어느 심식, 어느 곳을 불문하고 항상 상응하여 일어나기 때문에 변행이라고 한다는 것이다.

이러한 5변행 심소법에는 촉(觸), 작의(作意), 수(受), 상(想) 및 사(思)가 있는데, 촉이란 접촉을 말하는 것으로서 인식주체가 감각기관이나 그 자성을 통하여 대상과 찰나적으로 대면하는 순간을 의미하고, 작의란 인식대상에 대한 의구심이나 호기심 등과 같은 주체인 마음의 의지 등을 말한다. 수란 어떤 대상에 대한 고락 등의 감정을 가리키고, 상이란 대상에 대하여 상상되는 지각이며, 사란 대상에 대하여 생각하거나 과거의 경험 등을 회상하는 정신작용을 일컫는데, 이러한 5가지의 심리활동들이 원만하게 이루어져야만 심왕법인 심식이 올바르게 대상을 인식할 수 있다는 것이다.

(8) 삼성문(三性門) ; 이 제8 아뢰야식을 이숙무기성(異熟無記性)이라고 하거나 무부(無覆) 무기성이라고 하는데, 이것은 그 성질이 번뇌와 상응치 않으면서도 한편으로는 중성적인 심식임을 밝힌 것이다. 즉, 무부란 번뇌가 이 심식을 물들게 할 수 없다는 의미도 있지만, 번뇌인 잡념법과는 상응치 않는 청정한 존재임을 드러낸 것이고, 이숙성이란 중생들이 선입견이나 감정에 의하여 선업이나 악업을 지어서 그 업의 세력이 마음 속에 저장될 때에는, 그것은 그대로 선성이나 악성으로 이입되는 것이 아니고 중성적인 것[異熟]으로 변화되어서 놓인다는 것이다.

왜냐하면 만일에 아뢰야식 자체가 선성이나 악성을 지닌다면, 이 심식은 언제나 같은 성질의 것만을 훈습(薰習)하려고 하지 다른 성질의 것은 받아들이지 않을 것이기 때문이라는 것이다. 예를 들면 마치 백지와 같이 흰색이어야만 모든 색을 다 흡수할 수 있고, 또한 부모와 같은 입장이어야만 모든 자식들의 잘, 잘못을 받아들일 수 있는 것과 같이 바로 중성적인 성질을 띈 것이 아뢰야식이라는 것이다. 이렇게 저장된 업력인 심종자는 인연을 기다리면서 잠재의식으로 남아 있을 때도 있지만, 인연을 만나서 다시 밖으로 드러날 때에는 그 사람의 전의 습관대로 선성의 것은 선업을, 악성의 것은 악업을 일으켜서 현상계를 이룬다는 만법유식의 원리를 제공하고 있는 것이다.

(9) 인과비유문(因果譬喩門) ; 제8 아뢰야식은 언제부터인지는 모르지만 제법의 종자를 함장하고서는 무한한 시간을 향하여 상속된다. 즉, 그 종자는 앞에서 없어지면 뒤에서 곧바로 이를 이어서 일어나고[前滅後生], 결과가 생겨나면 그 원인은 곧 없어지기[果生因滅]를 쉴 사이 없이 반복하면서 한 가지 종류로만 유전되는 것인데, 그러한 현상을 비유하면 마치 폭포수(瀑布水)가 전멸후생하면서 끊임없이 한 가지로 흐르는 것과 같다는 것[恒轉如瀑流, 種子生種子]이 이 비유문의 내용이다.

여기에서 인과란 종자의 상속관계를 말하는 것으로서, 이 심식 중에서 종자가 상속되는 것은 심종자가 계속해서 심종자를 낳는 것[種子生種子]을 의미한다. 즉, 무상의 원리에 입각해서 유위법인 종자는 잠시도 가만히 있지 못하고 유전하는데, 앞의 종자가 없어지면 뒤의 종자가 바로 이를 잇는 것과 같은 형식을 말한다.

다시 말하자면 아뢰야식은 상주불변하는 자아의 실체도 아니고, 그렇다고 외도들이 주장한 바와 같이 단멸되어서 그 존재가 전혀 없는 것도 아닌 것으로서, 자기 내부에 있는 심종자가 시시각각으로 변화, 변천 내지는 전멸, 후생하면서 자기를 개조, 향상시켜 나가는 존재라는 것이다. 만약 아뢰야식 중에 번뇌와 함께 하는 잡념법의 종자만 항상 상속된다면 우리 범부의 생활은 언제까지나 계속되겠지만, 그 유루(有漏)인 잡념법의 종자를 낳은 아집 등 4가지 번뇌를 제거한다면 자연히 마음은 적정하여서 안락함을 얻게 된다는 것이다. 다음에는 이러한 아집 등을 없애는 수행법에 관하여 고찰해 본다.

(10) 복단위차문(伏斷位次門) ; 이것을 복단위차문이라고 한 것은 지혜가 없을 때에 그 자리를 채우고 있는 번뇌를 항복(降伏)시켜서 단절한 지위에 관한 내용을 말하는 것으로서, 번뇌를 단절하면 그 결정체인 아뢰야식이라는 명칭도 사라져버리는 단계를 이름한 단사문(斷捨門)과는 서로 상통되는 개념이다.

중생들의 번뇌는 그 특징상 잠시도 멈춤이 없이 계속해서 무엇인가를 집착해서 헤아리는 습성이 있는데, 이러한 유루의 잡념법의 종자를 근절시키는 것, 즉 잡념의 종자를 훈부(熏附)시키는 원동력이 바로 각자의 아집인데, 이러한 아집을 제거한다면 아뢰야식에 함장되어 있는 제법의 종자는 자연히 공허하게 되어서 새로운 세계가 전개된다는 것이다. 여기에서 심리적인 작용으로서 번뇌를 제복(制伏)하여 한 동안 일어나지 못하게 하는 것을 복혹(伏惑)이라 하고, 번뇌를 아주 끊어버려서 끝내는 다시 일어나지 못하게 하는 것을 단혹(斷惑)이라고 한다.

그리고 이 지위에서는 아뢰야식이라는 이름이 버려진다고 하는데, 《유식삼십송》에 보면, "아라한의 위치에 오르면 이제 아뢰야라는 명칭은 버려진다"["阿羅漢位捨"] ; ["阿羅漢位 方究竟捨 謂諸聖者斷諸煩惱障 究竟盡時 名阿羅漢."(《성유식론》 권제3 ; 《대정장》 31, 13上)]라고 한 것이 그것으로서, 범부나 성인을 막론하고 제8식의 체성을 가지고 있는 것은 동일하나[此心平等 本無凡聖] 수행의 단계에 따라서 제8식의 명칭이 다르다는 것이다. 즉, 아뢰야식이라는 것은 아집의 현행이 있는 사람들에게 한하여 붙여진 심식으로서 만약에 아라한의 위치인 성인의 자리에 오르면 아뢰야식이라는 이름은 버려진다는 것이다.

여기에서, "아뢰야식이라는 명칭이 버려진다"는 내용에는 2가지의 뜻이 포함되어 있다고 본다. 그중 하나는 원문 그대로 해석하여 업력의 소산인 아뢰야식이 성인의 위치에서는 자연스럽게 소멸된다는 것이지만, 또 다른 의미로서는 버려진 것이 아니고 "전환, 변환된다"는 내용으로 해석하여, 본래 누구에게나 아뢰야식은 소유되어 있는데, 그것의 오염된 부분이 이 심식이므로 이것이 본래의 청정한 부분으로 전환되어서 성인의 경지에 이르게 된다는 것으로 해석하는 것도 가능한 것이다. 말하자면 제8 아뢰야식을 순전히 번뇌와 관계되는 개체로 볼 것인가, 아니면 한 개체의 양면성과 같이 그 이면에 있는 오염된 부분으로 볼 것인가에 따라서 이에 관한 해석이 다를 수 있다고 본다.

마 4연 5과설

불교사상에서의 인과법은 유위 현상계의 제법에 국한된 원리이지, 무위의 세계에서는 상통하지 않는다. 이러한 원리가 바로 4연

(緣) 5과(果)설로서, 현상계 제법에 관한 표면상의 내용을 자세하게 설명한 것이다.

ㄱ 4연(緣)

여기에서 4연이란 것은 인연(因緣), 등무간연(等無間緣), 소연연(所緣緣) 및 증상연(增上緣)을 말한다. 일반적인 불교 개념으로는 내적인 요인을 인이라 하고, 외부적인 조건을 연이라고 하지만, 4연에서의 연(緣)은 연, 즉 인(因)을 의미한다.

① 인연 ;《성유식론》 권제7(《대정장》 31, 40上)에 의하면,

> 연(緣)에는 4가지가 있는데, 첫째는 인연으로서, 유위법이 친히 자류의 결과를 판별하는 것을 말한다.
> (緣且有四 一因緣 謂有爲法 親辦自果.)

라는 내용에서 보면, 인연의 작용에는, ㉮ 능생의 종자, ㉯ 능훈의 현행 등 2종이 있으며, ㉮ 능생의 종자에는, ㉠ 능히 다음 찰나에 자류의 종자를 이끄는 것, ㉡ 동일 찰나에 자류의 현행을 일으키는 것 등이 있다. 즉, 색, 심, 3성, 유루, 무루, 계, 지 등으로 차별되는 본식 중의 종자가 전후 찰나에 상속될 때에 '종자생종자'의 관계를 일으키는 바, 이 때에 앞 생각의 종자를 뒷 생각의 종자에 준해서 볼 적에 인연이 되는 것이다. 또한 이 종자에 많은 연이 가해질 때에 현행을 일으키는데, 이 '종자생현행'의 관계에서 볼 적에 종자는 현행에 대하여 인연이 된다. ㉯ 능훈의 현행이란 활동할 찰나에 종

자를 본식 중에 훈부하는 것이니, 이 '현행훈종자'의 관계에서 볼 적에 현행은 종자에 대하여 인연이 됨을 말하는 것이다. 무릇 모든 존재의 친인연이 되는 것은 이상의 것 외에는 없다.

② 등무간연 ; 상동(상동, 40中)에 보면,

> 등무간연이란 8가지 현행식과 그 심소법이, 앞 찰나에서 뒤에 자류의 결과를 쉼 없이 균등하게 개도하여 그로 하여금 반드시 생성케 하는 것을 말한다.
>
> (等無間緣 謂八現識 及彼心所 前聚於後自類 無間等而開導 令彼定生.)

라는 내용에서 알 수 있는 바와 같이, 등무간연이라는 것은 제8식(諸八識)과 그에 상응하는 각 심소법 중의 어느 한 가지를 뒤 찰나의 동일한 심식과 대응시킬 때에, 앞의 세력이 쉼 없이 균등하게 개도하여 뒤의 것을 생성하게 되는 작용을 말한다. 이와 같은 관계에서 앞의 한 세력을 등무간연이라고 한다. 이러한 현상은 단지 심왕과 심소법의 현기(現起)에서만 일어나는 것이지, 색법과 같은 경우에는 관련되지 않는 내용이다.

③ 소연연 ; 《성유식론》 권제7(《대정장》 31, 40下)에 의하면,

> 소연연이란 존재하는 법이 자기의 형상을 띤 심법과 혹은 이에 상응하는 심소법이 사려하고 의지한 바의 것을 말한다. 이것에는 두 가지가 있으니, 하나는 친소연연이고, 다른 하나는 소소연연이

다. 만약에 능연과 자체가 서로 여의지 않고, 견분 등이 내적으로 사려하고 의지한 바의 것이라면, 이것은 친소연연이다. 만약에 능연이 자체와 비록 서로 여의지만, 이것을 본질로 삼아서 능히 내적으로 사려하고 의지한 바의 것을 일으키면, 소소연연이다.

(三所緣緣 謂若有法 是帶己相 心或相應 所慮所託 此體有二 一親二疏 若與能緣 體不相離 是見分等 內所慮託 應知彼是親所緣緣 若與能緣 體雖相離 爲質能起 內所慮託 應知彼是疏所緣緣.)

라는 내용에서 알 수 있는 바와 같이, 모든 능연심의 작용은 소연인 대상에 의지하여 일어남을 말한다. 이를테면 대상인 소연은 능연심인 심왕법과 심소법이 사려하고 의지하는 바가 된다는 것이 소연연의 의미이다. 그러나 변계소집성의 것은 본래 그 존재가 없는 것이므로 능연심의 인식작용을 일으키지 못하여 제외되지만, 의타기성의 모든 것과 원성실성의 무위법은 이 연이 된다. 친소연연은 모든 능연심이 이것을 갖추는 것이 필요 조건이지만, 소소연연은 이것을 갖추기도 하고, 갖추지 않을 때도 있으니, 그것은 능연심의 인식과 그 경우에 따라서 다르게 나타나기 때문이다.

④ 증상연 ; 《성유식론》 권제7(《대정장》 31, 41상)에 의하면,

증상연이란 존재하는 법이 수승한 세력이 있어서 능히 다른 법에 혹은 수순하고 혹은 거스르는 것을 말한다. 비록 앞의 세 가지의 연도 증상연이긴 하지만, 지금의 네 번째는 그것을 제외하고 나머지를 말한다. 모든 연의 차별상을 나타내기 위해서이다. 이 수순과 상위하는 작용이 네 곳에 전전하여, 생기고, 머물고, 이루

고, 얻는 네 가지의 일이 다르기 때문이다.

(增上緣 謂若有法 有勝勢用 能於餘法 或順或違 雖前三緣 亦是增上 而今第四 除彼取餘 爲顯諸緣 差別相故 此順違用 於四處轉生住成得 四事別故.)

라는 내용에서 보면, 앞에서 설명한 바의 세 가지의 연 이외의 모든 인과관계를 총칭한 것이다. 예를 들면 6근이 여러 식들이 생성될 때에 이것을 돕거나 선악 업의 종자가 고낙 등의 취(趣)의 종자를 돕는 것 및 무류의 지혜가 또 다른 무류의 종자를 돕는 것 등과 같이, 다른 모든 법을 생성하고, 머물게 하며, 성취하고, 유위와 무위의 법을 얻는 등 네 가지의 일에 있어서, 이에 수순하고 상위하거나 장애치 않는 모든 작용이 증상연이라는 것이다.

이상 4연과 색심 2법과의 관계를 설명하면, 심법은 4연을 모두 공유하나, 색법은 등무간연과 소연연은 없고, 오직 인연과 증상연만을 갖춘다. 그 이유는 일체 유위법은 반드시 능생의 종자가 있어서 생성되기 때문에 인연이 있어야 하며, 다른 조연이 없을 경우에는 생성될 수 없으므로 증상연이 있어야 한다는 것이다. 그리고 소연연과 등무간연이 없는 이유는 색법은 연려성의 존재가 아니기 때문이라는 것이다.

ㄴ 5과(果)

이 5과설은 어떤 존재를 생성시킬 수 있는 여러 원인에 대한 결과를 5종으로 분류한 것으로서, 《성유식론》 권제8(《대정장》 31, 42上~中)에 의하면,

설한 바와 같이 인과 연은 반드시 그 결과가 있다. 이 결과에는 몇 가지가 있으며, 어느 곳에 의지하여 성취되는가. 결과에는 다섯 가지가 있는데, 첫째는 이숙이고, 둘째는 등류이며, 셋째는 이계이고, 넷째는 사용이며, 다섯째는 증상이다.
(所說因緣 必應有果 此果有幾 依何處得 果有五種 一者異熟 --- 二者等流 --- 三者離繫 --- 四者士用 --- 五者增上 ---.)

라고 한 바와 같이, 그 결과는 이숙 등 5가지로 나타난다는 것이다.

① 이숙과 ; 《성유식론》 권제8(《대정장》 31, 42上~中)에 의하면,

이숙과(異熟果)란 유루의 선과 불선의 법이 초감한 자류 상속의 이숙생인 무기를 일컫는다.
(一者異熟 謂有漏善 及不善法 所招自相續 異熟生無記.)

라는 내용에서 보면, 그 원인과 성류를 달리하여 익은 결과를 이숙과라고 하는데, 이것은 유루의 선이나 불선인 악의 자조에 의하여 초래된 총, 별보의 과체를 말한다. 말하자면 이 과체는 그 자체의 종자, 즉 등류습기를 친인연으로 하여 현행하지만, 이 종자의 현행은 반드시 이숙습기, 즉 선업이나 악업의 증상연을 초래해야 한다는 것이다.

② 등류과 ; 《성유식론》 권제8(《대정장》 31, 42중)에 의하면,

등류과(等流果)란 선 등이 습득되어서 이끌어진 같은 종류의 것과 혹은 앞서의 업과 유사한 법이 후에 결과에 따라 전전되는 것을 말한다.

(二者等流 謂習善等 所引同類 或似先業 後果隨轉.)

라고 한 바와 같이, 같은 종류, 즉 선, 불선 및 무기 등의 종자 및 자류의 종자로부터 이끌어져 생성된 결과를 말한다. 말하자면 종자생종자, 종자생현행, 현행훈종자의 관계에서 생성된 것이기 때문에 등류라는 명칭이 사용된 것이다.

③ 이계과 ; 상동에,

이계과(離繫果)란 무루도가 장애를 단절하고, 증득한 바의 선의 무위법을 말한다.

(三者離繫 謂無漏道 斷障所證 善無爲法.)

라는 내용에서 보면, 무루의 지혜에 의하여 번뇌와 소지의 두 가지 장애를 단멸하고 증득한 바의 선한 무위법을 말하는데, 이 법은 진여법이어서 생멸하지 않으므로 과라고 하지만 생기의 의미는 없다. 즉, 유위법의 인과관계와는 다른 순수한 존재를 가리킨다.

④ 사용과 ; 상동에,

사용과(士用果)란 모든 작용의 주체가 모두 지어진 도구에 의지하여 판별하는 사업을 말한다.

(四者士用 謂諸作者 假諸作具 所辦事業.)

라는 내용에서 알 수 있는 바와 같이, 사용이란 사대부(士大夫)의 작용과 역용(力用)을 의미하는 것으로서, 사람이 모든 작구를 빌어서 판별하는 사업을 말한다. 즉, 농작, 상매, 공예 등 기타 모든 동작에 의하여 그 결과를 얻는 것을 뜻한다.

⑤ 증상과 ; 상동에,

증상과(增上果)란 앞의 네 가지를 제외하고, 나머지로 얻는 바의 결과를 말한다.

(五者增上 謂除前四 餘所得果.)

라고 한 바와 같이, 앞에 든 이숙과 등 네 가지의 결과를 제외하고 얻어진 바의 모든 결과는 이 증상과에 속한다는 것이다. 말하자면 일체인 유루와 무루법은 모두 이 증상과에 소섭된다는 의미이다.

바 종자론(種子論)

ㄱ 종자란 무엇인가?

우리들이 생각을 일으켜서 어떤 대상을 인식할 때면, 그것으로부터 좋은 느낌이나 나쁜 느낌 등 분별된 인상을 받게 되는데, 이렇게 받아들여진 기운과 습기, 자극 등을 마음의 종자라고 한다.

그런데 이러한 종자는 인식주체인 마음, 그 가운데서도 근본이 되는 심식인 아뢰야식을 의지처로 하여 실체와 실용을 갖추고서 일체제법을 드러내는 친인연이 되는 것이다.

즉,《성유식론》권제2(《대정장》31, 8上)에 보면,

> 어떤 것이 종자인가 하면, 근본식인 아뢰야식 가운데에 있으면서 친히 자류의 결과만를 낳은 공능차별을 일컫는다.
>
> (此中何法 名爲種子 謂本識中 親生自果 功能差別.)

라고 설해져 있는 바와 같이, 제8식 내에 보존되어 있으면서 인연을 만나면 현상으로 나타나게 되는 원인이 종자이다. 그런데 이 종자가 현상으로 나타날 때는 선업에 의하여 훈습된 종자는 선법을 낳고, 악업에 의하여 훈습된 종자는 악법을, 내지 무기성의 것은 그에 따른 법을 낳는 원리를 가리켜서 자과를 친생한다고 한다. 이러한 과정에서 공능의 차별이 있다는 것은 선,악 및 무기 3성의 종자가 각각 그에 상당하는 — 이를테면 강성한 종자의 것은 강력하게, 약성의 종자는 약하게 나타나는 차별성 — 자기의 결과만을 낳지 다른 결과를 낳지 않는 세력을 말한다.

그러면 이와 같은 종자는 일체 종자식이라고 불러지고 있는 아뢰야식과는 그 체성에 있어서 다른 것인가 아니면 같은 것인가 하는 의문이 일어날 수 있다. 이러한 문제에 관하여 일찍이《성유식론》권제2(상동)에서 논술하기를,

> 종자 이것은 근본식인 아뢰야식과 그 현행의 결과인 7전식과는

한 가지도 아니고, 그렇다고 별개의 것도 아니다. 체성과 작용, 원인과 결과와 같은 이치이기 때문이다.

(此與本識 及所生果 不一不異 體用因果 理應爾故.)

라고 있음과 같이, 종자와 그 의지처인 아뢰야식 및 그 결과로 나타난 현행과는 체성이 하나라고도 할 수 없고, 서로 다르다고도 말할 수 없다는 것이다. 왜냐하면 이것이 체성이면 저것은 그 작용이고, 이것이 원인이면 저것은 그 결과로서 서로가 상관되어 있기 때문이다.

더 나아가서 이러한 종자는 그것이 실유성의 것인지 아니면 가립적인 것인지가 의문시된다는 것이다. 이에 대하여 중관학파인 청변(淸辨)과 경량부의 주장과 안혜(安慧) 논사 등은 현상계의 일체법을 생주이멸케 하는 4상이 원래 허상이므로 이와 관련된 일체법도 허상이며, 일체법이 허상이면 그 원인인 종자도 이것과 불일불이한 관계에 있기 때문에 가유법이라는 것이다.

그렇지만 유식학파에서는 4상이 비록 일체법이 변화하는 과정을 보여주는 것이긴 하지만, 이것은 어디까지나 물질과 정신 등 제법의 분위상에 가립된 존재이기 때문에 결코 실체가 있는 것이 아니므로 제법의 원인이 되지 못한다는 것이다. 이미 이와 같이 4상이 제법의 원인이 되지 못하므로 종자와는 비교될 수 없는 다른 성질의 것이라고 한다. 반면에 종자는 제법의 친인연으로서 그 실체가 실유하다는 것이다. 만약에 그 체성이 실유한 것이 아니라면, 일체법을 낳을 친인연이 되지 못할 것이요, 친인연이 되지 못한다면, 제법은 과연 무엇에 의하여 유전되는가 할 때에 인과법에 따라서라도 그 실유성이 증명된다는 것이다.

즉, 이러한 문제에 관하여 《성유식론》 권제2(상동)에서 설명하기를,

> 비록 (종자와 근본식과 그 현행인 7전식이) 하나도 아니고 별개의 것도 아니지만, 이것은 진실로 존재한다. 가립적인 것은 없는 것과 같아서 인연이 될 수 없기 때문이다. ---- 그러나 모든 종자는 오직 세속제에 의지하여 실유성이라고 하는 것이지[勝義諦 上에서는 假有], 진여와는 다르다.
>
> (雖非一異 而是實有 假法如無 非因緣故 --- 然諸種子 唯依世俗說爲實有 不同眞如.)

라고 있음과 같이, 종자는 그것이 실유성의 것이어야 하지만, 이것은 어디까지나 세속제에서 원칙상 그렇게 설정된 것이지, 진리의 세계에서는 가유라는 것이다.

ㄴ 종자의 본유(本有), 신훈(新熏), 합생설(合生說)

그러면 이와 같은 종자는 그것이 이전부터 간직되어 오던 선천적인 성질의 것인가, 아니면 전적으로 후천적인 업력으로 발생하는 새로운 세력의 것인가 하는 의문이 일어나는 것이다. 이에 관하여 《성유식론》 권제2(상동, 8中)에서 해설하기를,

> 다른 견해로 종자에는 2가지가 있다고 하는데, 하나는 본래부터 있는 종자로 언제부터인지 모르지만, 이숙식 가운데에 자연스럽게 있어서 5온, 12처 및 18계 등 일체제법을 낳은 공능차별을

말하고, ----- 다른 하나는 처음으로 생겨나는 것으로서 언제부터 인지 모르지만, 자주 현행하여 훈습해서 존재하는 것을 말한다.

(有義種子 各有二類 一者本有 謂無始來 異熟識中 法爾而有 生蘊處界 功能差別 ---- 二者始起 謂無始來 數數現行 熏習而有.)

라고 있음과 같이, 종자의 성립에는 본유(本有)와 신훈(新熏)의 2가지 종자설을 들고 있지만, 이외에도 이들 사상들을 절충한 본신(本新) 합생설이 주장되고 있으므로 이에 관하여 살펴 보면 다음과 같다.

(1) 본유 종자설 ; 10대 논사 중에서 호월(護月) 등이 주창한 학설로서 《성유식론》 권제2(상동, 8上)에 논술되어 있는 내용을 보면,

일체의 종자는 모두가 본래부터 그 성품이 있는 것이지, 훈습에 의하여 생성되는 것이 아니다. 훈습력에 의해서는 단지 증장될 뿐이다.

(一切種子 皆本性有 不從熏生 由熏習力 但可增長.)

라고 있음과 같이, 아뢰야식 내에 함장, 보존되어 있는 종자는 과거로부터 자연스럽게 전래되어 온 것으로서 단지 7전식의 훈습력에 의하여 증가되고 성장되는 것이지, 없었던 것이 새롭게 생성되는 것은 아니라는 것이다. 그러므로 이것은 선천적인 형질을 그대로 이어 받는 유전적인 특질 등으로 대변될 때도 있다. 또한 이것을 본성주종(本性住種) 혹은 법이종자(法爾種子) 등으로도 호칭한다.

(2) 신훈 종자설 ; 난타(難陀)와 승군(勝軍) 논사 등이 주장한 학설

로서 《성유식론》 권제2(상동, 8中)에서 해설하기를,

> 어떤 견해로서 종자는 모두가 훈습되어서 생성된다고 한다. 훈습되거나 능히 훈습함이 옛날부터 함께 있었기 때문에 모든 종자는 무시로 성취된다. 종자는 원래 습기의 다른 명칭이고, 습기는 반드시 훈습력으로 말미암아 존재하는데, 이것은 마치 삼[麻]의 향기가 그 꽃의 훈습으로 나는 것과 같은 이치이다.
>
> (有義種子 皆熏故生 所熏能熏 俱無始有 故諸種子 無始成就 種子旣是 習氣異名 習氣必由 熏習而有 如麻香氣 花熏故生.)

라고 있음과 같이, 모든 종자는 7전식의 분별활동이 안팎으로 일어나 일체제법으로 현행될 때에 감득되는 어떤 자극과 인상 등의 기운을 제8 아뢰야식의 자체 중에 훈습하므로서 새롭게 생성되는데, 이 때에 훈습된 기분을 습기라고도 한다는 것이다. 이러한 견해는 중생들의 인격이나 성품 등은 선천적 내지는 유전적인 형질 보다는, 아주 순수한 백지상태로 태어나서 후천적으로 접하는 환경과 교육 등의 조건으로 점차 굳어진다는 것을 강조한 내용이라고 할 수 있다. 따라서 이와 같이 훈습력에 의하여 새롭게 만들어진 종자라는 뜻에서 이것을 또한 습소성종(習所成種)이라고도 한다.

(3) 본신[新舊] 합생설 ; 호법(護法) 논사가 주장한 학설로서 우리 중생들의 마음 속에 종자가 발생되는 원인을 파악해 보면, 그것은 개체가 선천적으로 태어날 적부터 가지고 나오는 어떤 특질도 일부 있지만, 한편으로는 후천적으로 현세를 살아가면서 선악 업에 의하여 습득되어지는 성질의 것도 있다는 이른바 2가지 것의 총체

라는 합생설이 제기되고 있다.

즉, 제법의 종자가 만일 본유의 것이라고만 한다면, 아뢰야식에 의지하여 일어나는 7전식의 인식활동은 무의미하다는 것이다. 다시 말하자면 이들은 서로가 원인이 되고 결과가 되어서 상생(相生)하는 것인데, 종자를 함장하고 있는 아뢰야식이 고정불변의 식체라고 한다면 이와 같은 원리가 성립되지 않는다는 것이다. 그리하여 《아비달마경》의 게송에서 이르기를,

> 모든 법이 장식으로부터 나오듯이 심식도 법에서 나온다. 이들은 서로가 과성이 됨과 동시에 또한 항상 인성이 된다.
> (諸法於藏識 識於法亦爾 更互爲果性 亦常爲因性.)

라고 해설된 내용이 이러한 사실을 말해준다.

반면에 종자는 모두가 오직 새롭게 훈습력에 의하여 생성되는 것이라고만 한다면, 중생들의 마음 속에 그 본성으로 일컬어지고 있는 청정한 무루법은 생겨날 수가 없다는 것이니, 왜냐하면 무루법은 유루법과 달라서 어떤 인연도 필요 없고, 제법으로 변현되는 성질도 본래 갖추고 있지 않기 때문이라는 것이다. 이를테면 진리와 같은 진여일지라도 인연에 따라서[隨緣] 제법을 짓기 때문에 그 자성을 지킬 수가 없다[不守自性]는 일반 불교사상의 개념과는 달리, 유식사상에서는 진여란 본래 응연(凝然)하여 제법을 지을 수 없다[不作諸法]는 입장을 취한 것이라고 하겠다. 다시 말하자면 일체 유정들은 언제부터인지는 모르지만, 근원적으로 함께 하는 불변의 무루종자가 있는데, 이것은 훈습 등 후천적인 활동에 의하지 않고

자연스럽게 생성되어진 것이라고 한다.

이상과 같은 이유에서 호법의 불교사상을 이은 중국 법상종의 유식가들은 이 본신 합생설 즉, "일체법의 종자는 각각 본래의 것과 처음으로 생성되는 것 등 2가지의 것이 있다."[諸法種子 各有本有始起二類]는 것을 정의로 채택하고 있는 것이다.

ㄷ 종자의 6가지 성질[六義]

우리가 살고 있는 이 현상계의 모든 존재를 낳은 근원이 마음의 종자라면, 그 존재는 단연 관심의 대상이 되지 않을 수 없다. 따라서 여기에서는 이러한 종자의 자격 조건과 함께 그 성질로서 대략 6가지로 나누어지고 있으므로 이들을 살펴 보려고 한다.

(1) 찰나멸의(刹那滅義) ; 이것을 염념멸(念念滅)이라고도 하는데, 마음의 종자가 될 것은 무엇 보다도 시간적으로 찰나찰나에 생멸하는 존재의 것이어야 한다는 것이다. 왜냐 하면 무위법과 진여 등과 같이 무상법이 아닌 상주법은 찰나성과 변화성 등이 없기 때문에 종자가 될 수 없다는 것이다.

그리하여 《성유식론》 권제2(《대정장》 31, 9中)에 보면,

> 찰나멸이란 종자가 생겨나자마자 바로 없어지는 뛰어난 세력이 종자로 되는 것을 말한다. 이것은 상주법은 자격이 없는 것을 의미하는데, 항상하여 전변함이 없으므로 능히 생성하는 작용이 있다고 할 수 없기 때문이다.
>
> (一刹那滅 謂體纔生 無間必滅 有勝功力 方成種子 此遮常法 常

無轉變 不可說有 能生用故.)

라고 논술되어 있음과 같이, 일체 유위법은 그 속성상 어느 찰나에 생성되었다가 바로 다음 순간에 다시 없어지고마는 이른바 찰나 생멸적인 존재를 가리키는데, 이러한 특성이 없으면 종자를 발생시킬 수 없다는 것이다. 왜냐 하면 진여와 같은 존재는 상주불변의 실체이므로 찰나성과 인연성 등이 없어서 필수적인 대상을 취해서 결과를 맺는 활동을 못하기 때문이라고 한다.

(2) 과구유의(果俱有義) ; 그러면 제법의 종자[因]가 연을 만나서 현행[果]될 때는 어떤 시간적인 제약을 받는가 하는 것인데, 한마디로 유식교학에서는 원인과 결과가 동시에 일어난다는 동시인과(同時因果)설을 주장하고 있다.

즉, 《성유식론》 권제2(상동)에 보면,

과구유란 생성된 법과 현행의 과법이 함께 화합하여 종자가 되는 것을 말한다. 이것은 인과에 전후가 있다거나 결정코 서로는 분리되어 있다는 설을 부정한다. 현행된 결과와 종자는 종류가 다르지만 서로 상위한 것이 아니다.

(二.果俱有 謂與所生 現行果法 俱現和合 方成種子 此遮前後 及定相離 現種異類 互不相違.)

라고 있음과 같이, 유식사상에서는 아뢰야식 안에 함장되어 있는 종자가 그 연을 만나서 밖으로 현행될 때면, 종자는 원인이고, 그 현행은 과가 되는 바, 이 때의 인과관계는 반드시 동시라는 것이다. 왜냐 하면 화합 동처(同處)의 원리에 입각하여, 이시인과(異時因果)설은 이미 없어진 것이 남아 있다가 다시 소생하는 것이 되어서 대승불교의 교의에 어긋난다는 것이다.

(3) 항수전의(恒隨轉義) ; 모든 종자는 간단 없이 항상 오랜 시간에 걸쳐서 한 가지의 성류만으로 상속되는 것[種子生種子]을 말한다. 즉, 《성유식론》 권제2(상동)에 보면,

> 항수전이란 오랜 시간에 한 가지의 종류만으로 상속되어서 (그것의) 구경위에 이르러서 종자가 되는 것을 말한다. 이것은 전식을 부정한다. 전이성과 간단함과 종자는 서로 상응치 않기 때문이다. 이것은 종자가 자체의 종류만을 생성하는 것을 나타낸 것이다.
>
> (三恒隨轉 謂要長時 一類相續 至究竟位 方成種子 此遮轉識 轉易間斷 與種子法 不相應故 此顯種子 自類相生.)

라고 해설되어 있는 바와 같이, 어떠한 종자든지 항상 상속되어서 단속성(斷續性)이 없는 성질의 것만이 제법을 낳을 수 있는 능력이 있다는 것으로서, 7전식이나 색법 등은 염정성과 변괴성 때문에 진실로 종자가 될 수 없다는 것이다.

(4) 성결정의(性決定義) ; 성결정이란 아뢰야식 내에는 선, 악 및 무기의 3성의 종자 뿐만이 아니라 무루의 종자까지 잡다한 성질의 것들이 혼재되어 있는데, 이러한 것들이 그 안에서 어떻게 질서를 유지하면서 존재하는가 하는 의문에 관하여 《성유식론》 권제2(상

동)에 교설되어 있는 내용을 보면,

> 성결정이란 원인력에 따라서 선악법 등이 생성되고, 공능이 결정되어 종자가 되는 것을 말한다. 이것은 여타의 부파에서, 다른 성류의 인이 다른 성류의 과를 낳는 것이 인연의 뜻이라는 주장을 부정하는 것이다.
> (四性決定 謂隨因力 生善惡等 功能決定 方成種子 此遮餘部 執異性因 生異性果 有因緣義.)

라고 있는 바와 같이, 복잡하게 여러 가지의 성질을 가진 종자들이 아뢰야식 내에 간직되어 있지만, 이것이 처음 훈습될 때에 선업을 통해서 훈습되었다가 연을 만나서 현행으로 드러날 때는 역시 선성의 것으로 표출된다는 것이다. 다시 말하면 선한 종자로부터 악의 현행이 일어난다거나 악한 종자로부터 선의 현행이 일어나는 일은 없다는 이른바 선인선과(善因善果)요 악인악과(惡因惡果)라는 법칙성이 존재함을 일컫는 것이다. 그러므로 종자와 인과는 상응하는 것이고, 공능에는 차별성이 있다는 것이다

(5) 대중연의(待衆緣義) ; 대중연이란 이른바 경각심인 작의와 감각기관인 5근과 인식대상인 경계 등 여러 가지의 인연들[衆緣]이 화합될 때에 비로소 현행된다는 것[種子生現行]으로서, 한 가지의 원인만으로는 그 결과를 초래하지 못한다는 것이다[得餘緣爲因].
즉,《성유식론》 권제2(상동)에 보면,

> 대중연이란 자체에 많은 인연의 화합을 기다려서, 그 공능이

뛰어나면 종자가 된다는 것이다. 이것은 외도들이 자연의 한 원인이 많은 연을 고대하지 않고서도 항상 즉시에 과를 낳는다는 주장을 부정하는 것이다.

(五待衆緣 謂此要待 自衆緣合 功能殊勝 方成種子 此遮外道 執自然因 不待衆緣 恒頓生果.)

라고 논술되고 있음과 같이, 외도와 일부의 다른 부파에서 주장하는 것과 같이 과가 생기는 것은 많은 연이 필요 없다거나 종자에서 즉시에 생겨날 수 있다는 단견들을 부정하는 것이다.

(6) 인자과의(引自果義) ; 인자과란 한 가지의 선성의 종자로부터 모든 좋은 물질과 마음이 나오는 것이 아니듯이, 악성의 종자와 무기성의 종자에서도 역시 같은 원리로 모든 성질의 결과가 나오지 않는다는 것이다. 다시 말하자면, 좋은 물질과 좋은 마음이 생기려면 반드시 좋은 물질과 좋은 마음에서만 가능하다는 것이다.

즉,《성유식론》 권제2(상동)에 보면,

인자과란 각각의 색심 등의 과에서 각각이 이끌어져서 종자가 된다는 것이다. 이것은 외도가 오직 한 원인으로부터 일체의 과를 낳는다는 주장을 부정하는 것이다. 또한 다른 부파에서 물질과 마음 등이 서로 인연이 된다는 주장을 부정하는 것이다.

(六引自果 謂於別別 色心等果 各各引生 方成種子 此遮外道 執唯一因 生一切果 或遮餘部 執色心等 互爲因緣.)

라는 내용이 그것으로서, 이 개념은 외도가 주장하듯이 한 대자재천으로부터 일체의 모든 결과가 생성된다는 설을 부정하는 것이며, 설일체유부와 같이 색심(色心)이 서로 인연이 된다는 내용을 또한 차단하는 것이다.

이상과 같이 대략 6가지의 성질을 구비한 것이 일체 유위법을 전개할 친인연으로서의 종자요, 그 자격이라는 것이다.

사 소훈처(所熏處)와 능훈식(能熏識)의 자격

그러면 찰나멸의 등 6가지의 성질을 가진 심종자가 어떠한 조건을 거쳐서 제8 아뢰야식 가운데에 전입(轉入)되는가 하면, 이것은 훈습설(熏習說)로서 설명되고 있다. 즉, 《성유식론》 권제2(《대정장》 31, 9下)에 설해져 있는 내용을 보면,

> 어떠한 의미에서 훈습이라고 하는가. 훈습되는 바와 능히 훈습하는 것에는 각각 4가지씩의 의미를 갖추고 있는데, 이것들이 종자로 하여금 생장토록 하기 때문에 훈습이라고 한다.
> (依何等義 立熏習名 所熏能熏 各具四義 令種生長 故名熏習.)

라는 것에서 알 수 있는 바와 같이, 능훈식인 7전식이 소훈처인 아뢰야식에 종자를 발생케 하고, 성장시키는 것을 훈습이라고 하는데, 이와 같이 종자들을 받아들이는 장소로서의 소훈처와 종자를 생성케 하는 심식인 능훈식에는 각각 4가지씩의 조건이 필요하다는 것이다.

㉠ 소훈처의 4가지 성질

우리 중생들의 모든 행위의 대변자인 7전식에 의하여 감득되어진 현행의 종자들을 함장하여 이것을 잃어버리지 않고 간직한는 소훈처인 아뢰야식은, 다음과 같은 4가지의 특징을 가지고 있어서 제법의 종자가 이에 보존되는 것이다.

(1) **견주성**(堅住性) ; 심소유법이나 7전식 등은 쉽게 변화함이 있고, 또한 단절되는 성질이 있는 등 계속하여 상속치 못하기 때문에 일체제법의 종자를 보존할 수 없지만, 제8 아뢰야식은 보살의 구경위까지 한 종류로 상속하여 단절되지 않는 견주성이 있기 때문에 훈습된 바의 기운을 받아들이는 소훈처가 될 수 있다. 그러나 같은 견고성을 가지고 있지만 그 성질이 결정적인 것이어서 선, 악, 무기성 등과 상응치 않는 무루성인 불타의 본식은 훈습하는 성품이 없기 때문에 여기에서 제외된다.

(2) **무기성**(無記性) ; 7전식이 대상을 인식하고서 감득한 종자가 비록 어떤 것이든지간에 이것들을 모두 받아들이려면, 그것은 마치 백지와 같은 존재가 아니면 안된다는 의미에서 바로 무기성이어야 한다는 것이다. 왜냐하면 만일에 심식이 선성이면 악성의 자극 등을 받들이지 않게 되고, 반대로 악성이면 선성의 것을 받아들이지 않아서 심리활동이 원만하게 이루어지지 않게 되기 때문이다. 따라서 이렇게 선악 등 모든 인상과 자극 등의 감정을 받아들일 심식은 무부무기성인 아뢰야식 뿐이라는 것이다.

(3) **가훈성**(可熏性) ; 가훈성이란 종자의 훈습을 받아들일 수 있는 능력을 말하는 것인데, 한 종류로 상속되면서 무기성인 촉, 작의,

수, 상, 사 등 5변행 심소법은 심왕법과는 달리 자유롭게 활동하는 자재성이 없으며, 허공 등과 같은 무위법도 역시 상속되면서 무기성이지만 상주법이고 긴밀한 존재이기 때문에 제법의 종자를 아뢰야식과 같이 받아들이지 못한다는 것이다.

(4) **화합성**(和合性) ; 소훈처가 될 심식은 능훈식인 7전식과 같은 시각에 같은 장소에서 서로 상응되는 성질의 것이어야 한다는 것으로서, 만약에 능훈식과 상응치 않고 다른 신체와 다른 시각에, 전이나 후의 것 등과 이 심식이 화합한다면, 자기가 지은 죄의 결과를 다른 사람이 받게 되는 것과 같아서 인과의 도리에 어긋나기 때문에 소훈처가 될 수 없다는 것이다.

㉡ 능훈식의 4가지 성질

능훈식이란 일체제법을 생성하는데 있어서 근원적인 위치에 있는 자신의 소훈처와 때를 같이하는 7전식과 그에 상응해서 심리활동을 하는 심소유법을 말한다. 그런데 이러한 능훈식이 종자를 발생시키려면 다음과 같은 4가지의 조건을 갖추어야 한다는 것이다.

(1) **유생멸의**(有生滅義) ; 일체법을 낳을 수 있는 심식은 반드시 무상한 것이어야 하는데, 이로 인하여 생멸의 작용이 있어서 종자들을 발생케 하고, 성장시킬 수 있는 능력이 있게 된다는 것이다. 이를테면 무위법과 같은 것은 상주법으로서 생멸하는 작용이 없고, 작용이 없으므로 종자를 생장시킬 수 없어서 능훈식이 될 수 없다는 것이다.

(2) **유승용의**(有勝用義) ; 능훈식이 될 수 있는 심식은 능히 대상

을 인연할 수 있는 심법이어야 함과 동시에, 또한 선악이나 유부무기성 및 4무기성 중에서 수행력에 의하여 갖추어지는 위의, 공교, 변화 등의 3무기성과 함께 하는 심심소의 세력과 같이 강성한 것이어야 한다는 것이다. 왜냐하면 그 세력이 약한 이숙무기와 함께 하는 심심소는 분별심이 일어나지 않아서 업을 짓지 못하기 때문에 종자를 발생시킬 수 없다는 것이다.

(3) **유증감의**(有增減義) ; 능히 심종자를 훈습할 수 있는 심식은 뛰어난 세력이 요구되는 한편으로 그 현행에 따라서 증감되는 성질의 것이어야만 한다는 것이다. 그러므로 원만한 경지인 부처님의 위치에서는 능연심의 현행에 따라서 이러한 종자의 증감이 없기 때문에 능훈식이 될 수 없다.

(4) **화합의**(和合義) ; 능히 훈습이 이루어지려면 소훈되는 심식과 같은 장소 및 시각에 서로 화합하여 부즉불리(不卽不離)하는 성질을 가진 존재가 아니면 안된다는 것이다. 다시 말하자면 능훈식이 될 것은 소훈처인 제8 아뢰야식을 소유한 유정과 동일한 장소에서 같은 찰나에 상응하여 화합하는 것이어야 한다는 것이다. 만약에 자신의 현행이 다른 유정에게 결과되는 것은 물론이고, 자신에게 있어서도 다른 찰나나 시각의 현행과 서로 화합된다면 이것은 인과법에 위배되기 때문이다.

아 무상(無相)과 유상(有相) 유식론

대승불교의 기본을 이루고 있는 두 가지 사상 흐름 중에는 모든 존재의 실상을 관찰할 때에 이들의 양쪽 극단을 지양(止揚)하거나 그 자체를 떠나서 진실한 모습을 설하는 이른바 중관론과 함께, 모든 현상이라는 것은 단지 우리가 마음 속으로 인식하거나 추측한 결과에 지나지 않다는 유식론의 전개가 그 대의를 이루고 있다.

이 가운데서도 유식론에서는 일찍부터 그 대상이 외부에 존재하는 실재의 것인가 아니면 내부에 인식된 것인가에 따른 이론이 비등하여 논쟁이 벌어졌는데, 이것이 바로 무형상(無形象) 유식론과 유형상(有形象) 유식론의 대립이었다. 다시 말하자면 마음에 나타나는 형상에 관한 이해의 차이에서 온 것으로서, 그 형상이 주관과 객관으로 통합되어질 수 있는 것인가 아니면 감각된 그대로의 것인가 하는 문제가 두 학파 사이에서 제기되었던 것이다.

이 두 학파가 어떠한 관점에서 그 인식을 달리했는가를 중점적으로 알아보면, 먼저 지각이론에 있어서 무상유식에서는 마음 자체는 대상의 모습을 지니지 않는다고 주장하는데, 그 까닭은 인식 주체인 마음과 그 대상인 이 세상의 모든 것은 찰나적인 생멸의 존재이기 때문에 어떤 고정적인 순간에 의한 대상의 인식이란 가능치 않다는 것이다. 말하자면 알려진 형상은 외부세계에 속하는 것이므로 그것을 비추어주는 지식은 형상을 소유하지 못한다는 이론으로서, 마치 사람들이 모든 실체가 정지되어 있는 것과 같이 인식하고서 이에 관하여 정의하지만, 사실은 찰나적인 생멸의 반복상태에서 어느 한 순간만의 대상을 인식한 것으로서 그 완전한 실상에 관한 설명과는 거리가 멀다는 것이다. 즉, 그러한 예로 '강물에 떨어뜨린 잉크 자국'을 비유로 들어서 설명하고 있는데, 흘러가는 물위에 잉크를 떨어뜨리면 그 자국은 물의 흐름과 함께 곧 자취가 없어져서 존재하지 않는데, 사람들은 이를 착각하거나 가정해서 마치 그 후도 그 자리에 잉크의 자국이 있는 것과 같이 인식한다는 것이다. 따라서 무상 유식학파에서는 경식구민설(境識俱泯說)을 내세우는데, 이는 우리들의 인식에 있어서 주관과 객관이 모두 찰나 생멸적인 존재이기 때문에 올바른 인식을 하기 어렵다는 인식의 허망성과 함께 또한 인식이 일률적이지 못함을 주장하는 설이라고 하겠다.

이에 반하여 유상유식에서는 무상유식에서 말하는 바와 같이 우리 인간의 인식의 허망성을 강조하다 보면, 우리가 보고 말하는 모든 것이 진실치 않고 단지 언설에 불과하다는 논리인데, 진실한 의사의 전달이란 반드시 직지인심, 이심전심으로만 되는 것도 아니어서 어느 정도의 분별력에 의한 판단은 허용되어야 한다는 것이다. 이러한 의미에서 외부세계의 실재는 그것이 지식에 끼친 지각상(知覺像)의 유사성에 의하여 지각된다는 이론으로서, 여기에서는 마음 자체는 대상의 모습을 지녀서 우리가 무엇을 인식하기도 하고, 후에 이것을 상기해서 생각하거나 추측하는 등의 기억활동이 가능하다는 것이다. 이 논리에 의하여 학설을 펴고 있는 것이 호법 계통의 유식설이다.

이를 좀더 설명하면 유상 유식가들은 형상이 의타기성이라고 말하면서 6식설 또는 1식설을 취하지만, 무상 유식가들은 형상을 변계소집성이라고 하여 8식 또는 1식설을 취하는 것이다. 이를테면 유상가(有相家)에서 의미하는 형상이란 외부세계의 대상인 것과 같이 현현되는 내부세계의 모양, 즉 객관의 형상을 말하고, 무상가(無相家)에서 말하는 형상이란 주관과 객관의 양상으로 현현된 것이지만, 본질적으로는 비존재적인 형태를 가리키는 것이다. 이와 같은 관점은 두 학파가 공통으로 의타기성을 형상의 장(場)으로 여기면서도 그 구상작용이 미치는 범위에 관해서는 서로 다른 해석을 하고 있는 것을 의미하는데, 그 결과로 형상이 변계소집성인가 아니면 의타기성인가 하는 의견의 차이가 이들 사이에서 생겼다고 볼 수 있다.

더 나아가서 무상 유식학파에서는 마음은 수정과 같은 존재로서 최고실재인 절대지를 주장하는데, 이것은 안혜의 주장에 따르면 아뢰야식을 궁극적으로 부정함과 아울러 최고실재가 개체에서 형성되는 것이 가능하며, 보는 주체와 보이는 객체가 구분되지 않을 경우에 절대지를 얻을 수 있다는 것이다. 그러므로 이와 같은 이론은 대승불교의 전반에서 설해지고 있는 진여수연(眞如隨緣) 불수자성설(不守自性說)과도 상통하는 내용으로서, 진여라는 것은 진실하여 변함이 없는 것[眞實如常]이지만, 그 자성은 인연에 따라서 변환되어 현상계를 이루는 원리로 작용한다는 것과 그 개념이 같다고 하겠다.

그러나 유상 유식학파에서는 최고실재인 절대지를 얻어도 아뢰야식 자체가 부정되는 것은 아니고, 그 가운데에 있는 번뇌의 잠재력이 근절될 뿐으로서 절대지에서도 분별력은 존재한다는 것이다. 따라서 호법과 같은 경우에는 아뢰야식을 실유의 식체로 간주하고, 이것이 변해서 보는 주체와 보이는 객체로 나누어진다는 것이다. 이러한 내용은 진여라는 것은 의연(依然)하여 변함이 없는 것인데, 이것에서 현상계의 모든 존재가 조작된다는 것은 논리적으로 가능치 않다는 의미에서 진여응연(眞如凝然) 부작제법설(不作諸法

說)과 상통한다고 하겠다. 아무튼 안혜 등의 무상 유식설과 호법 등의 유상 유식설의 논점은 능취(能取)와 소취(所取)의 형상이 실재하는가 아니면 실재하지 않는가에 달려 있다고 보겠다.

이러한 두 학파 중에서 무상 유식파는 이와 유사한 논리를 펴고 있던 중관학파에 결합되는 계기가 되었고, 유상 유식파는 후에 경량부와 합류되어 경량 유가파를 형성하였던 것이다.

이들 학파는 각현의 말을 빌리면 유상가는 진나 등이고, 무상가는 무착 등이라고 하지만, 유상 유식파는 미륵과 무착에서 세친을 거쳐 진나와 법칭 및 호법 등으로 이어지고, 무상 유식파는 무착에서 안혜 등으로 그 법맥이 전해진 것으로 보이며, 특히 중국에서는 호법과 안혜의 학설이 전래되고, 그 사상이 활발하게 수용, 전개되면서 그에 따른 종파의 성립도 보게 되었던 것이다. 이상의 두 학파의 주장들을 요약하면 다음과 같다.

1) 무상[無相(形象)] 유식론—德慧—安慧—眞諦—元曉

① 최고실재인 절대지(絶對知)를 주장(마음은 수정과 같은 존재라고 함)한다.

② 제8 아뢰야식 보다 더 근원적이라는 제9 아마라식(阿摩羅識)을 세운다.

③ 마음 자체는 대상의 모습을 지니지 않는다고 한다[마음과 모든 것은 찰나 생멸적인 존재].

④ 인간 인식의 허망성(虛妄性)과 함께 일률적이지 못함을 강조한다.

⑤ 형상이 없는 진여의 세계에 도달코자 한다.

⑥ 경식구민설(境識俱泯說), 즉 우리 중생들의 인식에 있어서 주관과

객관이 함께 모두 허망하다는 것을 주장한다.

⑦ 이러한 개념들이 나중에 중관학파와 결합되는 계기가 되었다.

2) 유상[有相(形象)] 유식론—陳那—無性—護法—戒賢—玄奘

① 제8 아뢰야식을 실유의 식체(識體)로 간주한다.

② 마음 자체가 대상의 모습을 지닌다고 주장한다.

③ 절대지를 얻어도 아뢰야식 자체가 부정되는 것이 아니고, 그 가운데에 있는 번뇌의 잠재력이 근절될 뿐이므로 절대지에서도 분별력은 있다는 것이다.

④ 진여로부터 현상계가 전개된다는 것을 부정한다[眞如凝然說 ; 無爲無作用說].

⑤ 후에 경량부(經量部)와 합류하여 경량 유가파를 형성하였다.

3 심소유법(心所有法)

(1) 개 요

유식사상에서는 심왕법이라고 하여 인식주체인 여덟 가지의 마음과 이에 상응해서 일어나는 갖가지의 심리작용, 즉 작은 마음[細心]이 있는데, 이 작은 마음을 가리켜서 심왕소유법이라고 한다. 말하자면 심왕법에 소유된 법이라는 뜻으로 그 작용이 미세하기 때문에 이와 같이 붙여진 것으로서, 이들은 독자적으로 기능을 발휘할 수 없고 언제나 심왕법과 함께 상응해서 활동하는 것이 특징이다.

그리하여《성유식론》권제5(《대정장》31, 26下)에 정의하기를,

> 항상 마음에 의해서 일어나고, 마음과 더불어 상응하며, 마음에 얽매어 있기 때문에 심왕에 소속된 법이라고 한다. 마치 자기에게 소유된 물건을 내 것이라고 하는 것과 같다.
>
> (恒依心起 與心相應 繫屬於心 故名心所 如屬我物 立我所名.)

고 해서, 인식주체인 마음과는 상응하는 시간에 있어서나 의지하는 인식기관이나 대상 등에 있어서 그 하는 일이 동일하다.

그렇다고 해서 이 두 가지의 법이 전혀 같은 인식활동을 하는 것인가 하면 그렇지는 않다. 즉,《성유식론》권제5(상동)에 이르기를,

대상에 대해서 인식주체인 마음은 오직 총상(總相)만을 취하고, 그에 따른 심리작용, 즉 심소유법은 별상(別相)을 취해서 마음이 하는 일을 돕기 때문에 심왕에 따른 법이라고 한 것이다. 마치 그림을 그릴 때에 선생이 먼저 대체적인 윤곽을 그리고 나면, 뒤에 제자가 그 위에 자세하게 색칠하는 것과 역할이 같다.

(心於所緣 唯取總相 心所於彼 亦取別相 助成心事 得心所名 如畫師資 作模塡彩.)

라고 하여, 심왕법인 마음이 대상의 대체적인 윤곽을 파악하고 나면 그 바탕 위에 세심한 부분들을 인식하는 것이 심왕소유의 법이 하는 활동이라는 것이다.

이러한 심소유법, 즉 잔 마음에는 어떠한 종류가 있으며, 그 활동은 어떠한가 하면, 먼저 ① 변행(遍行)심소라고 하여 언제나 마음의 주체인 심왕법과 함께 일어나서 인식활동을 하는 심소법들이 있는데, 이에는 감촉[觸]과 의지[作意]와 감정[受]과 상상력[想]과 생각[思] 등의 다섯 가지 심리작용들이 항상 마음에 동반되어서 활동한다는 것이다. ② 이어서 별경(別境)심소라고 하여 무엇을 하고자 하는 마음[欲]과 선정[定]에 드는 것 등 5가지의 심소법은 그 대상을 취해서 하고자 하는 일이 심왕법과 같지 않기 때문에 이와 같이 부르는 것이며, ③ 선(善)심소란 선량한 마음과 함께 일어나는 심리작용으로써 이에는 무엇을 믿는 마음[信] 등 11가지가 있고, ④ 번뇌(煩惱)심소라는 것은 좋지 않는 마음과 함께 일어나는 근본번뇌를 가리키는데, 여기에도 탐욕[貪] 등 6가지가 있다. ⑤ 수번뇌(隨煩惱)심소란 근본번뇌에 따라서 일어나는 심리작용으로써 분노심[忿]을 내는 것 등 20가지가 여기에 속하며, ⑥ 부정(不定)심소란 위에서 말한 다섯 가지 밖의 다른 심소로서 후회[悔]와 수면[眠], 거친 마음의 활동[尋] 및 미세한 마음의 활동[伺] 등 이 4가지를 포함해서 총 51심소법을 유식교학에서는 들고 있다.

이와 같은 심소법들이 인식주체인 마음과 여러 가지로 활동하면서 그 기능을 발휘하게 되는데, 그것들의 대강을 보면, 먼저 전5식 등 제8식(諸八識)의 인식주체에 관한 기능에 관해서는 4분설(四分說)이 설해지고 있으며, 인식대상에 관해서는 3류경설(三類境說)이 가해져서 인식의 대상 역시 마음의 변화에 불과하다는 유심설을 내세우고 있다.

또한 우리 앞에 전개되고 있는 현상계에 관한 설명으로는 3자성설(三自性說)이 전개되고, 본체계에 관해서는 이를 본질면에서 고찰한 3무자성설(三無自性說)이 설해져서 그 의미를 새롭게 하고 있는데, 이렇게 제현상에 관해서만 서술하고 있는 것이 아니고, 인식주체인 제8식이 대상을 인식할 때에는 대상을 대상 그대로 인식하는 것이 아니고 여기에는 4연설(四緣說)과 자상(自相)·공상연(共相緣) 등이 매개체의 역할을 해서 이를 인식하게 된다는 것이다. 이와 같이 대상을 인식하여 나타난 것이 현상인데, 이 때에도 5심설(五心說)과 3량(三量) 및 3분별설(三分別說) 등의 심리작용들이 작용해서 현상계를 형성했다는 것으로써 이러한 제학설들에 관하여 살펴 보고자 한다.

먼저 고찰하려는 것은 인식주체가 대상을 인식하려고 할 때에 여기에는 4연설과 함께 자상·공상연이 작용을 하게 되는데, 이 가운데서 자상·공상연을 살펴 보면, 대상 자체 그대로를 어떤 사려분별 없이 취하는 것으로써 물 같은 것은 그 습한 성질이나 냉성을, 불 같으면 타는 성질이나 뜨거움 등을 직감적으로 인식하는 것을 자상연(自相緣)이라 하고, 공상연(共相緣)이란 대상 자체상에 일시적으로 붙여진 여러 가지의 이름이나 기능 및 모양 등에 의해서 대상을 인식하는 성향을 말한다.

그리고 대상 자체도 그냥 그대로의 대상이 아니라 여기에도 세 가지의 성질이 있다. 즉, 이것을 3류경설이라고 하는데, 주관이 대상으로 하는 객관의 종류와 그 성질을 파악하기 위한 방법을 말하는 것이다. 우선 ① 성경(性境)이란 능동적인 주관심이 접촉하는 바의 대상을 오류 없이 인식하는 것이고, 5관(五官)에 의해서 비추어 온 것을 5식(五識)이 이를 대상으로 하여 인식하는 객관세계로써 대상을 대상 그대로 인식하는 것을 일컫는다. ② 독영경(獨影境)이란 주관심이 단독으로 나타낸 환상과 같은 것으로써 눈병 난 사람의 눈 앞에 보이는 헛물체나 거북이에게는 털이 없는데 털이 있다고 생각하거나 토끼에게 뿔이 없는데 있다고 여기는 것 등 대상의 본질이 아니고, 능동적인 주관심에 의하여 조작된 영상만이 나타난 대상을 말하며, ③ 대질경(帶質境)이란 성경과 독경경의 중간적인 존재로써 양쪽의 성질을 다 겸유하고 있기 때문에 이와 같이 이름하는 것이다. 예를 들면 어떤 사람이 해질녘에 길을 가다가 새끼[繩]를 뱀으로 착각해서 얻는 대상 등을 말한다. 이 때에 새끼줄이라는 본질은 있으나 주관심이 잘못 인식한 뱀은 없기 때문에 이와 같은 경우의 대상을 대질경이라고 하는 것이다. 아무튼 이 3류경설은 객관론으로써 주관심을 떠난 실재로서의 객관이 아니라 주관심의 분별에 의한 객관을 말하는 것이다.

그리고 이렇게 대상을 인식하고 나서 자기 나름대로 나타낸 현상계를 3자성설이라고 하는데, 이를《해심밀경》권제2(《대정장》 16, 693上)에서 설명한 것을 보면,

> 내가 마땅히 너희들을 위하여 모든 것들의 실상에 관해서 설하리니, 이에는 간략히 세 가지가 있다. 무엇이 세 가지인가 하면, ① 변계소집상의 것이요, ② 의타기상의 것이며, ③ 원성실상의 것이 그것이니라.
>
> (吾當爲汝 說諸法相 謂諸法相 略有三種 何等爲三 一者遍計所執相 二者依他起相 三者圓成實相.)

라고 한 것이다. 이는 현상계를 그 성립의 성질에 따라서 세 가지로 분류한 것으로써 모든 존재의 본성이나 사물이 존재하는 상태를 유·무 내지는 실상이 아닌 거짓적인 존재[假實]라는 관점에서 고찰한 것을 말한다. 그 내용을 살펴 보면, ① 변계소집상이란 새끼를 뱀으로 보듯이 어떤 사물을 인식할 때에 범부들의 미망한 소견으로 말미암아 실체가 없는 것을 마치 실체가 있는 것처럼 잘못 알아서 생겨난 일체의 것들을 말한다. ② 의타기상이란 새끼를 뱀으로 잘못 보았지만 새끼 자체도 본래부터 의연하게 존재했던 것이 아니고 볏짚이나 마(麻)가 일시적으로 필요에 따라서 사람의 손에 의하여 만들어진 상태로써, 이와 같이 현상계의 모든 것은 서로 다른 인연에 의하여 탄생된 존재에 불과하다는 것을 강조한 내용이다. ③ 원성실성상은 현상계의 본체를 말하는 것으로써 진여 내지는 진실과 같은 원리적인 개념의 것을 말한다.

그러나 이와 같은 3자성설에 비하여 모든 사물을 공성(空性)의 입장에서 분류하여 본체계를 살펴 본 3무자성설이 또한 설해지고 있다. 이것을 《해심밀경》 권제2(상동, 694上)에서 그 내용을 찾아 보면,

> 승의생 보살아, 마땅히 알지어다. 나는 세 가지의 무자성에 의지하여 비밀스러운 의미로 일체 모든 것은 다 자성이 없다고 설한다. 말하자면 그것은 상무자성(相無自性)과 생무자성(生無自性) 및 승의무자성(勝義無自性)이니라.
>
> (勝義生 當知 我依三種無自性性密意 說言一切諸法皆無自性 所謂相無自性性 生無自性性 勝義無自性性.)

라고 한 것이 그것으로서, ① 상무자성이란 앞의 3종자성 중에서 변계소집성의 것은 본래 미정(迷情) 앞에 나타난 한 그림자에 불과한 것으로써 일정한 어떤 모양의 것이란 처음부터 없었다는 것이며, 새끼를 잘못 보아 뱀으로 여겼지만 뱀 그 자체도 자성이 없는 것 따위를 말한다. 다음으로 ② 생무자성이란 여러 가지의 인연에 의하여 성립된 의타기성의 존재는 일시적으로 가현(假現)된 모양에 불과하여 실제적으로는 무엇이 생성된 것이 아니라는 설로써, 새끼는 짚과 사람의 힘으로 만들어진 것이므로 실체가 본래 없었던 것과 같다는 이치이다. 마지막으로 ③ 원성실성은 진여나 진리 등이 원만하게 오래도록 상주하는 것과 같이, 만유의 근원은 원만하게 성립된 진실한 존재이므로 본래부터 아무런 모양이나 생김도 없음을 일컫는 것으로써, 짚에서 새끼와 뱀의 모습을 인정키 어려운 것과 같다.

다음으로 고찰의 대상이 되는 것은 인식주체인 주관심 자체에 관한 내용이다. 다시 말하자면 이 주관심이 대상을 인식할 때에 현상계의 모든 것은 오직 심식으로부터 변현된 것에 불과하다는 도리를 아주 극명하게 살피는 방법으로써, 일종의 의식작용의 단계를 심층적으로 분석한 내용이라고 하겠다. 먼저 ① 상분(相分)이라고 하여 우리는 바로 객관의 사물을 인식하는 것이 아니고, 일단 마음 속에서 그 그림자를 그리고 난 후에 이를 인식하는데, 이 때에 그림자를 가리켜서 상분[客觀]이라고 한다. 말하자면 우리의 마음 속에 나타내어진 대상을 지칭하는 것으로써 능동적인 마음과 그 대상인 본질과의 사이에 일어나는 영상(影像)을 일러서 상분이라고 한다. ② 견분(見分)이란 마음이 인식활동을 할 때에 상분을 변현하는 동시에 그것을 인식하는 작용체가 생기는 것으로써, 상분에 상대하는 인식주체를 견분이라고 한다. 다시 말하자면 견분은 주관심으로써 저울의 추(錘)와 같으며, 대상을 인식하기 위하여 거울에 그림자를 나타낸 경우를 가리킨다. ③ 자증분(自證分)은 견분의 깊은 곳에는 주관 중의 주관심이 있어서 인식작용을 감시하는데, 이 때의 마음을 가리켜서 자증분 또는 자체분(自體分)이라고 하며, 견분을 통각적으로 증지하는 마음을 말한다. 이와 같은 기능들을 예를 들어서 말하면, 자증분은 소의 머리나 새싹과 같은 형태이며, 상분과 견분은 여기에 난 두 개의 뿔과 떡잎 중에서 양쪽의 두 잎에 해당되는 것이라고 한다. 더 나아가서 ④ 증자증분(證自證分)이라는 것이 있는데, 이의 작용은 자체분의 인식작용을 다시 증명해 주는 주관심이기 때문에 이를 제3중(第三重)의 인식작용이라고도 하며, 자체분과는 서로 인증하는 성질도 함께 가지고 있다.

이와 같이 주관심이 몇 번에 걸쳐서 심층적으로 인식활동을 검증하는 동안에 대개는 범부들의 무지와 집착심 때문에 대상을 대상 그대로 보는 지혜의 안목 없이, 과거의 경험에 의해서 헤아린다든지 아니면 추리나 억측 등에 의하여 판단하는 경우가 많은데, 이러한 심리적인 과정이나 양상을 볼 것 같으면 우선 5심설(五心說)을 들 수가 있다.

5심설이란 어떤 대상을 인식할 때에 차례로 일어나는 다섯 가지의 마음을 가리키는 것으로써, 먼저 ① 솔이심(率爾心)이란 인식주체가 대상을 인식하기 위해서 처음에 접촉하는 순간적인 마음으로서, 이 때는 그저 대상과 접촉만 되었지 어떤 인식도 일어나지 않는 상태를 말한다. 이어 다음 단계에 일어나는 것은, ② 심구심(尋求心)으로써 대상을 일순간 대면한 후로 그것이 무엇인지가 궁금하여 알려고 하는 2차적인 마음을 가리킨다. ③ 결정심(決定心)이란 대상이 무엇인가를 추구한 마음 다음에 일어나서 대상을 거의 인식한 마음으로써, 이 때까지는 대상에 대한 어떤 감정도 없이 있는 그대로를 직관한 경우를 말한다. 이어서 일어나는 ④ 염정심(染淨心)이란 드디어 대상에 대한 분별심이 일어난 것으로써, 만약에 대상을 식별하고 난 후에 그것에 대해서 그 전부터 원망과 한이 서린 것 등에는 고수(苦受), 즉 좋지 않는 마음을 내고, 친숙하고 잘 아는 것에 대해서는 좋은 감정, 즉 낙수(樂受)를 내며, 이러한 두 가지의 감정이 아닌 것에는 그저 그런 감정인 사수(捨受), 즉 불고불락수(不苦不樂受)를 낸다는 것이다. 그리하여 마침내 ⑤ 등류심(等流心)에서는 염정심에서 일어난 좋지 않는 마음과 좋은 마음이 이전의 마음과 같이 시시각각으로 상속되어서 한 세력으로 계속해서 흐른다는 것이다. 이러한 감정들이 계속되는 한에서 그 사람의 성격을 형성할 수도 있고, 또한 업을 지어서 6도 윤회를 거듭할 수 밖에 없다는 것이 이 설의 교훈이라고 하겠다.

다음으로 인식과정 중에서 많은 영향을 끼치는 정신작용을 보면, 이에는 세 가지가 있는데, 그 첫째는 자성분별(自性分別)이라고 하여 현재 눈 앞에 있는 대상을 있는 그대로 직관적으로 인식하는 것으로써, 이러한 정신작용은 전5식과 제8 아뢰야식이 한다는 것이며, 둘째는 수념분별(隨念分別)로써 과거에 일찍이 경험한 일이 있는 대상을 다시 기억해서 인식하는 정신작용으로써, 이는 제6 의식만의 활동이고, 셋째로 계탁분별(計度分別)은 이를 분별사유(分別思惟)라고도 하는데, 현재 정확하게 나타나지 않는 대상을 독단적으로 과거, 현재, 미래에 걸쳐서 추측하여 분별하는 정신작용을 말한다. 말하자면 쓸데 없는 망상 등을 피우는 것으로써 이는 제6 의식도 하지만 주로 자주하는 것은 제7 말나식이라는 것이다.

그리고 3분별설 못지 않게 인식과정 중에 지대한 영향을 미치는 또 다른 이론은 3량설(三量說)인데, 여기서 양(量)이란 양지(量知)의 뜻으로써 인식대상을 인식할 때에 이를 헤아려서 안다는 의미로, 이에도 역시 세 가지의 작용이 있다. 다시 말하자면 우리의 주관심이 어떤 대상을 인식할 때에 그 인식적 판단은 모두가 옳지 않는데, 왜 그런가 하면 직관에 의한 판단이 아니라 정확하지 못한 대상을 경험이나 자의적으로 헤아렸기 때문이라는 것이다. 먼저 ① 현량(現量)이란 분별심을 내지 않은 마음이 눈 앞에 놓여 있는 대상을 접촉할 때에, 그 대상에게 주어진 이름이나 정보 등에 의한 인식을 떠나서 대상의 자상을 있는 그대로 직각(直覺)하는 인식작용으로써, 이를테면 주관심이 직접 대상의 자상에 합쳐진 상태를 말한다. 이와 같은 인식활동은 전5식과 제8 아뢰야식이 하며, 이와 동시에 일어나는 의식이나 자증분(自證分)도 여기에 해당된다. 다음으로 ② 비량(比量)이란 맑은 정신을 가지고 명확하게 나타나지 않는 대상을 과거의 경험이나 지식 등을 활용하여 분별하지만, 그러나 대상의 자상을 역시 정확하게 파악하지 못하는 인식활동을 말한다. 왜냐하면 이에는 어디까지나 유추와 추리 등의 사고력이 동반되었기 때문으로써, 대상도 명확치 않지만 현재 눈 앞에 대상이 있지 않으면 일어나지 못하는 특성을 가지고 있다. 예를 들면 먼 산에서 연기가 피어 오르면 그 밑에는 불이 있을 것이라고 판단하는 것과 같은 인식활동을 가리킨다. 끝으로 ③ 비량(比量)이란 산만하고 안정되지 못한 마음이, 대상이 눈 앞에 있을 때나 있지 않는 경우를 막론하고 이들을 착각으로 분별하기 때문에 대상의 자상을 진실로 얻지 못하는 잘못된 비량(比量)을 말하다. 다시 말하자면 의식이 전5식과 함께 일어나서 어떤 것을 대소(大小), 방원(方圓)이라고 분별해서 알았을 때에 맞는 경우는 비량(非量)이고, 맞지 않는 경우는 이것을 비량(比量)이라고 한다. 예를 들면 먼 산에서 안개가 피어 오르는데 이를 연기로 착각하여 그 밑에는 불이 있을 것으로 인식하는 경우와 같다.

이와 같은 심소유법의 활동을 간추려서 말하면 다음과 같다.

① 심소유법이라는 것은 심왕법에 소유된 것, 즉 우리들 정신 주체인 심왕법에 따른 부작용(副作用 ; 心理作用)을 말한다.

(恒依心起 與心相應 繫屬於心 故名心所 如屬我物 立我所名.; 《성유식론》 권제5)

② 심소유법의 존재는 심왕법과 상응하여 현기(現起)하는데 있다. 즉 이 심소법은 심왕법과 더불어 일어나는 시간이 동일하고[時同 ; 同一 剎那], 의지하는 바의 근(根)이 같으며[依同 ; 同一 所依根], 또한 대상이 유사하고[所緣等 ; "同一所緣 不同一行相"(《유가사지론》 권1)], 그 체성이 비슷하기[事等 ; 體等 ; 심왕법의 체가 하나면 심소의 체도 하나가 일어남] 때문에 '상응'(相應)이라고 한다.

③ 심왕법이 대상의 총상(總相), 즉 대체적인 윤곽만을 연취하는데 비하여, 심소법은 이것은 물론이고 더 나아가서 별상(別相), 즉 부분적인 것까지도 연취 하는 것이 이 심식의 작용이다.

(心於所緣 唯取總相 心所於彼 亦取別相 助成心事 得心所名 如畵師資作模塡彩 ;《성유식론》 권제5).

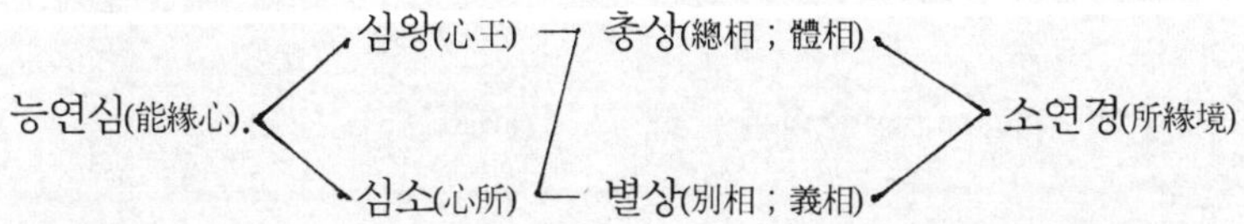

④ 그 종류에 있어서는 소승불교의《구사론》같은 데서는 46심소법을 논하고,《성실론》에서는 49법을 주장하고 있으며, 대승불교의《유가사지론》에서는 53법을,《대승아비달마잡집론》에서는 55법을 열거하고,《현양성교론》과《오온론》,《백법론》 및《성유식론》 등에서는 51심소법을 들고 있어서 각기 다르다.

가 변행 심소법(遍行心所法)

이 심소법에서 변행이라는 의미는 그것이 인식활동을 할 때에는 어느 심왕법이나 장소를 막론하고 반드시 함께 상응하여 일어나기 때문에 이와 같이 명칭하는 것이다. 즉, 변행심소는 4가지의 일체와 항상 함께 하는데, 그것은 일체성, 일체지, 일체시 및 일체구를 말한다(以四一切辯五差別 謂一切性及地時俱 五中遍行具四一切 ; 《성유식론》; 《대정장》 31, 27上). 여기에서 일체성(一切性)이란 선, 악 및 무기의 3성 중에서 어느 성질과도 두루 작용한다는 것이며, 일체지(一切地)란 중생들이 머무는 장소, 즉 3계 9지의 어느 곳에서든지 이 심소법은 일어날 수 있다는 것이고, 일체시(一切時)란 마음이 일어나서 활동하는 어느 때이든지 간에 이 심리작용도 함께 일어나서 보조한다는 것이다. 일체구(一切具)란 어떠한 경우라도 이에 속하는 촉, 작의, 수, 상 및 사 등의 5가지 심리작용들이 심왕법을 도와서 인식하는데 있어서 결정적인 역할을 한다는 의미이다.

① 접촉[觸] ; 《성유식론》 권제3(《대정장》 31, 11中)에,

> 촉이란 것은 감각기관과 마음과 그 대상 등 3가지가 화합하고 달라지는 것을 분별하는 것을 말한다. 심왕과 심소법이 대상에 접촉케 하는 것을 체성으로 삼고, 느낌, 상상력 및 생각 등의 의지처가 되는 것을 업으로 삼는다.
> (觸謂三和 分別變異 令心心所 觸境爲性 受想思等 所依爲業.)

라고 한 바와 같이, 심왕법인 마음과 그 심리작용인 심소법으로 하여금 대상에 접촉케 하는 것이 그 성질이고, 느낌[受]과 상상력[想]과 생각[思] 등의 심소법이 일어나는데 있어서 의지처가 되는

것이 이 심소법이다.

② 의지[作意] ;《성유식론》 권제3(《대정장》 31, 11下)에,

작의란 능히 마음을 경각시키는 것을 그 체성으로 삼고, 인식 대상 쪽으로 마음을 이끄는 것을 업으로 삼는다. 말하자면 이것은 일어날 수 있는 마음의 종자를 경각시켜 인도하여 대상으로 향하게 하기 때문에 작의라고 한다.

(作意謂能警心爲性 於所緣境引心爲業 謂此警覺應起心種 引令趣境故名作意.)

라고 설명하고 있는 바와 같이, 작의라는 것은 반드시 일어날 수 있는 마음과 그 심리적인 활동을 일깨우고 이끌어서 인식대상에 나아가게 하는 의지와 같은 심리작용을 말한다.

③ 느낌[受] ; 상동에,

느낌이란 수순과 거스름 및 이 둘도 아닌 대상의 모습을 받아들이는 것을 체성으로 삼아서 애착심을 내는 것을 업으로 한다. 능히 화합하거나 떨어지며, 두 가지도 아닌 욕심이 일어나기 때문이다.

(受謂領納順違俱非境相爲性 起愛爲業 能起合離非二欲故.)

라고 한 바와 같이, 유정들이 감정을 일으키면 그 대상이 마음에 드는 것은 물론이고, 들지 않는 것 뿐만이 아니라 이 두 가지의 감정이 아닌 것에 대해서도 애증과 담담한 심리작용이 일어나게

된다. 이러한 감정을 수(受)라고 하는데, 여기에는 고수(苦受), 낙수(樂受) 및 사수(捨受) 등의 3수가 있고, 우수(憂受)와 희수(喜受)의 두 감정을 더하여 5수도 있다.

④ 상상[想] ; 상동에,

상상이란 대상에서 형상을 취하는 것을 체성으로 삼아, 갖가지의 명칭을 짓는 것을 업으로 한다. 요컨대 대상의 자상과 공상을 일으켜서 갖가지 명칭을 짓는 것이다.
(想謂於境取像爲性 施設種種名言爲業 謂要安立境分齊相 方能隨起種種名言.)

라는 내용에서 보면, 이 심소법은 인식대상을 접촉했을 때에 그에 대한 차별상을 취하여, 이것은 무엇이고, 저것은 무엇이다 등 갖가지의 명칭을 붙이는 심리작용을 말한다.

⑤ 생각[思] ; 상동에,

생각이란 마음으로 하여금 조작케 하는 것을 체성으로 삼고, 좋은 것 등에 마음을 노역케 하는 것을 업으로 한다. 능히 대상의 바른 원인 등 형상을 취하여 스스로 마음이 좋은 것 등을 짓게끔 하는 것을 말한다.
(思謂令心造作爲性 於善品等役心爲業 謂能取境正因等相 駈役自心令造善等.)

라고 한 설명에서 보면, 이 심소법은 심왕법을 충동하여 좋고 나쁜 것 등의 대상에 대하여 선악심 등을 일으키도록 하는 것이 그 활동이라는 것이다. 그러므로 이 심소는 업을 짓는 근원이 된다.

나 별경 심소법(別境心所法)

이 심소법은 변행심소법과 같이 모든 대상에 두루 나타나서 인식활동을 하는 것이 아니라, 각각의 다른 경우[所緣事不同]에 1가지, 혹은 2가지 내지는 5가지가 함께 일어나서 심왕법을 돕는 심소법을 말한다.

① 바람[欲] ; 《성유식론》 권제5(《대정장》 31, 28上)에,

> 어떤 것을 바람이라고 하는가. 좋아하게 된 대상에 대해서 희망하는 것을 체성으로 삼고, 노력의 의지처가 되는 것을 업으로 한다.
>
> (云何爲欲 於所樂境 希望爲性 勤依爲業.)

라는 내용에서 본다면, 일반적으로 어떤 대상을 인식할 때면 그 대상에 대하여 선,악 및 무기심 등이 일어나는데, 특히 이 가운데서 마음에 들면 그것을 더 바라는 희망 등의 심리작용이 일어날 적에 이 심소법이 그 소의가 되는 것이 업이다.

② 뛰어난 견해[勝解] ; 《성유식론》 권제5(《대정장》 31, 28中)에,

어떤 것을 뛰어난 견해라고 하는가. 결정된 대상에 대해서 분명하게 인지하는 것을 그 체성으로 하고, 쉽게 전이하지 않는 것을 업으로 한다.

(云何勝解 於決定境 印持爲性 不可引轉爲業.)

라고 한 바와 같이, 어떤 대상에 대하여 옳고 그름을 불문하고 많은 교시와 도리, 혹은 선정과 수행 등의 지력에 의하여 마음으로 결정하였으면, 다른 사람의 견해나 반대에 의해 쉽게 바꾸지 않는 심리작용으로서, 미루거나 미결정의 경우에는 이 심소법이 일어나지 않는다.

③ 기억[念] ; 상동에,

어떤 것을 기억이라고 하는가. 일찍이 익혔던 대상을 마음 속에 분명하게 기억해서 잊지 않게 하는 것을 그 체성으로 삼고, 선정의 의지처가 되는 것을 업으로 한다.

(云何爲念 於曾習境 令心明記 不忘爲性 定依爲業.)

라는 내용에서 보면, 전에 습득한 바 있는 대상을 마음에 새겨서 잊지 않게 하는 것을 그 성질로 하고, 이러한 체성이 선정의 의지처가 되는 것이 업이라는 의미로서, 일찍이 관계치 않은 대상에 대해서는 이 심리활동이 일어나지 않는다는 것이다.

④ 선정[定] ; 상동에,

어떤 것을 선정이라고 하는가. 관찰되는 대상에 대해서 마음을 전념케 하여 산란치 않게 하는 것을 체성으로 하고, 지혜의 의지가 되는 것이 그 업이다.

(云何爲定 於所觀境 令心專注不散爲性 智依爲業.)

라고 한 바와 같이, 인식대상에 대해서 마음을 집중케 하여 산란치 않게 하는 것이 이 심소법의 성질이고, 이러한 체성이 지혜를 일으키는 의지처가 되는데, 마음이 한 대상에 대하여 많은 시간에 걸쳐서 집중하는 것이 아니라 찰나찰나에 걸쳐서 집중할 때에 체득되는 것이 지혜라고 한다.

⑤ 지혜[慧] ; 《성유식론》 권제5(《대정장》 31, 28下)에,

어떤 것을 지혜라고 하는가. 관찰되는 대상을 잘 선택하는 것을 체성으로 하고, 의구심을 끊는 것을 업으로 한다. 말하자면 득과 실 및 이 둘도 아닌 대상을 관찰할 때에 지혜의 추구력으로 말이맘아 결정심이 얻어지기 때문이다.

(云何爲慧 於所觀境 簡擇爲性 斷疑爲業 謂觀得失俱非境中 由慧推求得決定故.)

라고 한 내용으로 보아서, 관찰되는 대상을 잘 간택하여 의심을 없앤 것이 그 성질이며, 이 때에 생겨난 지혜로 말미암아 결정의 뛰어난 견해가 얻어지는 것이 활동이라는 것이다. 그렇지만 대상을 관찰하지 않는 우매한 마음과 변행 심소법에서는 이 지혜 심소가 일어나지 않는다.

이상과 같이 별경의 심소법은 일체의 심왕법에 따라서 일어나지 않고 각각의 다른 경우에 발생되는 심리작용으로서 마음과는 첫 생각에 아닌 뒷 생각에서 상응하는데, 바람의 심리는 무엇을 희망하는 경우, 뛰어난 견해는 결정의 경우, 기억은 일찍이 본 바의 경우, 그리고 선정과 지혜는 관찰되는 대상에 대해서 곧장 일어나는 결정심을 가리키기 때문에, 그 경우들이 각각 다르다는 의미에서 별경심소라고 한 것이다.

다 선 심소법(善心所法)

일반적으로 선한 마음 중에만 일어나는 한 성류의 심소법을 가리켜서 선 심소법이라고 한다. 《유식삼십송》에 보면,

> 선 심소유법에는 믿음과 뉘우침과 부끄러움과 무탐 등 세 가지의 선근과, 근면과 경안과 불방일과 행사 및 불해를 말한다.
> (善謂信慚愧 無貪等三根 勤安不放逸 行捨及不害.)

라고 한 바와 같이, 모두 11종류를 열거하고 있다. 이 11가지 중에서 경안(輕安) 심소법은 안정된 지위에만 나타나는 심소유법이고, 기타의 10종은 선심에 두루하여 일어난다. 또한 이들 10심소법은 반드시 함께 일어나며, 안정된 위치에서는 11심소가 모두 일어난다.

① 믿음[信] : 《성유식론》 권제6(《대정장》 31, 29中)에,

> 진실함과 덕망과 능력을 깊이 인정하고, 즐기고, 바래서 마음이

청정하게 됨을 본성으로 하고, 좋지 못한 것을 대치하여 선함을 즐기는 것을 업으로 삼는다.

(於實德能 深忍樂欲心淨爲性 對治不善 樂善爲業.)

라고 해석하여 있는 것이 그것으로서, 말하자면 오탁의 심왕과 심소법을 대치하여 청정케 되는 것이 믿음이라는 것이다. 즉, 마음이 청정함을 본성으로 삼고, 좋지 않는 마음을 대치하며, 선심을 좋아하게 하는 것이 그 활동이라는 것이다. 본문에, "실(實)과 덕(德)과 능(能)을 인(忍)·낙(樂)·욕(欲)한다"는 것은 믿음의 인과법을 들어서 그 처음과 끝을 밝힌 것으로서, 믿음의 차별에 세 가지가 있는 것을 말한다. 즉, ㉮ 실유를 믿는 것이니, 실유라는 것은 제법의 진실한 이치를 깊이 믿고 인정할 때에 믿음성이 일어나는 것을 말하며, 이것이 곧 믿음의 원인이 된다는 것이다. ㉯ 덕이 있음을 믿는 것이니, 이것은 삼보의 진정한 덕망에 대하여 깊이 믿고 즐기는 것을 말한다. ㉰ 유능함을 믿는 것이니, 유능이라는 것은 일체 세간, 출세간의 선근에 대하여 깊이 힘을 써서 무위를 얻고, 유위를 능성하며, 또한 세속적인 선을 능득하고, 출세간적인 선을 능성한다고 믿어서 희망을 일으키는 것을 말한다. 두 번째의 낙과 세 번째의 욕, 즉 희망은 ㉮를 믿고 인정함으로부터 나온 것으로서 믿음의 결과를 말한다. 즉, 실·덕·능은 믿음의 의지처로서, 이에 의하여 믿음이 일어나는 처음과 끝을 인·낙·욕의 인과법을 들어서 밝힌 것이다.

② 뉘우침[慚] : 《성유식론》 권제6(《대정장》 31, 29下)에,

자신과 법의 힘에 의지하여 현인과 선법을 존숭하는 것을 본성으로 하고, 뉘우 치지 않는 것을 대치하여 악행을 그치는 것을 업으로 한다

(依自法力 崇重賢善爲性 對治無慚 止息惡行爲業.)

라고 해석하여 있는 바와 같이, 자기와 법의 힘이라는 것은 자신을 존중하고 배운 바의 법을 존귀하게 여긴다는 것으로서, 이러한 증상력에 의하여 현인과 덕이 있는 사람을 공경함을 본성으로 하고, 이에 의하여 무참을 대치하여 악행을 그치게 하는 것을 그 활동으로 한다.

③ 부끄러움[愧] : 《성유식론》 권제6(《대정장》 31, 29下)에,

세간력에 의하여 난폭과 악함을 가볍게 거부하는 것을 자성으로 하고, 뉘우침이 없는 것을 대치하여 악행을 그치는 것을 그 활동으로 한다.

(依世間力 輕拒暴惡爲性 對治無愧 止息惡行爲業.)

이라 해석되고 있는데, 여기에서 세간력에 의한다는 것은 본 논장에서 주석하기를, "세간의 꾸짖고 싫어하는 증상력에 의하여"(依世間訶厭增上)라고 하였다. 이것은 세간의 도덕적인 제재에 의하여 죄과를 수치스럽게 여기고, 악인과 악법을 가볍게 거부함을 그 본성으로 하고, 무참을 대치하여 악행을 지식케 함을 활용으로 한다는 것이다.

④ 무탐(無貪) : 《성유식론》 권제6(《대정장》 31, 30上)에,

윤회의 삶과 그 원인에 탐착치 않는 것을 자성으로 하고, 탐착을 대치하여 선을 짓는 것을 활용으로 한다.
(於有有具 無着爲性 對治貪着 作善爲業.)

이라고 해석하여 있는 바, 여기에서 '유(有)'라는 것은 3有의 결과, 즉 3계의 과보로서 유정(有情)의 오온(五蘊)을 말하는 것이요, '유구(有具)'라는 것은 능히 3유를 낳을 원인, 즉 혹(惑), 업(業) 및 열반[열반을 인연하여 탐애를 일으키고, 업을 지어서 3유의 결과를 감득하기 때문에 열반도 유구라고 함]을 말하는 것으로서, 이와 같은 유와 유구에 애착이 없음을 자성으로 하고, 이와 반대의 탐착(貪着)을 대치(對治)하여 선을 짓는 것을 업용으로 한다.

⑤ 무진(無瞋) : 《성유식론》 권제6(《대정장》 31, 30上)에,

고통과 고통의 원인에 대하여 성내지 않는 것을 자성으로 하고, 진에(瞋恚)를 대치하여 선함을 짓는 것을 활용으로 한다.
(於苦苦具 無恚爲性 對治瞋恚 作善爲業.)

이라고 해석하여 있다. 고에는 고고(苦苦)와 괴고(壞苦)와 행고(行苦)의 3종이 있는 바, 고고라는 것은 한열(寒熱)과 기갈(饑渴) 등의 괴로운 인연으로부터 낳는 고를 말하고, 괴고라는 것은 즐거운 대상이 파괴될 때에 낳는 고이며, 행고라는 것은 일체 유위법이 무상의

도리에 의하여 변천하는 고를 말하는 것으로서, 욕계에는 이 3고가 모두 있고, 색계에는 괴고와 행고의 두 종류가 있으며, 무색계에는 행고의 한 종류만 있다. 다음 고구(苦具)라는 것은 고를 낳을 모든 원인, 즉 예를 들면 물, 불, 원망, 방해와 같은 것을 말하는 것이다. 그리고 멸제, 열반도 역시 고구가 된다. 왜냐 하면 열반을 희구하여 뜻대로 증득하지 못할 때에는 진에를 일으키는 일이 있기 때문이다. 이와 같은 고와 고구에 대하여 진에함이 없음을 본성으로 하고, 이와 반대로 진에를 대치하여 선함을 짓는 것을 업용으로 한다.

⑥ 무치(無癡) : 《성유식론》 권제6(《대정장》 31, 30上)에,

> 모든 사리에 대하여 명료하게 이해하는 것을 자성으로 하고, 우치함을 대치하여 선함을 짓는 것을 활용으로 한다.
> (於諸理事 明解爲性 對治愚癡 作善爲業.)

라고 해석한 바와 같이, 일체의 사리에 혼미하지 않음을 자성으로 하고, 이와 반대로 우치를 대치하여 선함을 짓는 것을 그 활용으로 한다는 것이다.

⑦ 근면[勤] : 《성유식론》 권제6(《대정장》 31, 30上)에,

> 근면이란 정진을 말하는데, 선함을 닦고 악함을 끊는 일 중에 용맹과 굳셈을 자성으로 하고, 게으름을 대치하여 선함을 원만하

게 하는 것을 활용으로 한다.

(勤謂精進 於善惡品 修斷事中 勇悍爲性 對治懈怠 滿善爲業.)

라고 해석하는 바와 같이, 근면을 정진이라고도 하는 것으로서 선품을 닦고 악품을 단절함에 있어서 용맹성과 굳셈을 본성으로 하고, 이에 반하는 게으름의 심소법을 대치하여 선을 만족케 함을 활용으로 한다는 것이다.

⑧ 경안(輕安) : 《성유식론》 권제6(《대정장》 31, 30中)에,

추중함을 멀리 여의어서 신심을 고르고 화락케 하여 자재케 하는 것을 자성으로 하고, 혼침을 대치하여 전환시키는 것을 그 활용으로 한다.

(遠離麤重 調暢身心 堪任爲性 對治惛沈 轉依爲業.)

이라고 해석하여 있다. 즉, 유루 번뇌의 무거움을 멀리 여의어서[輕], 신심이 고르고 화락케 되어[調暢 ; 安] 자재함을 얻는 것을 본성으로 하고, 이에 의하여 혼심을 대치하여 몸으로 하여금 추중을 전환하여 편안케 함을 업용으로 한다는 것이다. 그리고 이 심소는 욕계의 산심 위에서 일어나는 것이 아니고, 색계와 무색계의 안정된 지위에서만 일어난다고 한다.

⑨ 불방일(不放逸) : 《성유식론》 권제6(《대정장》 31, 30中)에,

불방일이란 정진과 세 가지의 선근이 단절하고 닦아야 할 것에

> 대하여 맞서서 닦는 것을 자성으로 하고, 방일을 대치하여 일체의 세간과 출세간의 선한 일을 원만하게 성취하는 것을 그 활용으로 한다.
>
> (不放逸者 精進三根 於所斷修 防修爲性 對治放逸 成滿一切 世出世間 善事爲業.)

이라 해석하여 있다. 즉, 이 심소법은 별체가 있는 것이 아니라 정진과 무탐・무진・무치의 3심소 선근의 힘으로 번뇌를 끊고 선함을 닦음에 임하여 악함을 방지하고 선함을 닦는 것을 본성으로 삼고, 방일을 대치하여 일체의 번뇌가 없는 좋은 일을 원만하게 성취하는 것을 활용으로 한다는 것이다. 이 심소법은 네 가지의 법 가운데서 일시적으로 가립한 것이다.

⑩ 행사(行捨) : 《성유식론》 권제6(《대정장》 31, 30中)에,

> 정진과 세 가지의 선근이 마음으로 하여금 평등케 하고 정직케 하며, 무공용에 머물게 함을 자성으로 하고, 들 뜸을 대치하여 적정에 안주케 함을 활용으로 한다.
>
> (精進三根 令心平等正直 無功用住爲性 對治掉擧 靜住爲業.)

라고 해석하여 있는 바와 같이, 이 심소도 별체가 있는 것이 아니고, 정진과 무탐 등의 세 선근 상에 마음을 평등하고 정직하게 무공용에 안주케 하는 것을 그 본성으로 하고, 들 뜸을 대치하여 적정에 안주함을 그 활용으로 한다는 것이다. 여기에서 '사(捨)'라는 것은 가라앉음도 아니고, 들 뜸도 아닌 평온한 상태를 말하는 것

이며, '행(行)'은 사수(捨受)를 잘 선택하여 없애기 위하여 부가된 것이다. 이것도 또한 네 가지의 법 가운데 가립된 심소법이다.

⑪ 불해(不害) : 《성유식론》 권제6(《대정장》 31, 30中)에,

> 모든 중생들이 손해를 보고 번뇌스럽지 않게 하기 위하여 성내지 않는 것을 자성으로 하고, 손해를 대치하여 자비와 연민함을 품은 것을 그 활용으로 한다.
> (於諸有情 不爲損惱 無瞋爲性 能對治害 悲愍爲業.)

이라 해석한 바와 같이, 이 심소 역시 별체가 있는 것이 아니고, 성내지 않는 심소가 유정에 대하여 손해와 번뇌를 부가하지 않는 것, 즉 무진을 본성으로 하고 손해를 대치하여 유정을 자비와 연민의 정으로 대면하는 것을 그 활용으로 한다.

㉣ **번뇌 심소법**(煩惱心所法)

번뇌라는 심소유법에 관한 정의를 《성유식론》 권제4(《대정장》 31, 22中)에서 보면,

> 항상 일어나 내심을 어지럽히거나 혼탁케 하며, 잡념되게 하여 언제나 밖으로 전식케 한다. 유정은 이것으로 말미암아 생사를 윤회하여 벗어날 수가 없기 때문에 번뇌라고 한다.
> (常起擾濁內心 令外轉識 恒成雜染 有情由此生死輪廻 不能出離 故名煩惱.)

라고 있는 바와 같이, 항상 내심을 어지럽히거나 혼탁케 하여 모든 식들을 잡염케 하며, 이것을 원인으로 일체 유정들은 생사의 바다를 윤회하게 되는 것을 말한다는 것이다. 《유식삼십송》에 보면,

번뇌 심소법은 탐욕과 성냄과 우치와 자만심과 의심과 악견을 말하느니라.
(煩惱謂貪瞋 癡慢疑惡見.)

라고 있는 바와 같이, 여기에는 6종류가 열거되고 있으며, 《성유식론》 권제6(《대정장》 31, 31, 中)에 보면,

이러한 탐욕 등 여섯 가지는 그 성품이 근본번뇌에 소섭되기 때문에 번뇌 심소법이라고 한다.
(此貪等六 性是根本煩惱攝故 得煩惱名.)

이라고 있는 바와 같이, 탐욕 등의 여섯 가지는 번뇌 중에서도 가장 근본이 되는 것이므로 이것을 근본번뇌라고 한다는 것이다.

① 탐욕[貪] : 《성유식론》 권제6(《대정장》 31, 31中)에 보면,

무엇을 탐욕이라 하는가. 윤회하는 삶과 그 원인에 대하여 탐착하는 것을 본성으로 삼고, 능히 탐욕치 않음을 장애하여 고통을 일으키는 것을 그 활동으로 한다.
(云何爲貪 於有有具 染着爲性 能障無貪 生苦爲業.)

이라고 해석하여 있는 것이 그것으로서, 번뇌가 일어남으로 인하여 3계가 형성되는 데에 따른 인과의 도리를 규명하고 있다. 이를테면 번뇌의 결과로 5도의 생사고락의 과보, 즉 위로는 색계, 무색계의 승묘한 과보로부터 아래로는 지옥, 아귀의 추악한 것에 이르기까지 한 가지도 유정의 탐착에 기인하지 않음이 없다는 것이며, 원인으로서는 갖가지의 업과 번뇌 등이 또한 이 탐욕에 기인되지 않음이 없다는 것이다. 이러한 염착으로 그 본성을 삼고, 탐욕의 반대인 무탐을 장애하여 괴로운 결과를 발생케 하는 것을 그 활동으로 한다는 것이다.

② 성냄[瞋] : 상동에,

고통과 그 원인에 대하여 증오심을 갖는 것을 성품으로 삼고, 능히 성내지 않음을 충동하여 불안과 악행이 일어나게 되는 것이 그 활동이다.

(於苦苦具 憎恚爲性 能障無瞋 不安惡行 所依爲業.)

라는 내용에서 알 수 있는 바와 같이, 성냄이란 고고, 괴고 및 행고의 3고의 인과관계에서 이들 모두는 마땅치 않는 경계에서 고수가 느껴지는데, 이 때에 일어나는 것이 성냄이라는 것이다. 이와 같이 성냄은 증오와 성냄을 그 본성으로 하고, 이에 의하여 몸과 마음이 열뇌하는 것이 불안이며, 이 불안한 상태에서 업을 짓는 것이 악행이며, 이 불안과 악행의 의지처가 되고, 또한 성내지 않는 것을 충동하는 것이 그 활동이라는 것이다.

③ 우치[癡] : 상동에,

모든 이치에 대하여 우매함을 본성으로 하고, 능히 우치하지 않음을 충동하여 일체 잡념법의 의지처가 됨을 업으로 한다. 말하자면 무명으로 말미암아 의심과 삿된 결정, 탐욕 등의 번뇌와 수번뇌를 일으켜서 능히 다음 생의 잡념법을 초래하기 때문이다.

(於諸理事 迷闇爲性 能障無癡 一切雜念所依爲業 謂由無明起疑邪定 貪等煩惱 隨煩惱業 能招後生 雜染法故.)

라고 있는 바와 같이, 의심이라는 것은 곧 무명을 가리키는데, 이 무명은 이치와 사실에 대하여 진정한 견해를 갖지 못하게 하며, 견혹, 수혹 등 모든 번뇌와 업을 일으키고, 일체 잡념법이 모두 이 무명에 의지하지 않음이 없음을 말한다. 이렇게 제법에 관한 이치와 사실에 우매한 것을 그 본성으로 하고, 의심하지 않음을 충동하여 일체 잡염법의 소의가 되는 것을 활동으로 한다는 것이다.

④ 자만심[慢] : 상동에,

자신을 과신하여 남 보다 높이는 것이 본성이며, 능히 자만치 않음을 충동하여 고통을 낳는 것이 그 활동이다.

(恃己於他高擧爲性 能障不慢生苦爲業.)

이라고 해석하는 바와 같이, 자신의 능력을 지나치게 믿어서 배타적으로 높게 행동하는 마음이 그 본성이고, 자만치 않음을 충동하여 고통을 낳는 것이 그 활동이다. 왜 자만심이 고통을 낳는가 하면, 만약 자만심이 있으면 수승한 법과 유덕한 성자에 대하여 겸하하고 순종할 기회를 상실함으로서, 생사의 바다에 윤전함이 무궁하여 고통을 받게 된다는 것이다. 이 자만심에는 7만 내지 9만 설이 있다.

⑤ 의심[疑] : 《성유식론》 권제6(《대정장》 31, 31下)에 보면,

> 모든 진리에 대하여 결정을 미루는 것을 그 본성으로 하고, 능히 의심치 않아도 좋은 것을 충동하는 것이 활동이다.
> (於諸諦理 猶豫爲性 能障不疑 善品爲業.)

이라고 한 바와 같이, 일반적으로는 유예하여 결정치 못함을 의심이라고 한다. 그러면 무슨 결정을 미루느냐 하면, 구체적으로 4성제의 이치를 유예하는 것이니, 이것이 곧 그 본성인 것이요, 의심치 않아도 좋은 것을 충동하는 것이 활동이라는 것이다.

⑥ 악견(惡見) : 상동에,

> 모든 진리에 대하여 뒤바꾸고 계탁분별해서 지혜를 오염되게 하는 것이 그 본성이며, 능히 좋은 견해를 충동하여 고통을 초래케 하는 것이 그 활동이다.
> (於諸諦理 顚倒推度 染慧爲性 能障善見 招苦爲業.)

라고 해석하여 있다. 이것은 별경 심소법 중에서 지혜 심소법의 일부분인 염오심을 설명한 것인데, 이 염오심의 지혜가 뒤바뀌고 추탁한 것을 말한다. 견해라는 것은 추구, 추탁의 의미로 지식적인 견해를 말하는 것으로서, 즉 인과의 도리를 없애고, 모든 진리에 전도된 견해로써 추탁하는 것을 그 본성으로 하며, 이에 의하여 선견을 장애하여 고과를 초래하는 것이 활동이라는 것이다. 그런데 이 악견의 행상 차별에 살가야견 · 변견 · 사견 · 견취견 · 계금취견의 5종이 있다.

㉠ 살가야견(薩迦耶見 ; Satkāya)

이 살가야라는 것은 '몸'이라고 번역되는 것으로서, 오취온의 몸을 나의 것이라고 집착하는 것을 말한다.

㉡ 변견(邊見)

자기 몸에 관한 견해 위에 이것이 단멸하여 뒤가 없다고 분별하거나, 혹은 상주불멸하는 것이라고 한 쪽으로 편집하여 인과의 도리를 모르는 견해를 말한다.

㉢ 사견(邪見)

인과법칙을 무시하여 유루무루의 윤리적 내지 종교적인 사실을 부정하는 견해를 말한다.

㉣ 견취견(見取見)

자기가 주장하는 모든 악견에 집착하여 최승의 견해라고 국집

하며, 또한 자신을 가장 청정한 사람이라고 집착함에 의하여 모든 쟁론을 일으킬 소의가 되는 견해를 말한다.

㉤ 계금취견(戒禁取見)

여기에서 계금이란 것은 계법을 말하는 것으로서, 진정한 계법은 유루무루의 선법을 발생하는 것이다. 그러나 부정한 견해에 의한 계법은 유해하고 무리하다. 부정한 계법과 그 소의의 오온을 최승한 것이라고 하며, 청정한 열반을 취득한 것이라고 국집하는 것을 계금취견이라고 한다.

이상 6종이 법뇌 심소법인 바, 최후의 악견을 더 세분하여 5견으로 한 것을 합하면 10종의 근본번뇌가 된다. 이 10종의 근본번뇌 중에서도 처음의 탐욕과 성냄과 우치함의 3종은 모든 번뇌의 최대 근본이 된다는 점에서 이것을 3독심 또는 3박이라 하고, 또한 무탐 등을 3선근이라 함에 대하여 3불선근이라고 한다. 이러한 10종의 번뇌는 선천적으로 있는 것인가. 아니면 후천적인 존재인가 하는 논의가 있었던 바, 의심과 5견 중에서 뒤의 세 가지, 즉 사견 · 견취견 · 계금취견은 후천적으로 삿된 교육과 사상에 의하여 일어난 것이니, 이것을 분별기의 번뇌라고 하며, 탐 · 진 · 치 · 만과 5견 중의 아견과 변견은 선천적으로 있는 것과 삿된 교육과 사상에 의하여 일어나는 등 양쪽에 다 통하는 것이니, 이러한 것을 분별기 · 구생기에 통한다고 한다.

㊄ 수번뇌 심소법(隨煩惱心所法)

중생들의 10번뇌를 근본번뇌 또는 본혹이라고 함에 대하여, 이것으로부터 나누어진 것 〔分位〕과 같은 세력으로 유전된 것 〔等流〕이라는 의미와 함께 '부수(附隨)된다'는 뜻에서 '수'(隨)자를 붙여서 수번뇌 〔隨惑〕라고 한다. 분위의 가립적인 것은 소수혹의 10가지와 대수혹중 방일, 실념 및 부정지 등이고, 등류의 별도로 실제 존재하는 것은 중수혹의 2가지와 대수혹의 도거 등 나머지 5가지가 이에 포함된다. 이 수번뇌에 대하여 《유식삼십송》에 보면,

> 수번뇌는 화냄, 원한, 가림, 고뇌, 질투. 아낌, 속임, 아첨, 훼손, 교만, 뉘우치지 않음, 부끄러워하지 않음, 들뜸, 가라앉음, 불신, 게으름, 방탕함, 건방증, 산란한 마음 및 바른 것을 모르는 것 등을 말한다.
>
> (隨煩惱謂忿 恨覆惱嫉慳 誑諂與害憍 無慚及無愧 掉擧與惛沈 不信竝懈怠 放逸及失念 散亂不正知.)

라고 하여, 20종이 열거되고 있다. 그런데 《성유식론》 권제6(《대정장》 31, 33中)에 의하면, 이 20종은 그 유형에 따라서 다시 3종으로 나눌 수 있으니, 화냄 등 처음의 10가지는 염오심에 존재하는 것도 아니고, 불선심에서 일어나는 것도 아니다. 그러나 서로 행상이 추맹하여 각각 별도로 일어나기 때문에 이것을 '소수번뇌'라 하고, 무참, 무괴의 둘은 일체의 염심에 일어나지 않고 오직 불선심에만 일어나는 것, 즉 그 작용이 좁으므로 이것을 '중수번뇌'라고 하며, 도거 등의 여덟 가지는 일체의 염심[不善及有覆無記]이 일어날 때에 반드시 상응하여 일어나는 것과 같이, 그 작용이 광대하기 때문에 이것을 '대수번뇌'라고 한다.

① 화냄[忿] : 《성유식론》 권제6(《대정장》 31, 33中)에 보면,

현전에서 요익치 못한 것을 대면함으로서 분노하는 것을 본성으로 삼고, 능히 화내지 않음을 충동하여 몽둥이를 들게 하는 것과 같은 활동이 이 업이다.
(依對現前 不饒益境 憤發爲性 能障不忿 執杖爲業.)

라고 한 바와 같이, 자기의 이익이 되지 않는 현전의 경계에 대하여 분노하는 것이 그 본성이며, 이러한 분노로 말미암아 몽둥이를 들게끔 폭악한 행동을 인발하는 것이 그 활동이라는 것이다. 이것은 진에의 일부분으로서 성냄[瞋]을 여이면 별도로 개체가 없다.

② 원한[恨] : 상동에,

화내는 것을 우선으로 악심을 품어서 버리지 않아 원한을 맺는 것을 본성으로 삼고, 능히 원망치 않는 것을 충동하여 열뇌케 하는 것을 그 활동으로 한다.
(由忿爲先 懷惡不捨 結怨爲性 能障不恨 熱惱爲業.)

라고 있는 바와 같이, 화냄에 의하여 원망을 갖게 됨을 그 본성으로 하고, 마음 가운데에 원한하는 것이 있기 때문에 열뇌케 되는 것이 활동이라는 것이다. 이것도 역시 성냄[瞋]의 일부로서 별체가 있는 것이 아니다.

③ 가림[覆] : 상동에,

자신의 죄로 인하여 이익과 명예를 잃어버릴까 두려워하여 감추려는 것을 본성으로 삼고, 능히 가리지 않음을 충동하여 후회케 하는 것이 그 활동이다.

(於自作罪 恐失利譽 隱藏爲性 能障不覆 悔惱爲業.)

라고 있는 바와 같이, 자기가 지은 죄과가 발로될 때에 명예와 손실을 두려워하여 감추는 것이니, 이렇게 하는 것이 그 본성이요, 이와 같이 감춰짐에 따라 마음이 불안함을 느낄 것이요, 또한 불안함을 느낌에 따라 후회스러워 하는 것이 그 활동이라는 것이다. 이것도 탐욕[貪]과 우치함[癡]의 일부로 별체가 없다.

④ 고뇌[惱] : 상동에,

화냄과 원한을 우선으로 사납고 맹렬하여 다투고 어그러짐을 본성으로 하여, 능히 고뇌치 않는 것을 충동하여 지네가 쏘는 것 같이 활동함이 그 본업이다.

(忿恨爲先 追觸暴熱 很戾爲性 能障不惱 蛆螫爲業.)

라고 해석하여 있다. 즉, 화냄과 원한에 의하여 지난 악심을 되살려서 현재의 좋지 않는 인연을 폭열하고 다투는 것을 그 본성으로 하고, 타인을 해치는 것을 그 활동으로 한다. 이것도 성냄[瞋]의 일부로 별체가 없다.

⑤ 질투[嫉] : 상동에,

자신의 명예와 이익을 지나치게 구하여 타인의 영화를 참지 못하고 질투하고 시기하는 것을 본성으로 삼고, 능히 질투하지 않음을 충동하여 근심케 하는 것이 그 활동이다.

(殉自名利 不耐他榮 妬忌爲性 能障不嫉 憂慼爲業.)

라고 한 바와 같이, 자신의 명예와 이익을 탐익하여 다른 사람의 영달을 질투하는 마음을 금하지 못하는 것이 그 본성이요, 마음 중에 깊은 우울함이 있게 하는 것이 활동이다. 이것도 또한 성냄의 일부이지 별체가 있는 것이 아니다.

⑥ 아낌[慳] : 《성유식론》 권제6(《대정장》 31, 33下)에 보면,

재물과 법에 탐착하여 스스로 베풀지 못하고 감추고 아끼는 것을 본성으로 하고, 아낌없이 주려는 것을 장애하여 인색하게 저축하는 것이 그 활동이다.

(耽着財法 不能惠捨 祕吝爲性 能障不慳 鄙蓄爲業.)

라고 있다. 여기에서 재물이라는 것은 자구 · 처자 · 영위 등을 말하는 것이요, 법이라는 것은 교리행과를 말하는 것이니, 이러한 재법에 인색하여 타인에게 희사할 마음을 일으키지 않고 감추어서 인색함을 그 본성으로 삼고, 욕심 많게 저축함을 활동으로 한다는 것이다. 이것은 탐욕[貪]의 일부이지 별체가 있지 않다.

⑦ 속임[誑] : 상동에,

이익과 영예를 얻기 위하여 교묘하게 덕이 있는 것처럼 속이는 것을 본성으로 하고, 능히 솔직함을 장애하여 삿되게 살아가게 하는 것이 그 활동이다.

(爲獲利譽 矯現有德 詭詐爲性 能障不誑 邪命爲業.)

라고 있는 바와 같이, 이익과 명예를 얻기 위하여 거짓으로 유덕함을 가장하여 타인을 속이는 것을 그 본성으로 하고, 그리하여 부정직한 생활을 하게 함이 그 활동이다. 이것도 탐욕[貪]과 우치함[癡]의 일부로서 별체가 없다.

⑧ 아첨[諂] : 상동에,

남을 끌어들이기 위하여 교묘하게 위장된 행동을 보여서 진실치 않게 굽히는 것을 본성으로 하고, 능히 떳떳함과 가르침을 방해하는 것이 그 활동이다.

(爲網他故 矯設異儀 險曲爲性 能障不諂 教誨爲業.)

라고 해석되고 있는 바와 같이, 타인을 농락하여 자기가 바라는 것에 순응하기 위하여 거짓 수단을 꾸며서 굴신함을 그 본성으로 하고, 이러한 그릇된 마음은 스승과 친구의 가르침도 받지 않는 것이니, 이것이 그 활동이다. 이 심소법도 탐욕과 우치의 일부로서 별체가 없다.

⑨ 방해[害] : 상동에,

모든 유정을 마음 속으로 불쌍히 여김이 없어서 손해를 끼치거나 괴롭히는 것을 본성으로 삼고, 능히 방해치 않음을 장애하여 핍박하는 것이 그 활동이다.

(於諸有情 心無悲愍 損惱爲性 能障不害 逼惱爲業.)

라고 한 바와 같이, 유정에 대하여 자비스러운 마음이 없어서 손해를 입게 하거나 괴로움을 주는 것을 그 본성으로 하고, 또한 다른 사람을 핍박하는 것이 그 활동이라는 것이다. 이것도 성냄[瞋]의 일부이지 별체가 있는 것이 아니다.

⑩ 교만[憍] : 상동에,

자신의 번성한 일에 대하여 깊이 탐착한 결과로 오만함을 그 본성으로 삼고, 능히 겸손함을 장애하여 잡념케 되는 것이 활동이다.

(於自盛事 深生染着 醉傲爲性 能障不憍 染依爲業.)

라고 한 바와 같이, 자기에게 왕성한 일이 있으면 그것에 깊이 탐착하여 방자하게 됨을 그 자성으로 삼고, 교만하지 않음을 장애하여 잡념법의 의지처가 됨이 그 활동이다. 이 심소유법도 탐욕의 일부로서 그 체성이 별도로 있는 것이 아니다. 이상 10종은 소수혹에 해당된다.

⑪ 뉘우침이 없음[無慚] : 상동에,

자신과 법을 돌아보지 않고 현인을 가볍게 여기거나 선법을 경시하는 것을 본성으로 삼아서, 능히 뉘우침을 충동하여 악행을 증장시키는 것이 그 활동이다.

(不顧自法 輕拒賢善爲性 能障碍慚 生長惡行爲業.)

이라고 해석하여 있다. 즉, 이 심소법은 선의 심소인 부끄러움[慚]의 반대 의미로서 자신과 법을 돌아보지 않아 현자와 선법을 가볍게 여기거나 거부하는 것을 본성으로 하고, 과거의 잘못을 부끄럽게 생각치 않고 뉘우침을 장애하여 모든 악행을 증장함이 그 활동이라는 것이다.

⑫ 부끄러움이 없음[無愧] : 상동에,

세간을 돌아보지 않고 폭악함을 좋아하는 것을 본성으로 하고, 능히 부끄러움을 충동하여 악행을 증장시키는 것이 그 활동이다.

(不顧世間 崇重暴惡爲性 能障碍愧 生長惡行爲業.)

이라 해석되어 있다. 이것은 부끄러운[愧] 심소법의 반대로서 세간의 제재를 돌아보지 않고 폭악한 사람이나 악덕을 존숭함을 그 본성으로 하고, 부끄러움을 장애하여 악행을 성장시키는 것이 활동이다.

이 두 가지의 심소법은 중수혹에 해당된다.

⑬ 들뜸[悼擧] : 《성유식론》 권제6(《대정장》 31, 34上)에 보면,

마음으로 하여금 대상에 대하여 적정치 않게 함을 본성으로 삼아서, 능히 마음을 비움과 삼매를 방해하는 것이 그 활동이다.
(令心於境 不寂靜爲性 能障行捨 奢摩他爲業.)

이라 있는 바와 같이, 마음으로 하여금 경계에 대하여 정적케 하지 않음이 그 본성인데, 이에 의하여 마음을 비운 심소법인 행사(行捨)와 사마타, 즉 안정된 마음을 장애함이 그 활동이라는 것이다.

⑭ 가라앉음[惛沈] : 상동에,

마음으로 하여금 대상에 대하여 자재치 못하게 하는 것을 본성으로 삼아서, 능히 경쾌함과 관법을 장애함이 그 활동이다.
(令心於境無堪任爲性 能障輕安 毘鉢舍那爲業.)

라고 있는 바와 같이, 마음이 대상을 인연함에 있어서 혼미하여 자재치 못하는 것이 본성으로서, 이것에 의하여 명쾌함과 관찰법이 장애됨이 그 활동이라는 것이다.

⑮ 불신(不信) : 《성유식론》 권제6(《대정장》 31, 34中)에 보면,

진실함, 덕 및 능력에 대하여 인정하거나 즐거워하거나 바라지 않고 마음을 더럽히는 것이 본성이며, 능히 청정한 믿음을 장애하여 게으름의 의지처가 되는 것이 그 활동이다.
(於實德能 不忍樂欲 心穢爲性 能障淨信 惰依爲業.)

라고 해석되어 있다. 이것은 즉, 선 심소법 중의 믿음[信]의 반대로서 믿음을 장애하여 마음을 염오케 함을 본성으로 하고, 게으름의 소의가 됨이 그 활동이다.

⑯ 게으름[懈怠] : 상동에,

> 선함을 닦고 악함을 끊는 일 중에서 게으름을 본성으로 삼아서, 능히 정진을 장애하여 잡념법을 증장시켜 나가는 것이 그 활동이다.
> (於善惡品 修斷事中 懶惰爲性 能障精進 增染爲業.)

라고 있는 바와 같이, 이것은 정진의 반대 의미로서 선을 닦고 악을 단절함에 있어서 게으름을 피우는 것이 본성이며, 정진을 장애하여 잡념법을 성장시키는 것이 그 활동이다.

⑰ 방탕[放逸] : 상동에,

> 잡념법을 막거나 청정법을 닦을 수 없어서 방탕함이 그 자성이며, 방탕치 않음을 장애하여 악을 증장시키고 선을 손상케 하는 의지처가 되게 하는 것이 활동이다.
> (於染淨品 不能防修 縱蕩爲性 障不放逸 增惡損善 所依爲業.)

라고 해석한 바와 같이, 이것은 불방일의 반대로서 능히 염오를 막고 선을 닦지 못하고 방탕함에 나아감을 그 자성으로 하며, 방탕치 않음을 장애하여 악을 증장시키고 선을 손상케 하여 나쁜 행위들의 소의처가 됨이 그 활동이라는 것이다. 이 심소유법은 게으름과 탐욕, 성냄, 우치함 등의 일부이지만, 별체가 있는 것은 아니다.

⑱ 건망증[失念] : 상동에,

모든 대상에 대하여 명확하게 기억치 못하는 것을 그 자성으로 삼고, 바른 기억을 방해하여 산란심의 의지처가 되게 하는 것이 그 활동이다.

(於諸所緣 不能明記爲性 能障正念 散亂所依爲業.)

라고 있는 바와 같이, 인식된 일을 분명하게 기억치 못함을 자성으로 하고, 이로 인하여 정념을 장애하여 산란심의 소의가 됨을 그 활동으로 한다. 이 심소유법은 기억과 우치함의 일부로서 별체가 없다.

⑲ 산란(散亂) : 《성유식론》 권제6(《대정장》 31, 34中~下)에 보면,

모든 대상에 대하여 마음으로 하여금 방탕케 하는 것을 그 자성으로 삼고, 능히 바른 선정을 장애하여 나쁜 지혜의 소의처가 되게 하는 것이 활동이다.

(於諸所緣 令心流蕩爲性 能障正定 惡慧所依爲業.)

라고 하여 있는 바와 같이, 마음으로 하여금 모든 대상에 대하여 집중치 못하게 함이 그 본성이며, 바른 선정을 장애하여 나쁜 지혜의 소의가 됨이 그 활동이다.

⑳ 바른 것을 모르는 것[不正知] : 《성유식론》 권제6(《대정장》 31, 34下)에 보면,

> 관찰되는 바의 대상에 대하여 잘못 이해하는 것을 본성으로 삼고, 능히 바른 지식을 장애하여 범하게 하는 것이 그 활동이다.
> (於所觀境 謬解爲性 能障正知 毁犯爲業.)

라고 있는 바와 같이, 관찰되는 바의 대상에 관하여 잘못 이해함을 본성으로 하고, 올바른 지식을 장애하여 선법을 방해케 하는 것이 그 활동이다. 이 심소유법은 지혜와 우치의 일부이지만 별체가 없다.

이상 수번뇌 20종의 유체가립 문제를 도시하면 아래와 같다.

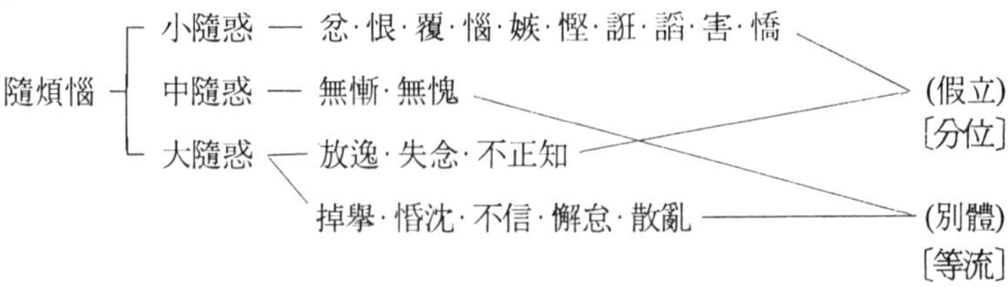

㉶ 부정 심소법(不定心所法)

여기에서 부정 심소법이라는 것은 이러한 종류의 심소법은 그 본성이 선성이라고도 할 수 없고, 염오성이라고도 할 수 없으며, 더 나아가서 3성중 어떤 심왕 및 심소법과도 상응하여 3성이 되기

때문에 결정된 성품이 없다는 의미에서 부정 심소법이라고 한다. 이와 같이 3성에 다 통하는 것이라고 할지라도 접촉[觸] 등의 5변행 심소법과 같이 모든 마음에 두루하는 것도 아니며, 또한 욕망[欲] 등의 5별경 심소유법과 같이 어떤 경우에만 작용하는 것도 아니기 때문에 이렇게 분류한 것이다. 《유식삼십송》에서 말하기를,

> 부정 심소유법은 후회와 수면과 심구와 사찰을 말하는데, 둘에 각각 두 가지씩이 있다.
>
> (不定謂悔 眠 尋 伺 二各二.)

라고 하여, 4가지의 심소법을 들고 있는 것이 그것이다.

① 후회[悔] : 《성유식론》 권제7(《대정장》 31, 35下)에 보면,

> 후회라는 것은 좋지 않는 것을 지었음을 일컫는데, 지은 바의 업을 싫어하여 뒤에 뉘우치는 것을 자성으로 삼되, 적정함을 장애하는 것이 그 활동이다.
>
> (悔謂惡作 惡所作業 追悔爲性 障止爲業.)

라고 해석하여 있다. 즉, 후회라는 것은 악작(惡作)이라고도 하는 것으로서, 악작은 전에 지은 바의 업을 추억하여 그것을 '미워하고', '싫어하는' 의미를 말한다. 과거의 업만을 미워하고 싫어하는 것이 아니라 아직 짓지 않는 것도 여기에 포함된다. 이 작용은 바로 후회하는 것이 아니라 후회하는 원인을 말하는 것으로서, 이 원인에 의하여 악작이라고 한다. 이 작용을 혐오함으로 인하여 후

회하는 것이 그 본성이다. 이에 의하여 사마타, 즉 지념(止念) 또는 선정이 장애되는 것이 그 활동이다. 그런데 이 악작에 관하여 대승과 소승불교 사이에 그 해석이 조금 다른 바가 있다. 즉, 구사종에서는, "지은 바 좋지 않는 일을 후에 추억하여 후회한다"라는 뜻으로 파악하는데 반하여, 유식종에서는, "지은 바 좋지 않는 일을 혐오한다"라는 의미로 해석하는 것이다.

② 수면[眠] : 상동에,

> 수면이라는 것은 마음이 자재치 못하여 우매함을 그 본성으로 삼고, 관법을 장애하는 것이 그 활동이다.
> (眠謂睡眠 令不自在 昧略爲性 障觀爲業.)

라고 해석하여 있다. 이것은 수면할 때의 심소법을 말한다. 수면은 신체를 부자재하게 하고, 또한 마음을 암매케 하는 것을 그 자성으로 하며, 이에 의하여 비발사나, 즉 관찰을 장애하는 것이 그 활동인 것이다.

③ 심구[尋] ; ④ 사찰[伺] : 《성유식론》 권제7(《대정장》 31, 35下~36上)에 보면,

> 심구라는 것은 마음이 의식의 대상을 바쁘고 급하게 대충 살피는 것을 본성으로 함을 말하고, 사찰이란 마음이 대상을 자세하게 살피는 것을 본성으로 함을 말한다. 이 두 가지는 모두 편안과 불안에 머무는 몸과 마음의 분위상의 의지처가 되는 것이 그 활동

이다.

(尋爲尋求 令心忽遽 於意言境 麤轉爲性 伺謂伺察 令心忽遽 於意言境 細轉爲性 此二俱以安不安住身心 分位所依爲業.)

라고 해석한 바와 같이, 심구란 거친 작용이요, 사찰은 자세한 작용을 말한다. 또한 의식의 대상이라는 것은 제6 의식의 소연경, 즉 일체법을 의미한다. 말하자면 심구심은 마음으로 하여금 급하게 의식의 대상을 살피는 것을 그 자성으로 삼은 것이요, 사찰이라는 것은 마음으로 하여금 의식이 대상에 대하여 자세하게 살피는 것을 그 자성으로 한다는 것이다. 이와 같이 심구, 사찰함으로 말미암아 몸과 마음에 편안과 불안함이 있게 되는데, 이렇게 평안과 불안함을 낳기 때문에 마음의 소의처가 되는 것이다. 만약 심신이 평안할 때에는 서둘지 않음으로서 그 활동으로 삼고, 반대로 심신이 불안할 때에는 서두름으로서 그 활동으로 삼은 것을 말한다.

끝으로 《유식삼십송》에서, '二各二'라고 한 의미는, "후회와 수면에도 염오와 청정한 부분이 있으며, 심구와 사찰에도 역시 염오한 부분과 청정한 면이 있다는 것"을 말한 것이다.

(2) 인식활동과 관련설

가 3자성설(三自性說)

우리의 삶에 있어서 올바른 길을 안내하는 교훈적인 내용을 담고 있는 불교경전은 부처님께서 그것을 언제 설하셨는가에 따라서 달라지고 있다.

그 제1시에는 모든 존재는 인연에 의하여 성립된 것이므로 실체가 없지만, 그것을 구성하고 있는 요소와 작용 및 성취 등은 존재한다는 의미에서 실유사상을 주장한다. 이 때를 아함시 혹은 유교(有敎)시대라고도 하는데, 구체적인 내용으로는 성문승들에게 사성제설이 설시되고 있다. 즉, 사성제 중에서 고제와 집제에서는 유루의 인과관계로서 번뇌, 업, 고 및 12인연 등으로 말미암아 5취의 중생들이 3계에 생사유전하는 인과법을 보여주는 것이고, 멸제와 도제는 무루의 인과관계로서 4향4과의 증득을 위해 단혹하여 무여열반에 드는 과정을 보인 것이다. 다시 말하자면 이 시기의 교설은 중생들의 아집을 타파하여 열반으로 인도하는 내용이지만, 아직도 법집을 깨지 못했기 때문에 결국 유교에 머물고 있다는 것이다.

제2시는 이 현상계의 모든 것은 인연에 따라서 일시적으로 존재하기 때문에 궁극적으로는 자성이 없어서 공허하다는 공교(空敎)는 반야경류의 교설을 일컫는다. 여기에서는 대승에 나아갈 사람들을 위하여 일체제법이 무자성한 원리를 은밀하게 교설하여 법집을 타파하려는 취지이므로 공교로 불러진다.

제3시는 《화엄경》이나 《해심밀경》 등의 교설과 같이, 분명하게 공의 참뜻을 드러내기 위하여 널리 3승인들에게 일체제법의 무자성설 뿐만이 아니라 불생불멸, 본래적정 및 3성·3무성 등의 원리를 설시하는데, 이러한 교설은 유교와 공교를 부정하여 긍정적으로 중도사상을 현료하는 가르침이기 때문에 중도교(中道教)라고 한다.

이상과 같이 제1시와 제2시의 가르침은 은밀하게 방편상 전하는 미완성한 교설이므로 이것을 미료의교(未了義教)라고 하는 반면에, 제3시의 가르침은 3승을 그 대상으로 하며, 3성과 3무성의 이치를 드러내놓고 개진하여 일체법이 비유비공인 도리를 극명하게 밝히는 중도교(中道教)으므로 요의교(了義教)라는 것이다.

이와 같이 중도사상을 어느 종파보다도 철저하고 합리적으로 밝히는데 있어서 그 구체적인 내용이 다름 아닌 3자성설과 3무자성설인데, 여기에서는 중론 등에서 인연소생의 제법이 어째서 공이며 가유이고, 나아가서 중도인지를 밝히지 못한 것을 철저하게 해부하여 드러내고 있다.

먼저 3자성설부터 고찰해 보면, 이 교설은 현상계를 그 성립된 성질에 따라서 3가지로 나눈 것으로서, 일단 현상계가 존재한다[有]는 관점에서 제법을 분류한 것을 말한다. 말하자면 모든 존재의 본성이나 사물이 존재하는 상태를 공의(空義 ; 無), 가의(假義 ; 有) 및 중도의(中道義 ; 非有非無)라는 3가지의 관점에서 분류한 것이지만, 실제로는 5위 백법의 실상을 관찰키 위한 의도에서 성립된 이론이다.

(1) 변계소집성(遍計所執性) ; 우리가 일상생활에서 사물을 인식할 때에 미망(迷妄)한 소견으로 말미암아 실체가 없는 것을 있는 것처럼 잘못 알아서 나타나는 일체의 사물을 가리킨다. 마치 어느 석

양에 나그네가 길을 가다가 길 한 가운데에 가로놓여 있는 뱀을 보고 흠칫 놀라서 뒤로 물러섰는데, 한참을 지나서도 그 뱀이 움직이지 않으므로 궁금하여 가까이 가서 보았더니, 뱀이 아니라 짚으로 만든 새끼줄이었다는 것이다. 이와 같이 중생들이 잡념과 혼미한 생각 등으로 말미암아 대상을 자기 마음대로 헤아려서 그것이 실제로 존재하는 것처럼 여기는 것을 말한다.

즉, 《성유식론》 권제8(《대정장》 31, 45下)에 보면,

> 두루 헤아리기 때문에 변계라고 하며, 그 종류가 많으므로 저와 저것이라고 한다. 이것이 능변계의 허망한 분별이니, 저와 저들의 허망한 분별로 말미암아 갖가지의 변계되는 사물들이 헤아려진다. 망집된 온처계 등의 법이나 자아의 자성차별을 말한다. 이렇게 망집된 자성차별을 총체적으로 변계소집의 자성이라고 하지만, 이와 같은 자성은 모두가 있지 않는 것이다.
>
> (周遍計度 故名遍計 品類衆多 說爲彼彼 謂能遍計 虛妄分別 卽由彼彼 虛妄分別 遍計種種 所遍計物 謂所妄執 蘊處界等 若法若我 自性差別 此所妄執 自性差別 總名遍計 所執自性 如是自性 都無所有.)

라고 설명되어 있는 바와 같이, 주관체인 심왕과 심소가 어느 곳, 어느 때를 막론하고 두루 대상을 변계하여 인식하지만, 그와 같이 인식된 대상은 그 자성이 없기 때문에 실제하지 않고 허망한 존재라는 것이 변계소집성의 정의이다.

(2) 의타기성(依他起性) ; 우리가 살고 있는 이 현상계의 모든 존재는 서로 다른 인연에 의하여 생긴 상호 의존성의 일시적인 형상에 불과하다는 것이다. 이를테면 위에서와 같이 새끼줄을 잘못 보

아 뱀으로 착각했지만, 새끼줄 자체도 본래부터 존재했던 것이 아니고, 짚이나 삼[麻]을 재료로 하여 인력으로 만든 일과성의 것에 불과하다는 것이다. 그러므로 구태여 모든 존재의 자성을 찾는다면 연기성이 바로 자성이라는 것이다[緣起爲諸法之自性]..

즉, 《성유식론》 권제8(《대정장》 31, 46中)에 설해진 내용을 보면,

> 여러 인연에 의하여 일어난 심왕과 심소법 자체 및 상분과 견분은 그것이 유루법이든 무루법이든 모두가 의타기성의 것이니, 다른 많은 인연에 의지해야만 일어날 수 있기 때문이다. 삽십송에 분별을 인연으로 하여 생겨난 것이란 잡념된 부분에 의한 의타를 말하는 것임을 알아야 한다. 청정한 부분에 의한 의타는 원성실성이기 때문이다. 혹은 모든 잡념과 청정한 심왕과 심소법을 모두 분별이라고도 하는데, 능히 연려하기 때문이다. 이렇게 곧 일체 잡념과 청정의 의타기법은 모두 이 가운데의 의타기성에 소섭되는 것이다.
>
> (衆緣所生 心心所體 及相見分 有漏無漏 皆依他起 依他衆緣 而得起故 頌言分別 緣所生者 應知且說 染分依他 淨分依他 亦圓成故 或諸染淨 心心所法 皆名分別 能緣慮故 是則一切 染淨依他 皆是此中 依他起攝)

라고 논술되어 있는 바와 같이, 일체제법이 일어나는 것은 많은 인연이 서로 화합하여 되는 것이므로 인연소생을 의미하며, 그 범위는 심왕과 심소법의 상분인 산천 초목과 견분인 유정의 주관심 등 모든 유루법은 물론이고, 무루법까지도 이에 속하는 것으로 여긴다는 것이다. 그리고 의타기에는 잡념분에 의한 것과 청정분에

의한 것 등이 있는데, 이 전체를 모두 의타기성의 것으로 여기는 견해도 있지만, 대개는 잡념분의 것만을 의타기성의 것으로 정의한다는 것이다.

(3) 원성실성(圓成實性) ; 모든 존재의 참다운 성품을 말하는 것으로서 현상계의 원리나 본체와 같이 원만하게 이루어진 진실된 것, 즉 진리와 진여성 등 일체의 실체를 일컫는다.

즉, 《성유식론》 권제8(상동)에 설해진 내용을 보면,

> 아공과 법공의 두 가지 공으로 드러내지고, 원만하게 성취된 제법의 실성을 원성실성이라고 한다. 이것은 두루하고 항상하며, 체성이 공허하거나 오류가 없음을 나타내고, 자상과 공상, 허공과 자아 등을 간택한다. 청정분인 무루의 유위는 전도망상을 여읜 궁극적인 것이며, 수승한 작용이 널리 두루하므로 또한 이렇게 부른다. 그러나 지금 게송 가운데서는 원성실성을 말하는 것이지, 무루의 유위를 말하는 것이 아니다. 이것은 즉, 저 의타기성상에서 항상 앞의 변계소집성을 멀리 여의고, 두 가지 공성으로 드러나는 진여를 그 자성으로 삼는다.
>
> (二空所顯 圓滿成就 諸法實性 名圓成實 顯此遍常 體非虛謬 簡自共相 虛空我等 無漏有爲 離倒究竟 勝用周遍 亦得此名 然今頌中 說初非後 此卽於彼 依他起上 常遠離前 遍計所執 二空所顯 眞如爲性.)

라고 논술되어 있는 데서 알 수 있다시피, 원성실성이란 모든 존재에 두루 상주하며, 체성이 공허하거나 오류성의 것이 아닌 것으로서 소승이나 외도들이 주장하는 실아성의 신아(神我)와 실과 덕과 업이 하나의 유가 된 대유(大有) 등으로 제법의 실상으로 삼는

것과는 달리, 진여 법성을 자성으로 삼는 것을 말한다. 이러한 원성실성은 의타기성과는 비일(非一), 비이(非異)한 관계에 있는데, 의타기성인 제법의 실성이 원성실성이므로 법과 법성의 관계와 같기 때문이다. 앞의 뱀의 이야기에서 본다면 원성실성은 새끼줄을 구성하고 있는 색향미촉의 4가지 기본요소가 만든 삼[麻]에 불과하다는 것이다.

결론적으로 말하면 지혜가 없는 미혹한 범부의 허망된 감정상에 나타나는 실아, 실법에 의한 주관적인 집착의 세계관이 변계소집성이고, 우리 주위에서 엄연히 존재하는 사실들을 객관적으로 살펴 본 것이 의타기성이며, 이러한 의타기성의 본질이 바로 원성실성의 세계라는 것이다. 즉, 3자성설은 하나의 개체상에 나타난 3가지의 모습을 그 성질에 따라서 고찰한 분류법에 지나지 않는 것을 말한다.

나 3무자성설(三無自性說)

중생들이 살고 있는 현실세계를 그 성질에 의하여 3가지로 나누어서 고찰한 것이 3자성설이라면, 3무자성설은 이러한 현상계의 이면에 자리잡고 있는 모든 사물의 원리와 법칙 등으로 일컬어지고 있는 본체계에 관한 고찰을 말한다. 따라서 무자성설에 입장에서 일체제법을 분류한 이론이라고 할 수 있다.

그리하여 《해심밀경》의 〈무자성품〉(《대정장》 16, 694上)에 논술된 내용을 보면,

> 너는 응당히 잘 들어라. 내가 마땅히 그대를 위하여 일체제법

은 모두가 그 자성이 없고, 생멸이 없으며, 본래 적정하여 자성이 열반이라고 말한 바의 비밀스러운 의미를 해석하리다. 승의생 보살은 마땅히 알라. 나는 3가지의 무자성에 관한 밀의설에 의하여 일체제법은 모두가 자성이 없다고 말하는 것이다. 말하자면 형상의 무자성, 생성의 무자성 및 승의의 무자성이 그것이다.

(汝應諦聽 吾當爲汝解釋 所說一切諸法 皆無自性 無生無滅 本來寂靜 自性涅槃 所有密意 勝義生當知 我依三種無自性性密意 說言一切諸法皆無自性 所謂相無自 性性 生無自性性 勝義無自性性.)

라고 함에서 알 수 있는 바와 같이, 현실 세계를 관찰해 보면 이 세상의 모든 것은 그 자성이 없고, 생성되거나 소멸됨도 없으며, 본래 자성이 청정해서 열반의 상태에 있는 것이나 마찬가지라는 것이다. 다시 말하자면 진리에 입각한 본체계상에서 현상계를 관찰해 보면, 이 세상의 모든 것은 감정적인 면에서는 존재한다고 하지만 원칙적인 면에서는 존재치 않는 것이 변계소집이요, 환상이나 착각과 같이 실제로는 그 자성이 없는 것이 의타기이며, 사물의 본래의 모습에서 어떤 형상이나 아름답고 추함 등이 없음을 직관하는 것이 원성실임을 증명하는 것이 3무자성설이라는 것이다.

(1) 상무자성(相無自性) ; 현상계를 그 성립된 성질에 의거하여 3가지로 분류한 3종자성의 것 중에서 변계소집성의 것은 혼미한 감정을 소유한 유정 앞에 나타난 한 그림자에 불과하다는 것[사승마(蛇繩麻)]의 비유에서, 새끼를 잘못 보아 뱀으로 여겼지만 뱀 그 자체도 자성은 없다는 것]으로서, 모든 존재의 모습은 그 자체의 형상이 고정되어 있는 것이 아니라 변화, 변천하여 무수하다는 의미에서 고정된 불변의 모양은 없다고 정의하는 이론이다.

(2) 생무자성(生無自性) ; 여러 가지의 인연에 의하여 성립된 의타기성의 것은 일시적으로 나타난 거짓된 모양에 불과하여 그 진실된 성품이 없다는 것(새끼는 짚과 사람의 힘으로 만들어진 것이므로 실체가 없는 것)으로서, 본래 어떤 것이든지 항존성과 독립성 등을 가지고 생성된 것이 아니라는 논리이다.

(3) 승의무성(勝義無性) ; 이 현상계를 지속시키고 이끌어가는 진여나 진리는 언제나 원만하게 상주하며, 모든 존재의 근본원리는 원성실성한 절대적인 것이므로 아무런 모양이나 색깔 등이 없음을 말한 것(짚에서 새끼와 뱀의 모양을 인정키 어려운 것)으로서, 본래 사물의 근본 바탕을 말한다.

다 4분설(四分說)

유식교학상에서 예로부터 이 4분설과 다음에 설명될 3류경설을 이해하면, 유식사상의 절반은 안 것이나 다름 없다는 의미에서 이를 '유식 반학(半學)'이라고 할 정도로 심오한 내용을 지니고 있는 부분이다.

4분설은 현상계의 일체법이 오직 우리 각자가 가지고 있는 알음알이로부터 변현된 것이라는 원리를 철저하게 밝힌 내용을 말한다. 이를테면 인식 주체에 관한 심층분석학적인 이론으로서 능연심인 주관체의 심리상태를 구명하고, 그것이 인식하여 가는 과정을 4단계로 나누어서 고찰한 것이다. 즉, 《성유식론》 권제2(《대정장》 31, 10上)에 설해진 내용을 보면,

그런데 유루식 자체가 발생될 때에는 모두가 대상과 주관에 유

사한 모습으로 나타나는데, 저 상응법인 심소법도 역시 그러함을 알아야 한다. 대상의 모습과 유사하게 나타나는것을 상분이라 하고, 주관과 유사하게 나타나는 것을 견분이라고 한다.

(然有漏識 自體生時 皆似所緣 能緣相現 彼相應法 應知亦爾 似所緣相 說名相分 似能緣相 說名見分.)

라고 있음과 같이, 마음 밖에 별도로 경계가 없다는 유식교의를 가장 잘 드러내고 있는 것이 바로 이 4분설이다. 즉, 우리들이 소유하고 있는 심식은 그 자체가 전변될 때에 소연의 대상인 객관과 능연심인 주관의 2가지로 변현되거나, 주관심인 심왕과 심소법상에서 주관과 객관의 활동을 면밀하게 분석한 이론이 4분설이라는 것이다.

(1) 상분(相分) ; 우리들의 마음 안에 그려진 경계를 일컫는다. 이를테면 우리가 대상을 인식할 때에 겉으로 드러난 사물을 그대로 인식하는 것이 아니고, 인식대상을 일단 마음 속에 그리고 난 후에 이를 인식하는 것을 말한다. 이 때에 이와 같이 그려진 그림자를 상분(相分 ; 客觀)이라고 한다. 또한 능연심과 소연경인 대상과의 사이에 일어나는 영상(影像)을 일러서 상분이라고 하는데, 이것은 아뢰야식이 객관화된 것으로서 견분의 대상이 된다.

(2) 견분(見分) ; 상분에 대하는 인식주체를 견분(見分 ; 主觀)이라고 한다. 즉, 마음이 활동할 적에 상분을 변현시키는[거울에 그림자를 나타내는 것] 동시에 그것을 인식하는 작용이 생기는데, 이 때에 작용에 해당되는 것을 견분이라고 한다. 마치 저울에 물건을 달 경우에 달아지는 물건은 상분에 해당되고, 그것을 다는 저울의 추(錘)는 견분이다. 이를테면 아뢰야식의 주관으로서 견문각지하는 활동

을 일컬으며, 거울에 그림자를 비치게 하는[照明] 역할 등을 하는 것을 말한다. 그렇지만 이 견분은 3량설 중에서 현량, 비량(比量) 및 비량(非量)에 모두 통하는 성능을 가졌으므로 순수한 마음의 본체가 되지 못한다고 하는데, 그 이유는 바깥 경계를 대상으로 삼기 때문이라는 것이다.

결론적으로 이 2가지의 심식을 종합해서 말하면, 마음의 종자가 비록 아뢰야식의 체성에 의지하지만, "이것은 이 심식의 상분이지 다른 것이 아니다. 견분이 언제나 이것[相分]을 취해서 대상으로 삼기 때문이다"[種子雖依 第八識體 而是此識 相分非餘 見分恒取 此爲境故.]라는 내용에서 이들간의 구별이 분명하게 드러난다. 그러면 이 상분과 견분은 같은 것을 원인으로 하여 일어나는가, 아니면 다른 원인에 의하여 일어나는가 하는 문제에 있어서는, 그 원인이 같을 때도 있고, 같지 않을 때도 있다[相見或同或異說]고 하여 일정치 않다는 것이며, 우리들의 인식작용에 있어서 이와 같은 상분과 견분의 두 가지 활동만으로도 충분하다는 견해를 일찍이 밝힌 논사들은 덕혜(德慧), 정월(淨月), 화변(火辨)과 친승(親勝) 및 난타(難陀) 등이었다.

(3) 자증분(自證分) ; 자체분이라고도 불리우는 이 자증분은 견분의 깊은 곳에 있으면서, 견분이 상분을 인식할 때에 그 인식적인 판단을 착오 없이 잘 하는가 등을 감시하는 주관 중의 주관심을 말한다. 이를테면 우리의 마음이 일어났을 적에 이를 통각적으로 증지하는 마음을 가리키며, 견분을 증명하는 또 다른 마음의 한 갈래를 일컫는다. 마치 이것은 소의 머리[牛頭]와 새싹의 떡잎[太芽]에 있어서 소의 양 뿔과 새싹의 양 잎은 상분과 견분의 2분에 해

당되고, 머리와 떡잎 전체는 자증분에 해당된다는 것이다. 비유하자면 거울과 저울 자체를 말한다.

그리하여 《성유식론》 권제1(《대정장》 31, 1上~中)에 보면,

> 전변이란 심식 자체가 전전(展轉)하여 상분과 견분의 두 가지로 유사하게 나타나는 것을 말한다. 왜냐하면 이 두 가지 심식은 모두 자증분에 의지하여 일어나기 때문이다. 이러한 두 가지에 의하여 자아와 법체가 시설된다.
>
> (變謂識體 轉似二分 相見俱依自證起故 依斯二分 施設我法.)

라는 내용이 이러한 사실을 말해주는 것이다.

일찍이 안혜(安慧)는 이 자증분 한 가지만의 활동만으로도 모든 인식이 가능하다고 하였으나, 진나(陳那)와 호월(護月) 논사는 이제까지의 3가지 심분, 즉 상분, 견분 및 자증분 모두가 일어나야만 올바른 인식이 이루어질 수 있다고 주장하였다.

(4) 증자증분(證自證分) ; 자증분의 인식작용을 또 다시 소연작용으로 삼는 제3중(重)의 인식 활동체를 말한다. 말하자면 이 심분(心分)은 자증분을 증명하는 주관심인 동시에 그 결과이기 때문에, 만약에 이것이 없다면 자증분이 무엇을 소의로 하여 존립할 수 있는가 라는 의문이 생길 수 있으므로 그 해결을 위해서도 이의 존재가 인정된다는 것이다.

한편으로 견분이 상분을 소연으로 한 양과(量果)가 자증분이듯이, 자증분이 견분을 소연경으로 하여 헤아려지는 결과가 존재해야 되는데, 이것이 바로 증자증분이라는 것이다. 그렇지만 이 증자증

분의 소의, 즉 양과로서 제5의 심식도 상정될 수 있지만, 제3 자증분과 제4 증자증분은 다 같이 마음 안의 심분이므로 서로 소의와 양과가 되어서 더 이상의 심분은 필요치 않다는 것이다. 이를테면 이 심분은 자증분과는 서로를 증지하는 작용이 있다는 것이다.

또한 그렇다면 이와 같이 자증분과 증자증분이 서로 소의가 되고 증명이 된다면, 견분과 자증분 사이에서도 상의상증(相依相證)하게 될 것이 아닌가 라는 의문이 생길 수 있는 것이다. 이에 관하여《성유식론》권제2(《대정장》31, 10中)에서 논술하기를,

> 이 4분설 가운데서 앞의 상분과 견분 두 가지는 밖으로 전전(展轉)하고, 뒤의 자증분과 증자증분 두 가지는 안으로 전전한다.
> (此四分中 前二是外 後二是內.)

라고 설명되어 있는 바와 같이, 상분과 견분은 오직 바깥 경계만을 능연할 뿐이고, 자증분과 증자증분은 심식의 깊은 곳을 향하여 능연작용을 한다는 것이다. 말하자면 상분은 오로지 소연경만이 될 뿐이며, 견분은 능연의 작용은 있으나 그 대상은 오직 밖의 상분 뿐이라는 것이다.

그리고 4분설 중에서 견분이 외계의 대상을 연하므로 순수치 못한 심분인 반면에, 자증분은 능연심인 견분과 제4 증자증분만을 인연하는 현량지이고, 증자증분 또한 오직 제3 자증분만을 인연하는 현량지이므로 이들 두 심분이 마음의 진실한 본체라는 것이다.

이제까지의 4가지 모두의 심분활동을 인정한 것은 호법(護法), 승우(勝友), 승자(勝子), 친광(親光) 및 지월(智月) 논사 등이었는데, 특

히 호법은 4분 중에서도 상분, 견분 및 자증분의 3가지는 유식상에 해당되고, 증자증분만은 유식성에 해당된다고 하였다.

그런데 이 4분설에 관한 여러 논사들의 주장을 종합하여 일찍부터, "안(安), 난(難), 진(陣), 호(護)의 1, 2, 3, 4"라고 숙어화하여 불러왔는데, 그 근거가 되는 것은 이에 관한 사상가들의 저술상에서 자주 표현되고 있는 내용이다. 즉, 태현 집, 《성유식론학기》(《한국불교전서》 3, 489下)에 보면,

> 현장 삼장이 말하기를, 안혜는 오직 자증분 하나만을 주장하고, 화변과 친승은 상분과 견분을 주장했으며, 이를 제외한 저 다른 세 명의 논사들은 공통으로 해석하는데, 호법과 친광은 4분설을 세웠지만 이것은 또한 진나의 3분설을 함께 인정한 것이다. 왜냐하면 제3 자증분 안에 제4 증자증분이 소섭되기 때문이다.
>
> (三藏云 安慧唯立一自證分 火辨親勝唯立相見 此除彼三 餘師共釋 護法親光唯立 四分 且依共許 陳那三分 第三分內 攝第四故.)

라고 서술된 것 등이 이러한 사실을 증명해주고 있다.

라 3류경설(三類境說)

우리가 인식하려는 객관계에 대하여 상세하게 살피는 이론으로서, 4분설 중에서 상분(相分)에 관해서만 자세하게 설명한 것이다. 말하자면 인식주관의 소연경(所緣境)인 객관의 종류와 그 성질을 셋으로 나누어서 고찰하는 것으로서, 실재성, 즉 본질을 갖고 있는 것[性境]과, 대상은 대상이지만 환각과 같이 그 실재성이 없는 것

[獨影境]과, 위의 두 가지의 성질, 즉 본질과 환각적인 성질을 다 갖춘 것[帶質境] 등의 대상을 일컫는다.

1) **성경**(性境) ; 능연(能緣)인 주관심이 소연(所緣)인 대상을 오류 없이 인식하는 것을 말하는 것으로서, 실재성[本質]을 갖는다.

이것은 주관과 다른 종자에서 발생하나 주관심의 선악에 좌우되지 않고 계계(界繫)를 달리해서 인식되는 진실한 대상을 말하는 것으로서, 진실한 것이 낳은 것[實種所生]이어야 하고, 순수한 체성과 작용 등이 있어야 한다.

우리의 감각기관인 5관(五官 ; 根)에 의하여 비추어 오는 것을 5식(五識)이 대상으로하여 인식하는 객관세계를 말하며, 우리의 주관심이 그것을 대면하든 대면치 않든 간에 외계에 의연하게 존재하는 대상을 가리킨다.

인식대상을 대상 그대로 사려분별 없이 인식하는 것으로서, 그 종류를 들어 보면, ① 전5식 소연의 5경, ② 5구의식 현량연의 5경, ③ 제8 아뢰야식 소연인 종자, 5근 및 기세간, ④ 2선천(禪天) 이상의 안, 이, 비 등의 식(識)이 자류의 경계를 연할 때의 상분, ⑤ 제6 의식의 선정력에 의하여 이끌어진 5식과 8식 소연의 경계, ⑥ 진여 등과 같은 것이다.

2) **독영경**(獨影境) ; 인식대상이 견분의 분별력에 의하여 잘못된 영상(影像)이 나타나는 것[예 ; 龜毛, 兎角 등]을 말하고, 인식대상의 본 질이 아니고 능연인 주관심에 의하여 여환허가(如幻虛假)한 영상만이 일어나는 경계[예 ; 눈병 난 사람의 앞에 보이 는 경계]를 가리킨다.

우리들의 인식대상은 대상이나 그 실제성을 소유하지 못한 대상(예 ; 幻覺 등)을 말하며, 주관심이 단독으로 현출(現出 ; 제6 의식의 단독활동)한 환영(幻影)과 같은 것으로서, 능연심인 견분의 종자가 소연인 상분의 종자를 휴대하고서 그 경계를 나타낸 것이므로, 자체는 어떤 진실성도 없는 대상을 말한다. 그러므로 "독영경은 오직 견분만 따른다"[獨影唯從見]라고 한 정의가 이러한 의미를 대변한다.

3) **대질경**(帶質境) ; 성경(性境)과 독영경(獨影境)의 중간적인 존재로서, 본질을 휴대(携帶)하고 있으나 본질과는 거리가 있는 대상을 말하며, 견분의 분별력에 의하여 본질과 계합(契合)하지 않는 영상을 반연(攀緣)하는 것을 일컫는다.

제7식이 제8식의 견분을 연취하여 이것을, "아(我)다", "법이다"라고 상분(相分)을 일으키는 것[獨影]을 가리킨다. 즉, 제7식이 제8식의 견분을 본질로 하여 상분을 나타낼 때에, 이 상분을 능연심인 제7 말나식에 종속시킨다면, 유부무기성이 될 것이요, 본질인 제8 아뢰야식에 종속시킨다면, 무부무기성이 되는 것과 경우를 말한다.

제6 의식이 과거를 추상해서 인식할 때에 나타나는 대상 (예 ; 새끼를 뱀으로 잘못 보는 것. 새끼인 본질은 있으나 주관심이 잘못 인식한 뱀은 대질경)을 말한다.

결론적으로 제식(諸識)과 이 3류경설과의 관계를 종합적으로 고찰하여 논술하면, "전5식과 제8 아뢰야식은 오직 성경이고, 제7 말나식은 대질경이며, 제6 의식은 성경과 독영경 및 대질경에 다 통한다"[五八唯性境 第七帶質境 第六通三境]는 것이다.

〈인식활동과 관련설〉

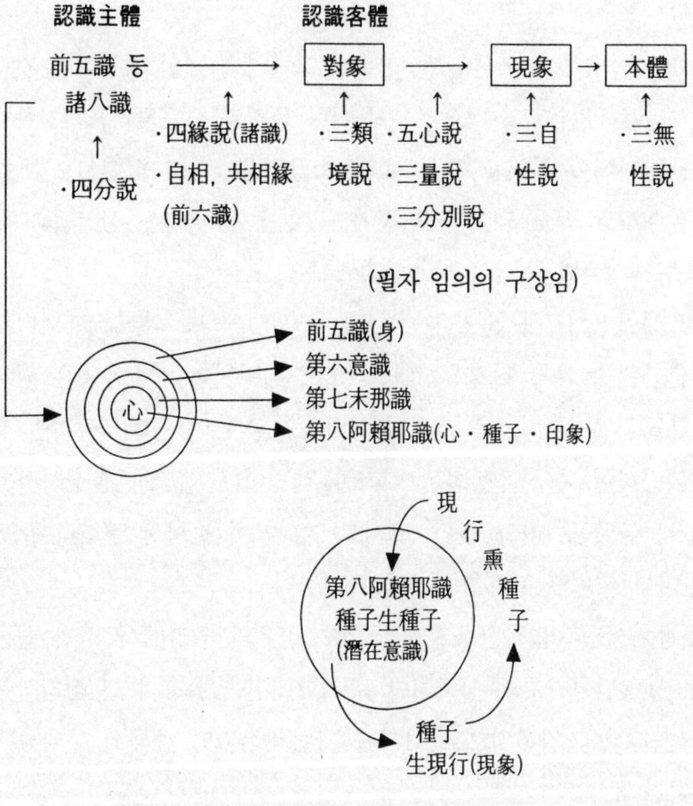

※ 〈唯心偈〉(《60권 華嚴經》 권제10)

“心如工畵師 畵種種五陰 一切世間中 無法而不造 如心佛亦爾 如佛衆生然 心佛及衆生 是三無差別.”

※ 《三國遺事》

“心生故種種法生 心滅故龕墳不二(髑髏不二).”

4 심불상응행법(心不相應行法)

이 부류의 존재는 물질도 아니고, 그렇다고 해서 정신적인 것도 아닌 것을 말한다. 그러므로 마음이나 물질과 상응하지 않는 존재라는 의미에서 이것을 색심(色心) 불상응행법이라고 하면서도 오히려 실재하고 있는 것이다. 말하자면 이 종류의 법은 심왕법과 심소유법 및 색법과 서로 상응하지 않는다.

더 나아가서 '불상응(不相應)'이란 '불상사(不相似)'와 같은 의미로서 색법은 변화와 질애(質碍)의 것이고, 심왕법과 심소유법은 외계의 사물을 보고 이것을 생각하는 마음인 이른바 연려(緣慮)적인 것인데 반하여, 불상응행법은 이러한 색법이나 심법과 불상사하기 때문에 불상응이라고 한다. 그리고 '행(行)'이란 항상 변화하여 생멸한다는 의미에서 천류(遷流)라고도 한다.

소승에서는 이 불상응행법을 법체 실유의 입장에서 역시 실존하는 불멸법이라고 주장하지만, 유식학에서는 마음과 그 심리작용 및 색법 상에 일시적으로 나타난 가립(假立)적인 존재에 불과하다고 여긴다.

이러한 내용들을 요약하면,

1) 이 불상응행법은 물질도 아니고 그렇다고 마음도 아닌[非色非心] 존재로서, 색, 심왕, 심소의 작용상에 일시적으로 그 이름을 세운 것[三分位上의 가립 적인 존재]을 말한다. 이에 속하는 것들을 보

면, 득(得), 명근(命根), 중동분(衆同分), 시(時), 수(數), 방(方) 등 24종 [《구사론》에서는 14종만을 주장]을 들고 있는데, 그 몇 가지만을 소개하여 보면 다음과 같다.

(1) 득(得)이란 포획(捕獲), 성취(成就) 내지는 불실(不失) 등의 의미로서, 우리 중생들의 몸 가운데에 물질이나 마음 등 모든 것을 성취할 때에 그 성취의 작용에 '득(得)'이라는 명칭을 가립하는 것을 말한다.

(2) 명근(命根)이란 생명을 머물러 유지시켜주는 것[住持]을 말하는 것으로서, 곧 제8식을 일으킬 친인연의 종자가 앞 세대의 업력에 의하여 약간의 시간을 갖은 유정신(有情身)으로 하여금 지속되는 세력을 갖게 하나니, 이 세력에 의하여 나아갈 시간이 제8식의 현행을 상속케 하여 죽음에 이르지 않도록 주지결정(住持決定)하는 세력을 명근이라고 한다.

(3) 중동분(衆同分)이란 서로 비슷한 점을 말하는 것으로서, 인생은 인생끼리 상사(相似)한 바가 있고, 축생은 축생끼리 상사한 바가 있는 것이다. 그러므로 인생은 인생의 중동분이 있고, 축생은 축생의 중동분이 있다고 한다.

(4) 시(時)란 유위(有爲) 제법이 인과상속하여 단절되지 않는 분위에 가립된 것을 말한다. 시간이 실존해서 유위법이 생멸을 계속하는 것이 아니라 유위법이 생멸을 계속함에 의하여 시간을 일시적으로 가립한 것이다[時無別體 依法而立].

(5) 수(數)란 모든 것을 헤아린다는 의미로서, 유위의 제법 하나하나의 차별에 가립된 것을 말한다.

(6) 방(方)이란 처소를 나눈 뜻이니, 동서남북과 상하 등으로서 유

위법의 인과가 상속하는 데는 어떠한 위치를 요하기 때문에, 그 위치의 구별에 의하여 이것을 가립한 것이다[入無堂內 出無外].

2) 이 법은 색, 심왕, 심소법과도 상응하지 않고, 또한 불상사(不相似)한 까닭에 불상응행법이라고 한다.

3) 오직 제6 의식 소연의 경계로서 이것을 가사법(假似法)이라고도 한다[無體假立의 존재].

4. 무위법

이 현상계에서 생멸변화하는 유위법을 여의고서 독립적으로 자존하거나 항존불멸하는 것을 말한다. 모든 존재의 법성(法性)을 말하는 것으로서 일체 유위법의 소의처가 된다. 유위법은 사상(事相)이요, 무위법은 이체(理體)로서 이것에는 불생(不生), 불멸(不滅), 무작용(無作用), 상주불멸(常住不滅), 평등(平等) 및 무차별(無差別) 등의 성질을 가지고 있다.

이것은 허망하지 않고 진실한 것이며, 쉽게 변이하지 않아 여상(如常)한 것이므로 이것을 또한 진여라고도 하는데, 이것에는 부동(不動), 상수멸(想受滅), 허공(虛空) 및 택멸(擇滅) 등이 있지만, 명칭만 다를 뿐 그 의미는 같다[異名同義].

1) **허공**(虛空) ; 허공은 무애로써 자성으로 삼나니, 장애가 없기 때

문에 색이 이 가운데서 자유자재로 활동한다(《구사론》 권제1).

다른 것에 의하여 장애되지도 않고, 또 다른 것을 장애하지도 않으면서 오히려 일체 만유를 능히 포용하여 자유자재케 하는 상주불변하는 공간적인 실체를 이것이라고 하는데, 이러한 성질이 마치 진리나 진여와 같기 때문에 허공을 이에 비유하여 표현한 것이다.

2) **택멸**(擇滅) ; 택멸(擇滅)은 이계(離繫)로서 자성으로 삼나니, 모든 유위법이 계박(繫縛)을 멀리하여 해탈을 증득하면, 그것을 이름하여 택멸(擇滅)이라고 한다(《구사론》 권제2).

여기에서 택(擇)이란 간택(簡擇)의 뜻으로서 무루의 지혜력을 말하는 것이며, 멸(滅)이란 적멸(寂滅)의 뜻으로서 일체 번뇌의 계박을 여읜 열반의 상태를 말한다. 한 마디로 간택력(簡擇力) 소득(所得)의 멸(滅)을 의미한다.

오직 좋은 무루의 상주법을 가리키는데, 무슨 일이 일어났을 때에 이것을 지혜의 힘에 의하여 없애서 속박을 벗어나므로 이계라고도 한다.

3) **비택멸**(非擇滅) ; 본래부터 자성청정(自性淸淨)함을 의미하는 말로서, 현상계의 유위법은 그 연이 결여되어 있을 적에는 불생(不生)하게 되어 이 세상에 나타나지 않고 그대로 영원하게 되는데, 이 경우에 진리와 같이 그 성질이 항구불멸하므로 이것을 진여의 세계에 귀속시키는 것이다[不生했으므로 不滅하는 法]. 그러므로 무루지(無漏智)인 지혜력[擇力]에 의한 적멸이 아니다.

이 현상계의 일체법은 원래 현재에 생기하기 전에는 모두가 미래위에 잡란(雜亂)하게 존재하고 있을 것인데, 그것이 현재위에 생기하는 데는 여러 가지의 생연(生緣)을 얻어서 비로소 가능하며, 생기해서는 잠시 머물고는 즉시로 과거로 낙사(落射)되어버리는 것이다. 이 때에 생연을 못 만난 법은 그대로 오랫도록 미래위에 머물 것이므로, 이러한 것은 우리의 지혜조차도 필요가 없다는 의미에서 이것을 비택멸이라고 한다. 말하자면 현재에 생겨날 미래 잡란성(雜亂性)의 것으로서, 만약에 그것이 생연을 얻지 못할 때는 그 불생(不生)한 법은 영구히 미래위에 머물러서 현재전(現在前)할 수가 없으니, 이러한 법을 가리켜서 연이 결여된 불생법(不生法)이라고 하거나 필경의 불생법이라고 한다[예 ; 안식이 적색만을 주시하고 있을 때는 기타의 청(青), 황(黃) 등의 색은 영원히 현재에 나타나지 못하고 과거로 낙사(落射)되어버린다는 것].

"항상하는 경계는 형상이 없는 것이고, 항상하는 지혜는 소연이 없는 것이다"(常境無相 常智無緣 ; 《천태사교의》).

4) **부동**(不動) ; 마음이 산란한 상태를 벗어나서 오직 평등심, 즉 사심(捨心)에 머물러 있기 때문[安定]에 이것을 부동[不動心]이라고 한다. 그러므로 진리의 세계에 있는 것이나 다름이 없으므로 이것을 무위법에 귀속시킨다.

5) **상수멸**(想受滅) ; 법집을 일으키는 제7식까지를 없앤 성자(聖者)가 상수(想受), 곧 외계의 사물을 마음으로 받아들이고(受), 그 위에 상상(想像)을 더하는 정신작용과, 고락 등을 느끼는 마음을 없앨 때에 나타나는 진여와 같은 경지를 말한다.

6) **진여**(眞如) ; 진(眞)이란 진실하여 허망하지 않는 것을 말하며, 여(如)는 여상(如常)으로서 변화하지 않는 것을 나타냈다. 말하자면 이 진실은 어느 곳에서나 항상 그 본성에 머물러 있기 때문에 이것을 진여라고 하는데, 담연하여 허망하지 않음을 뜻하는 것이다.

("眞謂眞實 顯非虛妄 如謂如常 表無變易 謂此眞實 於一切位 常如其性 故曰眞如 卽是湛然 不虛妄義." ; 《성유식론》 권제9)

V. 수 행 론

가 개 요

세계 4대 성인 중의 한 분이신 부처님은 그 깨달으신 진리의 말씀도 위대하지만, 남다른 자제력과 실천력으로 모범을 보이셨기 때문에 많은 사람들의 귀감이 되고 있다.

종교라는 것은 그에 따른 교의도 중요하지만, 그것을 실행·실천하는 것은 종교인의 기본자세이기 때문에 이것이 무엇보다도 절실히 요구되고 있다. 그리하여 불가(佛家)에서도 이러한 것을 장려하기 위하여 이르기를, "만약에 아는 것[解]만이 있고 실천이 없으면 머리만 무겁고, 실천[行]만 있고 아는 것이 없으면 맹신에 빠지기 쉽다"고 함으로써, 건전한 신앙생활을 위해서는 해행합일(解行合一)할 것을 권장하고 있으며, 이 두 가지의 행동은 마치 마차의 양쪽 바퀴와 같이 그렇게 중요하다는 것이다[行智具備 如車二輪].

그렇기 때문에 이러한 개념들을 염두에 두고서 일선 선각자들은 여러 가지의 이론적인 내용과 실천덕목 등을 역설했는데, 그것을 보면, 첫째로 향상일구문(向上一句門)으로써 화두 등을 참구하여 견성성불하고 전미개오하는 등의 선(禪)을 통한 수행을 권장하며, 둘째는 염불왕생문(念佛往生門)으로써 아미타불이나 관세음보살 등을 칭념하여 극락정토인 서방세계에 왕생코자 하거나 심적인 구제를 받고자 하는 것이고, 셋째는 의교수행문(依敎修行門)으로써 이는 부처님께서 교설하신 경률(經律) 등에 의거하여 그 이념을 일상생활 속에서 몸소 실천하는 해행합일의 경지를 말하며, 마지막으로 넷째는 즉신성불문(卽身成佛門)이니, 이를테면 비밀 다라니 등을 독송하여 대일여래가 소지하고 있는 위력으로 업장이 소멸되면, 이 몸이 바로 불덕(佛德)을 지녀서 그 자리에서 즉시에 성불할 수 있다는 수행문 등을 권장하고 있는 것이 그것이다. 그런데 여기에서 보면 앞의 세 가지 수행문은 현교(顯敎)계통의 방법을 말하는데, 이 가운데서도 세 번째의 의교수행문이 바로 유가유식(瑜伽唯識) 불교에서 실천하고 있는 수행문을 가리키는 것이다. 그리고 마지막의 네 번째의 것은 밀교(密敎)의 수행문이지만, 어느 것이나 그 방법은 비록 다를지라도 궁극적인 목적인 성불하려는 의도는 같기 때문에 우열의 차이가 있는 것은 아니다.

이와 같이 만일에 부처님의 가르침이 오직 교의의 습득이나 전달에만 치중되어 있었다면, 이는 뿌리가 없는 나무와도 같아서 오래 지속하지를 못하고 쉽게 고사되었거나 변형되고 말았을 것이다. 그리하여 이런 점들을 일찍부터 염려한 나머지 초기불교에서는 심성본정(心性本淨)설에 의거하여 객진번뇌나 잡념 등을 제거하는 좌선법과 삼십 칠 조도품(三十七助道品) 등의 수행이 유행하였으며, 부파불교 중의 대중부 계통에서는 부처님을 초인적이면서도 이상적인 존재로 여기는 반면에, 상좌부 중에서도 특히 설일체유부에서는 이를 인간적이요, 현실적인 존재로 인식하면서 방편위(方便位), 견도위(見道位), 수도위(修道位) 및 무학위(無學位) 등 네 가지의 수행법에서 이를 닦는데 주력하였던 것이다. 한편 소승불교에서는 최고의 목표인 아라한(阿羅漢)이 되기 위하여 4향(向)4과(果)를 닦는 것을 그들의 최대목표로 삼았으며, 대승불교에서는 이들 방법이 보다 다양해져서 참선이나 염불, 삼매, 유가 등을 닦아 깨달은 사람, 즉 불타가 되는 것이 무엇보다도 관건이었던 것이다.

그러면 유가행파(瑜伽行派)에서는 어떤 내용을 가지고 실천에 임하였는가 하면, 유가(瑜伽 ; Yoga)에 관한 체험을 체계적으로 이론화한 것이 유식사상(唯識思想)이기 때문에 유가와 유식은 서로 필연적인 관계에 놓여 있다. 그런데 유가라는 말은 처음으로 이 학파에서 사용되기 시작한 것이 아니고, 인도에서 일찍부터 수행자들이 행하던 정신통일을 위한 실수법(實修法)에서 나왔다는 것이다. 즉, 원래 Yoga란 말[馬]에 멍에(Yoke)를 씌우듯이 여러 가지의 것들을 잘 짜맞추어서 완성한다는 뜻으로써, 여기에서는 산만한 정신을 한 군데로 모은다는 의미를 가지고 있다. 이러한 내용이 특수한 수행법으로 사용하게 된 것은 기원전 3 · 4세기경에 성립된 우파니샤드(Upaniṣad) 때부터라고 한다. 따라서 불교인 뿐만이 아니고 힌두교의 제파에서도 마음을 그 소연(所緣)에 안주시키는 이 요가를 해탈획득의 수단으로 삼았던 것이다.

그리고 이를 전문적으로 수행하는 사람들을 가리켜서 유가사(瑜伽師 ; Yogācāra)라고 하는데, 이는 Yoga의 실천[行; Ācāra]이나 선정(禪定)의 수행을 의미하는 것으로서 한역불전에서는 이를 수행, 수습행, 적정수행, 상응행, 관행 등으로 번역하고 있으며, 또한 범어의 특색으로써 요가의 실천자도 이와 같은 말로 나타내는데, 소유 복합어적인 용법에서 이 의미는 Yogin과 뜻이 비슷하며, 유가사는 이 용법의 역례(譯例)로 수행자, 여실행자, 관행자, 수관행자 등으로 표현되고 있다.

이러한 유가사들은 일찍부터 불교계에서 당시의 번쇄철학과는 관계 없이 오로지 수행의 요체만을 설한 《달마다라선경》이나 《수행도지경》 등을 아비달마시대에 저술하여 사용하였으며, 수행자들은 기본적으로 어느 시기나 장소를 막론하고 자신에게서 지혜의 내재와 함께 깨달을 가능성 등을 확신하는 마음가짐을 무엇 보다도 중요시했었다. 그리하여 근본불교의 경전에서는 비구들이 닦아야 할 요체로써 계(戒)·정(定)·혜(慧) 삼학이 설해지는 가운데서도, 외계의 대상에 향하는 감각을 제어하여 마음의 활동을 가라앉히는 지심(止心 ; Ṣamatha)과 고요한 마음에 그 대상의 영상을 뚜렷이 비추어주는 관찰(觀察 ; Vipaṡyanā) 등이 수행에 있어서 강조되었는데, 이것은 각각 삼학 중에서 정(定)과 혜(慧)에 해당되는 것이라고 한다.

이와 같은 예는 인도의 대서사시 마하바라타(Mahābhārata)에서도 그 성립이 늦은 부분일수록 요가에 관한 내용이 자주 나타나고 있는데, 조용히 앉아서 호흡을 조절하거나 마음을 한 곳에 집중하는 것과 같은 실수법에 관한 구체적인 서술이 보이고 있다. 즉, 그 제6권에 수록된 유명한 종교시 바가바드 기타의 한 절을 인용해 보면,

> 실수자(實修者 ; 요가행자)는 마을을 떠난 곳에서 홀로 심신을 제

> 어해서 원망을 버리고 소유를 여의어서 자기를 수련해야 한다. 청정한 장소에서 스스로를 위해 …… 의력(意力)을 한 곳에 모아 마음과 감각의 활동을 제어하고, 자기를 정화하기 위해서 요가를 행해야 할 것이다.
>
> 의향에 따라서 일어난 일체의 욕망을 남김 없이 버린 뒤에 감각의 덩어리를 사고기관에 의해 골고루 통제하고, 견고하게 간직된 이성에 의해서 점차 편안함을 가져올 사고기관을 자기에게 전념하게 해서 어떤 것도 사념해서는 안된다.

라는 등으로 기술하고 있어서 철학적인 요가, 명상적인 요가, 자기에 관한 요가, 심술(心術)에 관한 요가, 기타 요가와의 합성어가 마하바라타의 철학적인 장(章)에서 많이 나타나며, 또한 양손을 위로 든 채, 한쪽 발로 장시간 계속해서 서 있는 부류의 고행도 요가로 간주되고, 요가의 설천에 의해서 얻어지는 여러 가지의 초자연력도 포함되어 있는 것이다.

이러한 사상들이 점차로 발전하여 대승불교시대에 오면 이에 관한 내용들이 체계적으로 정립되면서 유가와 유식이 점차로 분리되는 경향을 보인다. 말하자면 유가는 이론이 없는 실천을 말하고, 유식은 이를 논리적으로 정리한 교학사상을 가리키지만, 그렇다고 해서 이들 사이에 항상 이러한 이원적인 관계가 유지되는 것이 아니라 흔히는 혼용되어서 사용되는 경우가 많다. 즉, 영상문(影像門)의 유식설에 있어서 유가선정(瑜伽禪定)의 수행을 닦은 경우에 마음 가운데에 여러 가지의 영상이 떠오르지만, 그것은 마음과 다르지 않기 때문에 마음 밖에 실재하는 것이 아니라고 한다. 모든 것은 단지 마음의 표상(Vijñapti : 識) 뿐이므로 이것을 유식(唯識)이라 부르고, 대상[境]은 실재하지 않으므로 무경(無境)이라고 한다.

이것은 선정의 체험에서 발상된 것이지만 선정의 경우에만 한한 것이 아니고, 우리들의 인식활동 일반이 유식이며, 따라서 대상은 모두가 마음 가운데의 영상이라는 것으로서 유식설의 이론 중에서도 가장 기본적인 내용이다. 그러나 인식활동 일반에 있어서도 이 사고방식은 선정의 체험을 전제로 하고 있다. 따라서 이런 경우의 마음은 깨달음으로 향하는 마음, 혹은 깨달음에 도달한 마음으로서 아뢰야식의 관념이 미망한 마음을 기초로 하여 형성된 사실과 그 의의가 별반 다르지 않다는 것이다.

이와 같은 단계를 거치면 유가는 유가대로의 바탕 위에서 그 자리를 확보하기 위하여 그에 관한 원리를 전개하는 경우가 있는데, 특히 지관(止觀)에 의하여 유가행을 정리한 내용을 보면 《해심밀경》의 〈분별유가품〉에서 기술하기를,

> 세존이시여, 모든 비발사나(Vipaśyanā ; 觀察)은 삼마타(Ṣamatha ; 止心)가 행하는 바의 영상이며, 저와 이 마음은 마땅히 다름이 있습니까 없습니까?
>
> 선남자여, 마땅히 다름이 없다고 해야 한다. 무엇 때문인가. 저 영상은 오직 이 식(識)으로 말미암기 때문이다. 선남자여, 나는 식의 소연(所緣)은 오직 식의 나타난 바라고 설하기 때문이다.
>
> 세존이시여, 만약 저 소행(所行)의 영상이 이 마음과 다름이 없다면 어째서 이 마음이 도리어 이 마음을 본다고 합니까?
>
> 선남자여, 이 가운데는 소법(少法)이 능히 소법을 본다는 것은 있지 않다. 그러나 이 마음이 이와 같이 일어날 때에 이와 같은 영상의 나타남이 있느니라. 선남자여, 잘 닦아진 청정한 거울의

> 표면에 의해서 형상을 연하여 본래의 형상을 보고서 내가 지금 영상을 보았다고 말하고, 또 형상을 떠나서 따로 소행의 영상이 나타났다고 말하는 것과 같다.
>
> 세존이시여, 만약 모든 유정의 자정이 머물러서 색(色) 등 마음 소행의 영상과 연한다면, 저와 이 마음은 또한 다름이 없습니까?
>
> 선남자여, 또한 다름이 없다. 그러나 뭇 어리석은 사람들은 전도된 깨달음으로 말미암아서, 모든 영상에서 여실하게 오직 이것은 식이라고 알지 못하고 전도된 해석을 하느니라.

라고 해서 삼마타와 비살사나에 의하여 유가행을 정리하고 있지만, 삼마타는 무영상의 삼매, 비발사나는 유영상의 삼매에 있다고 설하고, 또한 비발사나는 심상(心相), 즉 마음의 움직임을 일으키는 원인으로서의 대상을 짓는 것, 삼마타는 무간심(無間心), 즉 대상과 직면하는 마음을 내는 것이라고 한다. 그리고 지와 관의 쌍운에 의하여 지관의 대상이 되는 영상은 유식에 지나지 않는다고 하면서 스스로 진여를 작의하는 것을 심일경성(心一境性)의 작의(作意), 곧 마음이 대상과 하나가 되는 경지라고 한다. 이것이 유식성(唯識性)에로의 오입(悟入)으로서 유가행의 중핵이 된다.

이와 같이 《해심밀경》의 〈분별유가품〉은 대승 유가행의 실천으로써 유식관법을 처음으로 표명한 경전으로 유명하다. 이렇게까지 발전하기 위해서는 그 전에 인도의 일부 사상가들과 소승불교도 중에서도 북인도의 유부계(有部系)가 정신통일을 위한 실수법으로서 유가를 실천해 왔기 때문이며, 그 후 이 사람들이 점차로 유가에서 얻은 체험 등을 중심으로 이론화하는 과정에서, 마침내 상당한 수준의 수행체계를 갖춘 전형적인 학파로 자리를 잡았던 것이다. 더구나 여기에 만족치 않고 더욱 이를 발전시켜서 대승불교 시대에 와서는 이에 관한 전문적인 논서까지 나올 정도로 성행되기에 이르렀던 것이니, 그러한 구체적인 태도는 일찍이 유가사들이 용수의 대승적인 선관(禪觀), 즉 공성설(空性說) 등을 수용하여 보살지(菩薩地)를 성립시키고, 이러한 교의를 《대승장엄경론》에서 받아들여서 마침내 무착의 《섭대승론》에서 그 완성을 보게 된 것이다. 한편으로 재래의 유가사들은 성문지(聲聞地)를 완성시켰는데, 이는 앞에서 살펴 본 《해심밀경》 중의 〈분별유가품〉에 그 자리를 옮겨서 주요사상으로 기술되고 있다.

이렇게 대승불교의 경전상에서 유가행에 관한 내용을 검토하다 보면, 마지막으로 섭렵하게 되는 전거가 바로 《유가사지론》이다. 여기에서는 우리 중생들이 열반에 이르기까지의 실천과정을 17단계[地]로 나누어서 상세하게 기술하고 있는데, 보살들이 수습의 정도에 따라서 거치는 10지의 단계가 《십지경》(《화엄경》 에 편입되어 〈십지품〉 이 됨)에 잘 설명되어 있지만, 《유가사지론》에서는 이러한 보살 뿐만이 아니라 독각(獨覺)과 성문(聲聞) 내지는 일반인들의 수행경험까지도 포함해서 실천체계를 조직적으로 설파하고 있는 방대한 논서인 것이다. 그리고 이 논서는 유가에서 설하는 보살지가 대승불교사상을 망라하고 있다는 이른바 일곱 가지의 성질[七大性], 즉 법(法)과 발심(發心), 승해(勝解), 증상의락(增上意樂), 자량(資糧), 시(時) 및 원증(圓證) 등과 상응하기 때문이지만, 무엇보다도 중요한 것은 이 사상이 반야의 발취(發趣)대승이나 화엄의 보살 10지에 관한 설상(說相)을 종합적으로 고찰하여 삼승에 두루 통한다는 데에 있다는 것이다.

그러면 이《유가사지론》에 설해지고 있는 실천법을 알아 보면, 우선 지관법의 수행에 의하여 치유될 수 있는 다섯 가지의 번뇌, 즉 5개[五蓋 · 五障 ; 탐욕(貪慾) · 진에(瞋恚) · 도거(掉擧) · 혼침(惛沈) · 의심(疑心)] 중에서 탐욕과 진에와 도거를 없애려면, 먼저 9종의 수행으로 마음을 안주시키고 난 후에 지(止)에 대치되는 것을 버리며, 혼침과 의심을 없애는 방법으로는 6종으로 일을 분석하여 이치대로 마음을 닦아 관법에 대치되는 것을 버리면 능히 해결된다는 것이다.

그런데 위에서 말한 9종의 수행법, 즉 마음이 선정에 머무는 9가지의 경우란 어떤 것인가 하면, ① 내주(內住)란 외부에 있는 일체 대상을 소섭해 묶어두어 산란치 않는 것을 말하고, ② 등주(等住)란 전 단계에서 아직도 미세한 번뇌를 소멸시키지 못했기 때문에, 이를 보다 안정시켜서 청정한 상태가 지속되도록 하는 단계를 말한다. 이어 ③ 안주(安住)란 마음이 비록 평등하게 머문다고 할지라도, 외부의 산란함으로 말미암아서 생각을 잃어버릴 수 있으므로 이를 마음 속에 평온하게 두는 것을 말하고, ④ 근주(近住)란 이같이 머문 마음이 자주 뜻을 지어 먼 밖에 있지 않고 가까이에 있기 때문에 이를 이렇게 부르며, ⑤ 조순(調順)이란 마음이 여러 가지 내외의 형상에 영향을 받지 않고 진리에 순응해서 안정되어 있기 때문에 조순이라고 하며, ⑥ 적정(寂靜)이란 수번뇌 등으로 말미암아 마음이 흔들지 않는 것을 말하고, ⑦ 최극적정(最極寂靜)이란 실념(失念)이 발생하여 심사(尋伺)와 수번뇌 등이 단절되거나 추방되므로 해서 가장 적정한 경지를 맛볼 수 있음을 가리키고, ⑧ 전주일취(專注一趣)의 단계란 수행을 많이 하여 지관과 지혜가 동시에 나타나는 선정을 가리키고, 끝으로 ⑨ 등지(等持)란 선정을 많이 닦았기 때문에 더 이상의 수행 없이도 산란함 등이 없어져서 마음이 항상 고르게 유지되므로 이와 같이 부른다는 것이다.

그리고 이 논서에서 설명되고 있는 좌선법에 관하여 알아 보면, 좌선은 다섯 가지의 인연을 바르게 관찰하기 위하여 실시된다는 것으로써, ① 몸을 잘 수습하여 마음이 상쾌해지면 이와 같은 위의(威儀)가 최상이기 때문이며, ② 이러한 좌선법은 오래 지속이 되더라도 몸이 급히 피로하는 것을 막아주기 때문이고, ③ 이 좌선법은 독특하여 외도 등에서는 찾아 볼 수 없는 것이며, ④ 이 법은 모습이 근엄하여 다른 사람들로 하여금 신뢰를 낳게 하고, ⑤ 이는 부처와 그 제자들이 모두 이를 인정했기 때문에 현성들도 칭찬하는 수행법이라는 것이다.

이상과 같은 다섯 가지의 이익은 좌선법에 의하여 습득되지만, 그것을 실시할 때는 굳은 마음을 가지고 마치 흙 속에서 생금을 도련(陶鍊)하는 심정으로 닦아야 한다는 것이다. 다시 말하자면, ① 우선 더러움을 없애는 단련이요, ② 이어서 거두어들이는 단계요, 마지막으로 ③ 이를 알맞고 부드럽게 다루어서 생금만이 남게 하는 단계를 차례로 잘 해야 한다는 것이다.

이상과 같이 유식사상에 있어서의 유가행의 실천은 궁극적으로 중생이 가지고 있는 번뇌장과 소지장을 단멸하려는 보살도의 수행과 크게 다르지 않으며, 이 수행도를 이론적으로 뒷받침해주는 유식사상 등도 사실은 그 이념을 주의 깊게 고찰하여 보면, 바로 우리 각자가 일상생활 속에서 흔히 상용하고 있는 유식소변(唯識所變)에 불과하다는 것이다. 이러한 관법을 유식관이라고 부르는데, 이는 유위무위(有爲無爲)의 일체 제법상의 자상(自相)을 세 가지[三種

自性]로 나누어서 밝힐 때에 변계소집성(遍計所執性)의 것은 본래 허무한 것이라고 관찰하는 것부터 시작하여, 이를 점차로 다섯 번에 걸쳐서 거듭되는 관법으로 닦아 마침내 인식주체상의 형상까지도 환상과 같은 것이므로 이를 버리고서, 오직 우리의 본성만을 그 경계로 삼아야 한다는 5중 유식관(五重唯識觀)을 주장하고 있다.

이를 좀더 자세하게 설하면, 처음의 견허존실(遣虛存實) 유식관에서는 무위의 세계를 포함한 일체의 현상세계[五位百法]는 그 속성을 보면 변계소집성(遍計所執性)과 의타기성(依他起性) 및 원성실성(圓成實性)의 세 가지 성질로 구성되었는데, 여기에서 의타기성의 것과 원성실성의 것은 진실한 것이므로 이를 존치(存置)하고, 변계소집의 것은 우리 범부들의 감정상의 소산이어서 허무한 것[情有理無]이므로 이를 제견(除遣)해야 함을 관하는 유식관을 말한다.

다음으로 사람유순(捨濫留純) 유식관은 제1중(第一重)의 유식관에서 변계소집성의 것은 허망한 감정의 소산이기 때문에 이를 버리고, 의타기성의 사물과 원성실성의 이치는 모두가 우리의 인식을 여의지 못한 진실한 것이므로 취했는데, 여기에서는 우리들이 잘못 인식하면 마음 밖에 사물이 별도로 있는 것으로 남혼(濫混)할 우려가 있으므로 이를 버리고서[捨離] 순수한 마음만[唯識]을 유존(留存)시키는 관법을 말한다.

세 번째는 제2중(第二重)의 유식관에서 내심의 순수함만을 취했으나, 여기서는 더 나아가서 그 내심 중에서도 견분(見分 ; 主觀心)과 상분(相分 ; 客觀)은 능변의 본체인 자체분(自體分 ; 主觀 중의 主觀心)이 변한 바로써 지말적인 작용에 불과함으로 이를 수섭(收攝)하여 본체에 귀입(歸入)시키는 안목으로 마음을 관찰하라는 섭말귀본(攝末歸

本) 유식관을 내세우고 있으며, 네 번째는 위의 제3중(第三重)의 유식관에서 마음의 근본체인 자체분만을 관심의 대상으로 하고 그 지말적인 것은 본체에 귀결시켰으나 이 자체분 중에도 심리작용인 심소법(心所法)은 그 세력이 은열(隱劣)함으로 수승한 심왕법(心王法)만을 대상으로 하여 한층 더 심오한 관법을 하여야만 올바른 수행이 된다는 의미에서 은열현승(隱劣顯勝) 유식관을 권하고 있는 것이다.

다섯 번째는 제4중(第四重)의 유식관에서 심왕법의 세력은 어떠한 심소의 그것 보다도 뛰어남으로 이를 중심으로 관법을 행하여야 할 것을 요구했지만, 이 심왕법도 자세하게 그 내면을 고찰해 보면 상용(相用)과 체성(體性)으로 구분되어 있으므로 순수한 유식관법을 실행하기 위해서는 상용을 버리고서 체성만을 증득하여 이를 대상으로 삼아야 한다는 견상증성(遣相證性) 유식관을 끝으로 주장한다. 즉, 이 세상의 모든 것이 유식소변의 현상에 불과하다는 것을 관법의 대상으로 삼음에 있어서 보다 얕은 안목에서부터 점차로 깊은 곳에 이르는 점입심관(漸入深觀)의 수행법을 채택하여 5중(五重)으로 설한 것이 이 유식관이다.

그렇지만 이상과 같이 유가유식학파에서 거론하고 있는 식론(識論) 등은 그 파명(派名)에서 보는 바와 같이 모두 전미개오를 위한 실천도인 유가행의 관심 하에서 설해져 공성(空性)에의 실현을 본래의 목적으로 한 것이 아니면 안되지만, 그러나 사실에 있어서 식론은 지식의 구조나 그 성립유래 및 작용의 장(場)으로써 일반 세간에 관계되는 것이지, 식론 그것에서 직접으로 공성에의 오입(悟入)을 설하는 것은 아니라는 설 등이 있는 것으로 보아서, 유식이론과 이를 실천하는 수행, 즉 유가행과의 사이에는 실제적으로 많은 거리감이 있다는 것을 암시하고 있어서 이에 관한 대책이 주목된다.

나 수행의 단계

1. 범부위(凡夫位)

· 외범위(外凡位) ; 불교교리에 약간의 지혜도 갖지 못한 사람들의 단계를 말한다.

- 1) 소승 ; (三賢位)
  - (1) 五停心 : ① 不淨觀, ② 慈悲觀, ③ 因緣觀 ④ 界分別觀), ⑤ 數息觀
  - (2) 別相念住位 : 身, 受, 心, 法(四念住)
  - (3) 總相念住位 : 사념주를 총괄해서 관찰함.
- 2) 대승 ; 10신위(十信位)

· 내범위(內凡位) ; 불교교리에 약간의 지혜가 있는 사람의 단계를 말한다.

- 1) 소승 ; 4선근위(四善根位 ; 5위중 加行位)
- 2) 대승 ; 7방편위[七方便位 ; 四善根位(順決擇分) + 三賢位(順解脫分) ; 十住, 十行, 十廻向(三十心)]

2. 성자위(聖者位)

· 무루의 지혜가 일어나는 위치를 말한다.

┌1) 소승 ; 4향4과(四向四果)
└2) 대승 ; 10지(十地) 〔(1) 初地 ; 歡喜地, 見道(性)位, 通達位,
(8) 八地 ; 不動地, 童子地〕

※ 4선근위(四善根位)

유식교학의 수행에 관한 5위설 중에서 제2의 가행위(加行位)에 해당되는 단계로서, 소승불교의 설일체유부 등에서는 처음으로 무루의 지혜가 생겨서 4성제의 이치를 명확하게 보는 자리를 견도(見道 ; 初地)라고 하는데, 이 견도위에 들어가기 직전의 위치를 4선근위라고 한다.

이 위치에서 닦는 유루의 선근은 무루의 성도(聖道), 즉 결택(決擇)의 일부가 되어서, 견도를 이끌어 들이는[順益] 작용이 있으므로 순결택분(順決擇分)이라고 하며, 이 자리를 또한 내범위(內凡位)라고 하는데, 대승불교에서는 이 4선근위와 3현위(三賢位)를 합쳐서 7방편위(方便位)라고 한다.

(1) **난위**(煖位) ; 견도의 무루 지혜인 불을 가까이 하여, 그 앞에서 불을 쪼임으로서 유루 중에서 선근(善根)이 나타나는 위치를 말한다. 말하자면 대상에게 부여된 갖가지 명칭 등은 단지 하나의 가정(假定)에 지나지 않는다는 것을 이해하는 단계이다.

(2) **정위**(頂位) ; 불안정한 선근 가운데서는 최상의 선근이 일어나는 제일 높은 위치인데, 이 위치에서부터 선근이 부단하다고 하

며, 사물의 명칭에 대응되는 대상은 환상과 같아서 실체가 없다고 이해하는 위치를 말한다.

(3) **인위**(忍位) ; 중생으로서 선근이 확정되어서 움직이지 않는 위치를 말하며, 외계의 대상에 관한 집착과 객체에의 집착을 완전히 벗어난 위치를 말한다[마음에만 안주하는 것 ⇒ 주관].

(4) **세제일법위**(世第一法位) ; 세간, 즉 유루법이 존재하는 세계 중에서 최상의 선근이 일어난 위치를 말한다. 인식대상을 파악하는 마음도 또한 비실제적인 것이라는 이치를 체득한 단계[주객의 두 집착을 떠남]이며, 이 단계의 다음은 성자의 경지인 십지(十地) 중에서 초지(初地 ; 見道, 歡喜地, 通達位)에 들어간다.

※ "四善根位 煖終不斷善 頂必至涅槃 忍不墮惡道 世第一離生."(《구사론》 ; 《대비바론》의 게송)

다 5성각별설(五姓各別說)

우리 인간세계의 현실을 자세하게 고찰하여 보면, 일체 유정이 다 평등치 않다는 견해[有爲種子差別說]로써 3승은 진실이고, 1승은 방편이라는 설을 내세우며, 무시이래로 법이자연(法爾自然)하여 5종성(五種姓)이 있으니, 이는 아뢰야식 중에 간직되어 있는 무루종자(無漏種子)의 유무에 의하여 결정된다는 내용을 담고 있는 설이다[無爲無作用說 ; 眞如凝然說].

1) 보살종성(菩薩種姓) ; 수행을 하면 불과(佛果)를 증득할 수 있는 종성(種性)을 말한다.
2) 독각종성(獨覺種姓) ; 벽지불과(辟支佛果 ; 緣覺)를 증득할 수 있는 종성을 말한다.
3) 성문종성(聲聞種姓) ; 아라한과(阿羅漢果)를 증득할 수 있는 종성을 가리킨다.
4) 부정종성(不定種姓) ; 2승을 걸쳐서 대승에 전향하여 불과를 증득할 수 있지만, 아직 결정되어 있지 않는 종성을 말한다.
5) 무성종성(無性種姓) ; 3승 등의 무루지(無漏智)를 일으키지 못하여 3계윤회(三界輪廻)의 굴레를 벗어날 수 없는 무불성종성(無佛性種姓)을 가리킨다.

※ · 단선천제(斷善闡提 ; lcchantika : 斷善, 信不具足)
· 대비천제(大悲闡提 ; 菩薩闡提라고도 함)

라 전식득지설(轉識得智說)

유식사상에서도 궁극적으로는 깨달음에 그 목적이 있기 때문에 우리들이 간직하고 있는 모든 알음알이를 버리든지, 아니면 이것을 전환해서 지혜를 얻는 수행 등이 필요한 것이다. 이와 같은 것을 전식득지(轉識得智)라고 한다. 그 구체적인 것은 우리들이 제8식(諸八識)을 통하여 얻은 지식을 이것에 걸맞은 지혜로 전환시키는 것을 말한다.

즉, 《대승장엄경론》 권제3(《대정장》 31, 606下~607上)에 보면,

일체의 모든 부처님에게는 4가지의 지혜가 있으니, ① 대원경지요, ② 평등성지며, ③ 묘관찰지이고, ④ 성소작지이다. 저 대원경지는 부동으로서 형상으로 삼으며, 항상 나머지 3지혜의 의지처가 된다. 왜냐하면 3지혜는 동적이기 때문이다. 제8, 제7, 제6 및 전5식이 차례로 전의를 얻는다는 것은, 제8식이 전환되어 대원경지가 증득되고, 제7식이 전환되어 평등성지가 증득되며, 제6식이 묘관찰지로, 전5식이 성소작지가 되는 것을 말한다.

(一切諸佛 有四種智 一者鏡智 二者平等智 三者觀智 四者作事智 彼鏡智以不動爲相 恒爲餘三智之所依止 何以故 三智動故 八七六五識次第轉得故者 轉第八識得鏡智 轉第七識得平等智 轉第六識得觀智 轉前五識得作事智.)

라고 한 내용이 그것이다. 이것을 자세히 설명하면 다음과 같다.

1) 성소작지(成所作智)

유루의 전5식을 전환하여 얻는 무루지(無漏智)로서, 모든 중생들을 돕는데 필요한 온갖 변화와 동작 등을 두루 갖추어 성취, 완성했으므로 이와 같이 부른다. 또한 전5식이 무루종자를 의지하여, 전환하여 얻은 지혜이므로 이렇게 명칭한다.

이 지혜에 상응하는 마음은 모든 유정을 이락코자 하기 때문에 널리 시방세계에서 갖가지로 변화한 3업을 보여서, 본원력에 상응하는 일을 성취하는 것이다. 즉, 정토나 예토, 부처님의 몸이나 각각의 중생에 따른 몸으로 변작하여 유정들을 구제하는 것이 그 특

징이다.

2) 묘관찰지(妙觀察智)

제6 의식을 전환하여 얻는 지혜로서, 일체의 대상을 장애 없이 관찰하고 자재하게 설법하여 온갖 의심을 끊었으므로 이와 같이 일컫는데, 보살의 초지(初地)에서 얻어져서 묘각(妙覺)을 관찰하는 지혜이므로 이렇게 부른다.

이 지혜는 대법륜을 굴려서 모든 의혹을 끊는 신비스러운 작용이 걸림 없기 때문에 '묘'라고 하며, 일체제법의 자상과 공상을 관찰함에 있어서 장애가 없기 때문에 '관찰지'라고 한다.

3) 평등성지(平等性智)

제7 말나식을 전환하여 얻는 지혜로서, 자타와 피차가 평등함을 깨달아서 대자비심과 상응하는 평등한 성품의 지혜가 얻어지는 것을 말하며, 여래의 구경지(究竟地)에 이르러서 아집 등이 무아로 변화되어 자타가 평등함을 나타내는 지혜를 이렇게 부른다.

말하자면 유루의 제7 말나식은 무시로 자기 안의 제8 아뢰야식 중의 견분을 소연하여 '자아'라고 집착한다. 이렇게 제7식이 '자아'라고 집착함에 따라서, 제6 의식은 밖으로 자기와 남을 차별하는 마음을 일으키므로 평등한 대비심을 낼 수 없다. 그러나 이 유루의 아집 상응의 제7식이 전환되었기 때문에 무루의 제7식이 평등의 이치를 증득하여 자기와 남이 평등하다고 관찰한다. 그러므로 자연스럽게 제6 및 제7 두 식은 대비심을 일으켜, 자타평등의 이치를 증득하기 때문에 평등성지라고 하는 것이다.

4) 대원경지(大圓鏡智)

유루의 제8 아뢰야식을 전환하여 얻는 지혜로서, 맑은 거울[鏡]에 물건을 비친 것처럼 모든 것이 있는 그대로 나타나므로 이와 같이 부르는데[圓滿하고 분명한 지혜], 대원경지와 무구식(無垢識), 즉 청정식(淸淨識)은 동시에 일어난다[大圓無垢同時發]고 한다.

이 지혜는 ① 모든 분별을 여의었고, ② 그 대상과 활동이 미세하여 알기 어려우며, ③ 일체의 대상을 잊지 않고[항상 현전한 것], 그것에 우매하지 않으며[혼미하지 않는 것], ④ 성품과 형상이 청정하여 모든 잡념을 여의었고, ⑤ 순수하고, 청정하며, 원만한 덕이 있고, 현상계와 종자의 의지(依持)가 된다. ⑥ 몸과 토지와 지혜의 영향을 능히 나타내고, 생성하여, 무간하고 무단하게 미래까지 다한다. ⑦ 큰 거울에 많은 존재들이 나타나는 것과 같은 것이 대원경지의 공능이다.

이 4가지의 지혜에 대해서 결론적으로 다음과 같이 서술되어 있다[《성유식론》 권제10(《대정장》 31, 56중)]. 즉,

> 이것은 유루의 제8, 제7, 제6 및 전5식에 상응되는 마음이 전환되어 차례대로 증득된 것이다. 지혜는 비록 심식은 아니지만, 그러나 식에 의지하여 전환된다. 식이 주체가 되기 때문으로, 식이 전환되어 증득된다. 또한 유루위에서는 지혜는 은렬하고 심식이 강하지만, 무루위 중에서는 지혜가 강하고 심식은 약하다. 유정에게 지혜에 의지하고 식을 버리도록 권장하기 때문에, 8식을 전환

하면 이 4가지의 지혜를 증득할 수 있다고 설하는 것이다.

(此轉有漏八七六五識相應品 如次而得 智雖非識而依識轉 識爲主故說轉識得 又有漏位智劣識强 無漏位中智强識劣 爲勸有情依智捨識 故說轉八識而得此四智.)

(圓測 ; 心不起 猶如鏡面 能照萬像 心起 猶如鏡背 卽不能照.)

마 5중유식관(五重唯識觀)

이 세상의 모든 것이 유식소변의 현상에 불과하다는 것을 관법의 대상으로 삼음에 있어서, 보다 얕은 안목에서부터 점차로 깊은 곳에 이르는 점입심관(漸入深觀)의 수행법을 채택하여 5중(五重)으로 설한 유식관법을 말한다.

유식사상에 있어서의 유가행의 실천은 궁극적으로 중생이 가지고 있는 번뇌장과 소지장을 단멸하려는 보살도의 수행과 크게 다르지 않으며, 이 수행도를 이론적으로 뒷받침해주는 유식사상 등도 사실은 그 이념을 주의 깊게 고찰하여 보면, 바로 우리 각자가 일상생활 속에서 상용하고 있는 유식소변(唯識所變)에 불과하다는 것이다. 이러한 관법을 유식관이라고 부르는데, 이것은 유위무위의 일체 제법상의 자상을 세 가지로 나누어서 밝힐 때에, 변계소집성(遍計所執性)의 것은 본래 허무한 것이라고 관찰하는 것부터 시작하여, 이것을 점차로 다섯 번에 걸쳐서 거듭되는 관법으로 닦아, 마침내 인식 주체상의 형상까지도 환상과 같은 것이므로, 이것을 버리고 오직 우리의 본성만을 그 경계로 삼아야 한다는 것을 강조한 수행법이라고 하겠다.

① 견허존실(遣虛存實) 유식관

모든 존재의 근원이 되는 무위의 세계를 포함한 일체의 현상계[五位百法]는 그 성질을 고찰하여 보면, 변계소집성(遍計所執性)과 의타기성(依他起性) 및 원성실성(圓成實性)의 세 가지로 되어 있다. 그런데 여기에서 서로 의지하여 일어나는 의타기성의 것과 사물의 근본자리인 원성실성의 것은 원리 그 자체이고, 진실하므로 이것은 놓아두고(存置), 변계소집의 것은 우리 범부들의 감정상의 소산이어서 허무한 것[情有理無]이므로 이러한 것을 없애려는[除遣] 유식관법을 말한다.

② 사람유순(捨濫留純) 유식관

제1중(第一重)의 유식관에서 변계소집성의 것은 허망한 감정의 소산이기 때문에 이것을 버리고, 의타기성의 것과 원성실성의 이치는 모두가 우리의 인식을 여의지 않는 진실한 것이므로 취했는데, 여기에서는 중생들이 잘못 인식하면 마음 밖에 사물이 별도로 존재하는 것으로 혼란[濫混]할 우려가 있으므로, 이것들을 버리고서[捨離] 순수한 마음만[唯識]을 보유[留存]하여야 한다는 관법을 이렇게 말한다.

③ 섭말귀본(攝末歸本) 유식관

제2중(第二重)의 유식관법에서 마음 안의 순수함만을 취하라고 했지만, 여기서는 더 나아가서 그 내심 중에서도 주관인 견분(見分 ; 主觀)과 그 대상인 상분(相分 ; 客觀)은 능변의 주체인 자체분[主觀 중의 主觀心]이 변화된 것인 바로서, 이것은 지말적인 작용에 불과함으로 이 자체분을 받아드려서[收攝], 본체에 귀입시키는 안목으로 마음을 관찰하라는 섭말귀본(攝末歸本) 유식관을 내세우는 것이 이 관법이다.

④ 은열현승(隱劣顯勝) 유식관

제3중(第三重)의 유식관에서 마음의 근본체인 자체분만을 관법의 대상으로 하고 그 지말적인 것은 본체에 귀결시켰지만, 이 자체분 중에도 심리작용인 심소법(心所法)은 그 세력이 열세[隱劣]함으로, 수승한 심왕법만을 그 대상으로 하여, 한층 더 심오한 관법을 닦아야 올바른 심신수행이 된다는 의미에서 이것을 은열현승(隱劣顯勝)의 유식관이라고 한다.

⑤ 견상증성(遣相證性) 유식관

제4중(第四重)의 유식관에서 마음의 주체인 심왕법의 세력은 어떠한 심소법의 그것 보다도 뛰어남으로 이것을 중심으로 관법을 닦아야 할 것을 요구했지만, 이 심왕법도 자세하게 그 내면을 고찰해 보면, 상용(常用)과 체성(體性)으로 구분되어 있으므로 순수한 유식관법을 실천하기 위해서는 상용을 버리고 체성만을 증득하여, 이것을 관법의 대상으로 삼아야 한다는 견상증성(遣相證性)의 유식관을 주장하는 것이 이 관법이다.

바 5위설(五位說)

불교에서는 중생들이 이 생사의 고해를 유전하는 근본원인을 들 때면 한 마디로 혹장(惑障)이라고 한다. 즉, 미혹이 번뇌에 의지하여 갖가지 업을 짓고, 이 업으로 말미암아 고통의 과보가 이어진다고 하는데, 이러한 유전을 그치고, 번뇌를 전환하여 수승한 과보를 얻고자 한다면, 미혹을 끊고 업을 짓지 않는 실천수행을 하지 않으면 안된다고 한다. 말하자면 나와 법이 다 공하다는 것을 증득하여, 번뇌와 지해의 두 장애를 제거하고, 십바라밀 등 선행을 닦아 생사의 악업을 대치하면, 네 가지의 지혜가 밝고 걸림이 없어 원만한 묘과를 얻을 수 있다는 것이다.

그리하여 유식교학에서는 수행덕목으로서 5위설을 들고 있는데, 그것을 보면(《성유식론》 권제9 ; 《대정장》 31, 48中),

> 무엇을 유식의 깨달음으로 가는 5가지 단계라고 하는가. ① 자량위이니, 대승의 순해탈분[三賢位]을 닦는 것을 말한다. ② 가행위이니, 대승의 순결택분[四善根位]을 닦는 것이고, ③ 통달위이니, 모든 보살들이 머무는 견도의 경지를 말하며, ④ 수습위이니, 보살들이 닦는 수도위를 말하고, ⑤ 구경위이니, 최상의 정등정각에 안주하는 것을 말한다.
>
> (何謂悟入唯識五位 一資糧位 謂修大乘順解脫分 二加行位 謂修大乘順決擇分 三通達位 謂諸菩薩所住見道 四修習位 謂諸菩薩所

住修道 五究竟位 謂住無上正等菩提.)

라고 함에서 알 수 있는 바와 같이, 유식교학에서는 5위설로서 수행의 기본덕목으로 삼고 있는데, 이를테면 자량위에서는 부처님의 법을 깊이 신해(信解)하는 단계요, 가행위는 경험을 쌓아서 주관과 객관을 모두 없애어 진실한 견해를 일으키는 것이며, 통달위에서는 모든 존재의 모양과 성품을 여실하게 통달하는 단계이고, 수습위에서는 얻는 바의 지혜를 통해 자주 수습하여 나머지의 번뇌를 없애는 단계이며, 구경위는 마침내 최상의 지혜를 얻어서 미래가 다하도록 중생들을 개도하기 위하여 다시 유식의 성(性)과 상(相)에 든다는 것이다. 이들에 대하여 설명하여 보면 다음과 같다.

1) 자량위(資糧位)

부처님의 교법을 깊이 믿고 헤아리며, 유정을 위하여 해탈을 간절히 바라기 때문에 또한 이것을 순해탈분(順解脫分 ; 十住, 十行, 十廻向의 30心 ; 3賢位)이라고도 하는데, 이러한 이념을 가지고 깨달음의 기초가 되는 수행과 지혜를 쌓기 위하여 출발하는 위치를 말한다. 즉, 이 단계에서는 최상의 깨달음에 나아가기 위하여 대승의 가르침을 많이 듣고 훈습한 공덕과 여러 부처와 보살을 잘 섬긴 사람과 도반하고, 뛰어난 견해와 복덕과 지혜를 쌓는 것 등을 노자와 식량으로 삼아서, 보다 높은 지위에 오르려는 수행단계를 가리킨다.

그리하여 《성유식론》 권제9(《대정장》 31, 48中~下)에 의하면,

심오하고 견고한 대보리심을 일으키고 난 후에 순결택분의 식을 일으켜서 유식의 진실한 승의성에 머물기를 희구하지 않으면, 이것은 모두 자량위에 포함된다. 최상의 정등정각에 나아가기 위하여 갖가지 뛰어난 자량을 닦기 때문이다. 유정들을 위하여 부지런히 해탈을 구하기 때문에 순해탈분이라고 한다. 이 지위의 보살은 업인과 선우와 작의 및 자량 등 4가지 수승한 힘에 의지하기 때문에, 유식의 의미에 대해서 비록 깊이 믿고 이해하지만, 아직 주관과 객관이 공하다는 이치를 요별하지 못하고, 주로 외문에 머무르면서 보살행을 닦는다. 그러므로 2취에 의하여 일어나는 수면에 대해서, 능히 복멸하여 저것으로 하여금 2취의 현행을 일으키지 않을 공덕력이 없는 것과 같다. 여기에서 2취라는 것은 ---- 곧 소지장과 번뇌장의 종자를 말한다.

(從發深固大菩提心 乃至未起順決擇識 求住唯識眞勝義性 齊此皆是資糧位攝爲趣 無上正等菩提 修習種種勝資糧故 爲有情故勤求解脫 由此亦名順解脫分 此位菩薩 依因善友作意資糧四勝力 故於唯識義雖深信解 而未能了能所取空 多住外門修菩薩行 故於二取所引隨眠 猶未有能伏滅功力令彼不起二取現行 此二取言 ---- 即是所知煩惱障種.)

라고 한 내용이 그것으로서, 최상의 정각에 이르기 위하여 갖가지의 뛰어난 자량을 닦는 것을 말하는데, 이 경지의 보살은 대승에 관한 가르침을 많이 듣고 훈습한 공덕을 쌓는 등의 4가지 수승한 힘에 의지한다는 것이다.

2) 가행위(加行位)

이 단계를 방편위라고도 하는데, 점차로 주관과 객관에 관한 분별을 없애고 진실한 견해를 일으켜 대승의 순결택분(順決擇分 ; 4善根位, 4加行位)을 닦는 단계를 말한다. 즉, 《성유식론》 권제9(《대정장》 31, 49上)에 보면,

> 보살은 먼저 처음의 무수겁 동안에 복덕과 지혜의 자량을 잘 갖추고 순해탈분을 원만하게 마친다. 견도위에 들어 유식성에 안주하기 위하여 다시 가행을 닦아 주관과 객관을 조복하여 제거한다. 난, 정, 인 및 세제일법의 4선근을 말한다. 이 4가지를 순결택분이라고 한다. 진실로 순결택분에 수순하기 때문이다. 견도위에 근접한 위치이므로 가행위라고 한다.
>
> (菩薩先於初無數劫 善備福德智慧資糧 順解脫分 旣圓滿已 爲入見道 住唯識性 復修加行 伏除二取 謂煖頂忍世第一法 此四總名順決擇分 順趣眞實決擇分故 近見道故 立加行名.)

라고 한 것이 그것으로서, 자량위인 세 가지 현자의 위치에서 제1 아승지겁 동안에 복덕과 지혜를 쌓아 마치고, 견도에 들어 무루지를 증득하려고 함에 있어서 주관과 객관에 관한 분별을 없애는 것이다. 이 위치는 견도의 결택분, 즉 성도(聖道)와 무루지에 수순되므로 순결택분이라고 하며, 견도에 가깝기 때문에 가행위라고 한다.

3) 통달위(通達位)

모든 대상의 성상(性相)을 있는 그대로 통달한 보살들이 머무는 바의 위치[見道, 初地, 聖者位 ; 法界直證의 경지]를 가리킨다. 《성유식론》 권제9(《대정장》 31, 49下)에 보면,

> 어느 때에 보살이 인식대상에 대해서 무분별지로 전혀 얻는 바가 없다면, 갖가지의 희론상을 취하지 않았기 때문이다. 그 때에 곧 유식의 진실한 승의성에 안주하는 것이다. 즉, 진여를 증득한 지혜와 진여가 평등하고 평등하여 함께 주관과 객관을 여의었기 때문이다. 주관과 객관상은 모두 분별이다. 마음에 얻는 바가 있어 희론이 나타났기 때문이다.
>
> (若時菩薩 於所緣境 無分別智 都無所得 不取種種戲論相故 爾時乃名實住唯識 眞勝義性 卽證眞如智 與眞如平等平等 俱離能取所取相故 能所取相 俱是分別 有所得心 戲論現故.)

라는 내용을 보면, 10회향의 만심(滿心)과 4가행위에 이르기까지도 아직 무루지가 나타나지 않아서 진여와 계합하지 못하며, 세제일법의 찰나에 주관과 객관이 공함을 인지(印持)했어도 역시 형상을 여의지 못하다가, 그 무간 찰나에 무루지가 비로소 현행하여 진여를 체회(體會)하니, 이것을 이름하여 통달위라고 하거나 견도라고 한다.

4) 수습위(修習位)

소견의 이치[通達位]와 같이 자주자주 이것을 수습하여 나머지의 장애를 없애려는 보살들의 수도를 말한다. 끊임없는 수행과 무분별지(無分別智)에 의하여 아뢰야식 중에 있는 번뇌장(煩惱藏)과 주객체의 잠재력을 함께 단절하고, 의지할 바를 전환하여 불지(佛地)인 무분별지를 직접 증득하는 단계(2지～10지)를 말한다.

즉, 《성유식론》 권제9(《대정장》 31, 50下～51上)에 보면,

> 보살은 이전의 견도위에서 신심을 일으켜 나머지의 장애를 끊고, 전의를 증득하기 위하여 다시 거듭 무분별지를 닦는다. 이 지혜는 주관과 객관을 멀리 여의었기 때문에 얻는 바가 없거나 부사의하다. 혹은 희론을 여의었기 때문에 얻는 바가 없다고 하며, 오묘한 작용을 짐작키 어렵기 때문에 부사의하다고 한다. 이것이 출세간의 무분별지로서 세간을 단절했기 때문에 출세간이라 한다. ---- 자주 이것을 닦으므로 두 가지의 추중함이 버려지는데, 두 가지의 장애 종자를 추중이라 한다. 체성이 자재치 못하여 섬세함과 가벼움에 거스리기 때문이다. 저것을 영원히 없애게 하므로 버렸다[捨]고 한다. 이것으로 저 두 가지의 추중함을 능히 없앴기 때문에 곧 광대한 전의를 증득할 수 있는 것이다.
>
> (菩薩從前見道起已 爲斷餘障 證得轉依 復數修習無分別智 此智遠離所取能取 故說無得及不思議 或離戲論 說爲無得 妙用難測 名不思議 是出世間無分別智 斷世間故 名出世間 --- 數修此故 捨二麤重 二障種子 立麤重名 性無堪任 違細輕故 令彼永滅 故說爲捨 此

能捨彼二纛重故 便能證得廣大轉依.)

라는 내용에서 알 수 있는 바와 같이, 얻는 바가 없다는 것은 근본 무분별지가 객관을 멀리 여의었거나 분별, 희론의 형상을 떠난 것을 말하고, 부사의란 주관을 여의고 묘용하여 난측한 것과 무분별의 형상을 일컫는다. 또한 출세간지라는 것은 무분별지를 말하는 것으로서, 이것은 세간을 끊고, 지혜의 체성이 무루이며, 진여를 증득하는 등 2종의 의미를 갖추었기 때문에 이렇게 부른다. 십지에서 자주 무분별지를 닦기 때문에 추중한 두 가지의 종자를 버리게 되고, 이것을 버렸기 때문에 광대한 전의를 증득하게 된다. 말하자면 견도에서 끊은 바의 나머지 장애인 구생기의 것을 없애기 위하여 자주 무분별지를 닦는 것이다. 더 나아가 아직 진여를 깨닫지 못하던 것을 비로소 보게 됨을 견도라 하고, 이미 진여를 증득한 후에 다시 관찰하는 것을 수도라고 한다. 또한 3승에 공통하는 장애를 없앤 것을 견도라 하고, 단지 보살의 장애만을 없앤 것을 수도라고 한다.

5) 구경위(究竟位)

최상의 정등보리(正等菩提)에 머무는 경지를 말한다. 즉,《성유식론》권제10(《대정장》31, 57上~下)에 의하면,

앞의 수습위에서 증득된 바의 전의가 바로 구경위의 형상임을 알아야 한다. 이것[열반과 보리]이란 앞에서 말한 두 가지의 전의

의 결과를 말한다. 즉, 이것은 구경위의 ① 무루계에 소섭된다. 모든 번뇌를 영원히 다하고, 번뇌에 따라 증장되지 않으며, 성품이 청정하고 원만하며, 지혜롭기 때문에 무루라고 한다. 경계란 함장의 의미인데, 이 가운데에는 한량없이 희유한 큰 공덕이 함유되어 있기 때문이다. 혹 이것은 원인의 의미로도 해석하는데, 능히 5승의 세간과 출세간을 이롭게 하거나 안락케 하는 일을 짓기 때문이다. ---- 이 전의의 증과는 또한 ② 부사의하다. 살피고, 생각하며, 말로 표현되는 방법을 초월했기 때문이고, 미묘하고, 매우 심오하며, 내적으로 증득되기 때문이며, 모든 세간의 비유로는 비유될 수가 없기 때문이다.

이것은 또한 ③ 선한데, 순백한 법성이기 때문이며, 청정한 법계는 생멸을 멀리 여의어서 매우 안온하기 때문이다. 4가지의 지혜와 상응하는 심품은 그 묘용이 걸림 없으며, 극히 뛰어난 방편이기 때문이다. 2가지가 모두 순익하는 모습이 있기 때문이고, 선하지 못한 것에 거스르기 때문에 함께 선이라고 한다. ----. 이것은 또한 ④ 상주하는 것이니, 멸진하는 기간이 없기 때문이고, ----. 이것은 또한 ⑤ 안락이니, 핍뇌함이 없기 때문이고, ----.

2승이 얻는 2가지 전의의 증과는 오직 번뇌장의 속박만을 영원히 여의어서 수승한 법이 없기 때문에 단지 ⑥ 해탈신이라고 한다. 크게 깨달으신 세존께서는 최상의 적묵법을 성취하셨기 때문에 ⑦ 대모니라고 한다. 이 성인이 얻는 2가지 증과는 영원히 2가지의 번뇌를 여의었기 때문에 또한 법신이라고 한다.

(前修習位 所得轉依 應知卽是究竟位相 此謂此前 二轉依果 卽是究竟無漏界攝 諸漏永盡 非漏隨增 性淨圓明 故名無漏 界是藏義 此中含容無邊希有 大功德故 或是因義 能生五乘世出世間 利樂事故 ---- 此轉依果 又不思議 超過尋思 言議道故 微妙甚深 自內證故 非

諸世間喩 所喩故 此又是善 白法性故 清淨法界 遠離生滅 極安隱故 四智心品 妙用無方 極巧便故 二種皆有順益相故 違不善故 俱說爲善 ---- 此又是常 無盡期故 ---- 此又安樂 無逼惱故 ---- 二乘所得二轉依果 唯永遠離煩惱障縛 無殊勝法故 但名解脫身 大覺世尊成就無上寂默法故 名大牟尼 此 牟尼尊所得 二果永離二障 亦名法身.)

라는 내용에서 알 수 있는 바와 같이, 7개의 항목으로 구경위인 부처님의 지위를 찬탄하고 있는데, 이 앞의 수습위에서 닦은 2전의의 묘과는 곧 수행의 구경으로서 불지인 바, 이 자리가 무루과에 포함된다는 것이다. 따라서 이 구경위에 이르면 모든 번뇌가 영원히 멸진되어 그 성품이 청정하고, 원만하며, 밝다고 한다. 성문과 연각의 2승의 무학은 소지장과 함께 하므로 그 성품이 청정치 못하며, 일체 유학위의 무루는 원만함과 밝음, 곧 지혜가 없는데, 이러한 것들을 간택한 것이 구경위의 무루계라는 것이다.

Ⅵ. 유가유식의 수행관

Ⅰ. 유가행파의 유식관

부처님께서 위대하신 것은 2천 수 백년 전에 탄생하시어 설파하신 말씀이 진리 그 자체일 뿐만 아니라, 진실 그대로 실천하신 것이 귀감이 되었기 때문에 오늘날에도 많은 사람들이 숭배하는 것이 아닌가 한다. 말하자면 종교는 훌륭한 교의도 중요하지만 그것을 실천하는 수행도 중요한 것으로써, 만약에 이 두 가지의 덕목 중에서 어느 한 쪽으로만 치우친다면, 오히려 번민과 맹종만을 기르게 된다고 조언하고 있는 것도 이러한 염려를 배려한 데서 나온 것이다.

불교에서는 이와 같은 폐단을 막기 위하여 각자의 주의를 환기시키고 있으니, 곧, "만약에 아는 것[解]만 있고 그에 따른 실천이 없으면 머리만 무겁고, 실천[行]만 있고 아는 것이 없으면 맹신에 빠지기 쉽다"고 한 것으로써, 건전한 신행을 위해서는 신행합일할 것을 권장하고 있는데, 이 두 가지는 마치 마차의 두 바퀴와 같이 중요하다.

불교에서는 일찍부터 이런 개념들을 염두에 두고 선각자들이 여러 가지의 이론적인 방법과 실천덕목 등을 역설했는데, 그것을 보면 대체로 네 가지로 요약된다. 즉, 그 첫째는 향상일구문(向上一句門)으로써 화두 등을 참구하여 견성성불하고 전미개오하는 등의 선정을 통한 수행을 말하고, 둘째는 염불왕생문(念佛往生門)으로써 아미타불 등을 칭념하여 극락정토인 서방세계에 왕생코자 하는 것이며, 셋째는 의교수행문(依敎修行門)으로써 이것은 부처님께서 교설하신 경률 등에 의거하여 그 이념을 일상생활에서 몸소 실천하는 해행합일을 말하고, 넷째는 즉신성불문(卽身成佛門)이니, 이를테면 비밀 다라니 등을 염송해서 대일여래가 소지하고 있는 위력으로 업장이 소멸되면, 이 몸이 바로 불덕을 지녀서 즉시에 성불할 수 있다는 수행문 등이 그것이다. 여기에서 앞의 세 가지는 현교계통의 수행문을 말하는데, 이 가운데서도 세 번째의 의교수행문이 바로 유가유식불교 등에서 실시하고 있는 수행방법에 해당되고, 마지막의 네 번째 것은 밀교의 수행문이지만, 어느 것이나 그 방법은 다를지라도 목적은 같기 때문에 우열의 차이는 없다.

따라서 여기에서는 불교에 있어서 최고의 이상적인 경지인 성불을 위하여 우리가 닦는 수행덕목을 유가유식에서는 어떻게 이론적으로 수용·전개하고 있으며, 그 실제적인 방법에는 어떤 것들이 있는가를 여러 대소승의 경전과 논장 등을 통하여 살펴 보고자 한다.

유가유식의 불교사상에서 알아 둘 것은 유식사상은 유가(瑜伽; yoga), 즉 이론이 없는 실천을 위하여 이론을 제공하는 철학적인 개념에 지나지 않는다. 말하자면 유식사상은 그것이 의미하는 이론적이고도 논리적인 개념 그 자체보다는, 대부분의 불교교의가 그러하듯이 궁극적인 목적은 이를 수용하여 성불하는 실천수행 등이 주된 목적이기 때문에, 이 사상은 유가행을 위한 보조적인 이념에 머물러야 한다는 것이다. 그렇기 때문에 이와 같은 유가행과 유식사상과의 관계에 대하여 일반적으로 말하기를[이만 역, 《유식사상》 (경서원, 1993), p.122],

> 유식이란 것은 대상을 관찰하는 실수(實修)의 과정에서 처음 나오는 말이다. 즉, 유식이란 마음이 제법을 관찰할 때에 그 제법은 바로 마음의 발로이며, 마음 그 자체에 지나지 않는다.

라는 것이, 이러한 사실을 증명해주며, 나아가서, "관법에 의한 체험이 이론화된 것이 유식설이다"라고 하거나, "유식사상의 체계에 관한 이해 그 자체가 요가의 단계에 관한 수행, 즉 유가행이다"라고도 하며, "유식학파가 유가행파라고도 일컬어지는 것은 수행의 단계를 갖추고 실수와 상즉하면서 철학적인 고찰을 심화시켜 갔기 때문이다"라고 표현하는 것 등으로 보아서, 이들 간에는 서로 떨어질 수 없는 이러한 이치가 개입되어 있기 때문이다.

아무튼 불교를 이론적으로만 익혀 온 경험이 팽대한 분위기에서 수행도 그 못지 않게 중요하다는 것을 명심할 필요가 있다. 그렇기 때문에 원효 스님도 이와 같은 경향을 마음에 두고 말씀하시기를, "수행하면서 지혜를 쌓는 것은 마치 마차의 두 바퀴와 같으며, 자기를 위하여 최선을 다하고 남도 돕는 것은 새의 양쪽 날개와 같다"고 한 것은 이론보다는 수행에 더 비중을 두고서 한 말인지도 모르겠다.

실제로 인도나 중국 등 대승불교권에서는 일찍부터 많은 유가사들이 일상생활 속에서 요가나 삼매(Samādhi), 명상 등을 통하여 불도를 수행해 왔는데, 그들이 어떠한 방법으로 그들의 사색을 체험했는가 하면(이만 역, 전게서, p.194),

> 먼저 석존의 교설을 고찰하고, 구체적으로 각개의 영상을 대상으로 하여 정신집중을 한다. 그 위에 명상의 대상을 일체 존재로 확대하여 그들 존재의 근원을 고찰한다. 이러한 정신집중을 통하여 모든 존재에 대한 잘못이나 편파적인 생각, 결심, 망상이나 집착을 없애어 몸과 마음을 정화시켜 나간다. 이렇게 자기의 몸과 마음이 어떠한 속박으로부터도 자유롭게 되고 정화되면, 이상적인 상태를 스스로 체험한다. 마침내 신심이 함께 청정하게 되고, 의지할 곳이 전환된 이상적인 상태에 이르게 된다.

라는 것이 유가사들의 체험인데, 이러한 수행의 바탕에는 무엇 보다는 명확한 교학적인 이해가 우선 되기 때문에, 유가사들은 일찍부터 유식사상에서 교설하는 연기설과 심식설 등에 관심을 기울여 왔다. 때문에 유가란 유식관법으로서 유식사상의 기원을 말하기도 하고, 이것을 특징지을 정도로 중요하게 되었으며, 이 유식관은 정혜, 즉 마음의 지혜에 관한 관행의 지위사상으로 발전하게 되었다.

이와 같은 유가행파의 유식이론은 구체적으로 누구에 의하여 정립되었는가 하면, 무착의 《섭대승론》에서 비로소 체계화되었던 것이며, 그의 동생인 세친이 《유식이십론》과 《유식삼십송》에서 이를 완성시켰다. 그렇지만 유가행파가 무착의 출현에 의하여 돌연히 형성된 것은 아니고 이미 꽤 오래 전에 유가사들의 전통이 있었던 것이며, 이 유가사들이 북인도의 유부계 교단을 모체로 하고, 그 실천상의 요구에서 용수에 의하여 확립된 공성설을 받아들이므로서 대승화되었다. 이 때에 이들에 의하여 재래 유가행의 체계 위에 대승 유가행의 확립을 목표로 보살지의 원형인 강요서가 만들어졌다.

이에 반하여 재래의 유가행을 성문지라고 불렀는데, 이 성문지에 관한 유가행 이론은 별도로 《해심밀경》 〈분별유가품〉의 골자가 되었으며, 이 경전이 대승 유가행의 실천인 유식관을 처음으로 표명해서 중요하다. 그런데 이렇게 일체제법을 눈 앞에서 있는 그대로 여실하게 보기 위하여 행해지는 유식관법은, 적어도 이 학파의 초기 유가사들에게 있어서는 일상의 경험세계를 유지하고 있는 언어활동을 반성하거나, 말 혹은 사유작용 내지는 굳게 마음먹고 있던 것들을 먼저 단절하는 것에서부터 시작하였을 것이다. 그리하여 이런 관법의 기초이론이 되는 유식사상을 이해하기 위한 방법으로써, 먼저 머리에 떠올릴 것은 모든 대상은 진실로 존재하지 않는다는 것을 인식하고 난 후에, 대상이 존재하지 않기 때문에 그것을 받아들이는 심식도 또한 존재하지 않는다는 것을 안 두 단계에 관한 내용이 많은 저서에 언급되었다.

이러한 마음의 인식 깊은 곳에는 우리 중생들을 일생 동안 생사에 유전케 하는 두 가지의 장애, 즉 번뇌장과 소지장이 항상 따라다니므로 이것을 단절시키는 것이 무엇보다도 중요하다. 그리하여 《성유식론》 권제1(《대정장》 31, 1上)에 의하면,

> 이 논장을 짓는 것은 두 가지[我·法]의 공에 미류한 사람들이 있어서, 그로 하여금 올바른 알음알이를 내게 하기 위함이다. 이 알음알이를 내어서 두 가지의 중장(二執; 二障)을 단절키 위함이니, 아법의 집착으로 말미암아 두 가지의 장애(소지장과 번뇌장)가 함께 일어난다. 만약 이 두 가지가 공한 것임을 증득하면 저 장애도 따라서 단절되고, 장애가 끊어지면 두 가지의 수승한 결과를 얻을 수 있는데, 잇달아 일어나는 번뇌장을 끊음으로 말미암아 진실한 해탈을 증득할 수 있고, 지혜를 장애하는 소지장을 끊음으로 말미암아 대보리심을 얻을 수 있다.

라고 한 내용이 그것인데, 여기에서 보면 자아와 제법에 관한 두 가지의 그릇된 집착으로 말미암아 두 가지의 번뇌가 동반하여 나타나며, 이 가운데서 번뇌장을 끊으면 해탈심을 얻을 수 있고, 소지장을 끊으면 보리심을 얻을 수 있다는 것을 단혹증리라고 하는데, 이것이 생사윤회의 세계를 벗어나게 함으로 이의 증득을 위하여 지속적인 수행, 즉 실천수행이 절실하게 요구된다는 것이다.

따라서 유식사상에서는 이와 같은 실천론에 많은 관심을 기울인 나머지 이를 닦을 수도인의 자질과 그 계위 등에 관하여 구체적으로 설명하고 있다. 그 중에서 수행인의 자질에 관한 것이 소위 5성각별설이고, 수도의 계위에 관한 것이 5위설이다. 먼저 5성각별설이란 일반적으로 대승불교에서 '일체중생 실유불성'설을 내세워서 중생이면 누구나 태어날 때부터 불성을 지니고 있어서, 그 완성에 걸리는 시간적인 차이는 있지만 수행에 의하여 마침내 성불할 수 있다는 교의와는 달리, 중생들은 선천적으로 전생의 업에 따라서 그 기질상에 천차만별의 선악업 종자들을 가지고 있는데[有爲種子差別說 · 無爲無作用說(眞如凝然說)], 그것을 보면 대개 다섯 가지로 구별할 수 있다는 것이다. 즉, 이것은 현실에 처해 있는 중생들의 실상과 각 개인이 함장하고 있는 제8 아뢰야식 중에 간직되어 있는 무루종자의 유무에 관한 이론으로써, 수도하면 불과를 증득할 수 있다는 보살종성과, 벽지불과를 얻을 수 있는 연각종성, 아나한과를 얻는 성문종성, 성문이나 연각을 거쳐서 대승에 전향하여 불과를 증득할 수 있다는 부정종성, 그리고 3승에 해당되는 무루지를 일으키지 못하여 3계 윤회의 굴레를 벗어나지 못하는 불성이 없는 무불성종성 등이 있다는 것이다.

한편으로 유식사상에서는 수행인의 수행 정도에 따라서 그것을 체득하는 마음의 경지를 역시 다섯 가지로 나누어서 설명하고 있는데, 그 첫째는 자량위로서 여기에서는 대승의 모든 교의를 깊이 신해하고 이를 바탕[資糧]으로 하여 점차로 닦아가는 단계를 말하며, 두 번째는 가행위로서 이 단계에서는 능히 소취와 능취를 없애고 진실한 견해를 내어 수행을 더 한층 닦는 것을 말한다. 세 번째의 통달위에서는 모든 것을 있는 그대로[實性과 實相] 통달하여 이를 갈파한[見道] 보살의 경지를 말하며, 네 번째는 수습위로서 보살이 소견의 이치[通達]와 같이 이것을 자주 수습하여 나머지의 장애를 복단하는 보살의 수도를 일컫고, 끝으로 구경위는 보살이 수행을 잘하면 마침내 최극과인 무상정등정각에 머문다는 것이다.

이와 같이 유식사상에서 유가행의 실천은 궁극적으로 중생이 가지고 있는 번뇌장과 소지장을 단멸하려는 보살도의 수행과 크게 다르지 않으며, 이 수행도를 이론적으로 뒷받침해주는 유식사상 등도 사실은 그 이념을 주의 깊게 고찰해 보면, 바로 우리 각자가 일상생활 속에서 흔히 상용하고 있는 유식소변에 불과하다는 것이다. 이러한 관법을 유식관이라고 부르는데, 이것은 유위무위의 일체 제법상의 자상을 세 가지[三種自性]로 나누어서 밝힐 때에, 이 가운데의 변계소집성의 것은 본래 허무한 것이라고 관찰하는 것으로부터 시작하여 이를 점차 다섯 번에 걸쳐서 거듭되는 관법으로 닦아, 마침내는 인식 주체상의 형상까지도 환상과 같은 것이므로 이를 버리고서 오직 우리의 본성만을 그 경계로 삼아야 한다는 5종유식관을 주장한다.

처음의 견허존실(遣虛存實) 유식관에서는 무위의 세계를 포함한 일체의 현상세계[五位百法]는 그 속성을 보면 변계소집성과 의타기성 및 원성실성의 세 가지 성질로 구성되었는데, 여기에서 의타기성의 것과 원성실성의 것은 진실한 것이므로 이를 존치하고, 변계소집의 것은 우리 범부들의 감정상의 소산이어서 허무한 것[情有理無]이므로 이것을 없애야 함을 관찰하는 유식관을 말한다. 다음으로 사람유순(捨濫留純) 유식관에서는 제1중의 유식관에서 변계소집성의 것은 허망한 감정의 소산이기 때문에 이를 버리고, 의타성의 사물[事]과 원성의 이치[理]는 모두가 우리의 인식을 여의지 못한 진실한 것이므로 취했는데, 여기서는 우리들이 잘못 인식하면 마음 밖에 사물[外境]이 별도로 있는 것으로 착각할 우려가 있으므로 이것을 버리고[捨離] 순수한 마음만[唯識]을 유존시키는 관법을 가리킨다. 세 번째는 제2중의 유식관에서 내심의 순수함만을 취했으나, 여기서는 더 나아가 그 내심 중에서도 견분[主觀]과 상분[客觀]은 능변의 본체인 자체분[主觀 중의 主觀心]의 소변현으로서 지말적인 작용에 불과함으로 이를 수섭하여 본체에 귀입시키는 안목으로 마음을 관찰하라는 섭말귀본(攝末歸本) 유식관을 내세우고 있으며, 네 번째로는 위의 제3중의 유식관에서 마음의 근본체인 자체분만을 소관의 대상으로 하고 그 지말적인 것은 본체에 귀결시켰으나, 이 자체분 중에도 세심인 심소법은 그 세력이 은열함으로 수승한 심왕법만을 대상으로 하여, 한층 더 심오한 관법을 닦아야만 올바른 수행이 된다는 의미에서 은열현승(隱劣顯勝) 유식관을 권장한다. 다섯 번째는 제4중의 유식관에서 심왕법의 세력이 어떠한 심소의 그것보다도 뛰어나므로 이것을 중심으로 관법을 행해야 할 것을 요구하였지만, 이 심왕법도 자세하게 그 내면을 고찰해 보면 상용과 체성으로 구분이 되는 바, 순수한 유식관을 실행하기 위해서는 상용을 버리고 체성만을 증득하여 대상으로 삼아야 한다는 견상증성(遣相證性) 유식관을 끝으로 주장한다. 즉, 이 세상의 모든 것이 유식소변의 현상에 불과하다는 것을 관법의 대상으로 삼음에 있어서, 보다 얕은 안목에서부터 점차로 깊은 곳에 이르는 점입심관의 수행법을 채택하여 5중으로 설한 것이 이 유식관이다.

그렇지만 이상과 같이 유가유식학파에서 거론하는 식론 등은 그 학파명이 보이는 바와 같이, 모두 전미개오를 위한 실천도인 유가행의 관심 하에 설해져 공성에의 실현을 본래의 목적으로 한 것이 아니면 안된다. 그러나 식론은 지식의 구조나 그 성립 유래 및 작용의 장으로써 일반 세간에 관계되는 것이지, 식론 그것에서 직접으로 공성에의 오입을 설한 것은 아니라는 설 등이 있는 것으로 보아서, 유식이론과 이를 실천하는 수행, 즉 유가행과의 사이에는 실제적으로 많은 벽이 있다는 것을 암시하고 있다.

Ⅱ. 유가행파의 실천원리

부처님의 가르침이 오직 그 화의의 습득이나 전달에만 치중되었다면, 이는 뿌리가 없는 나무와 같아서 오래가지 못하고 쉽게 고사되거나 변형되었을 것이다. 따라서 불교가 수 천년을 지탱해 온 그 이면에는 교의에 관한 시대적인 발달도 있겠지만, 그것 못지 않게 주효했던 것은 어느 시대, 사회에서 누구나 간단하게 실천할 수 있었던 수행방법에 있지 않았는가 한다.

이러한 수행법을 각 시대별로 살펴 보면, 초기불교에서는 심성본정설에 입각하여 객진 번뇌 등을 제거하는 좌선법이나 37조도품 등이 유행하였으며, 부파불교의 대중부 계통에서는 불타를 초인적이면서 이상적인 존재로 여기고 있는 반면에, 상좌부 특히 설일체유부에서는 인간적이요, 현실적인 존재로 불타를 인식하면서 방편위 · 견도위 · 수도위 및 무학위 등의 4도법을 닦는데 열중하였다. 소승불교에서는 아라한과를 증득하기 위하여 4향4과를 닦는 것을 그들의 최대목표로 삼았으며, 대승불교에서는 이들 방법이 보다 다양해져서 참선이나 염불 · 삼매 · 유가 등을 닦아서 깨달은 사람, 즉 불타가 되는 것이 무엇 보다도 관건이었다.

여기에서는 유가에 관한 것만을 살펴 봄에 있어서 이에 기초이론을 제공했던 소승경전의 내용을 먼저 고찰하고 난 후에, 이것을 응용하여 발전시킨 대승경론에 설해진 사상들을 검토하여 보고자 한다.

1. 소승경전에 설해진 유가사상

일반적으로 유식학파를 유가행파라고도 하는데, 이것은 유가(Yoga)에 관한 체험을 이론화한 것이 유식사상이기 때문에 이 학파의 성격을 특징짓는 명칭에서 이렇게 부른 것이다.

그러면 유가라는 말이 처음부터 이 행파에서 사용되기 시작하였느냐 하면 그렇지는 않고, 일찍부터 인도에서 행하여진 정신통일을 위한 실천법에서 나왔다. 다시 말하면 원래 Yoga란 말[馬]에 멍에(Yoke)를 씌우는 것을 의미하는 것으로써, 이것이 특수한 실수법으로 사용하게 된 것은 기원전 3, 4세기 경에 성립된 우파니샤드(Upaniṣad) 때부터였다. 따라서 불교인 뿐만이 아니라 힌두교의 제파에서도 마음을 그 소연에 안주시키는 이 요가를 해탈 획득의 수단으로 삼았던 것이다. 그리고 이에 전문적으로 몰두하는 수행자들을 가리켜서 유가사(Yogācāra)라고 하는데, 이를 해석하면 Yoga의 실천(行 ; Ācāra)이나 선정의 수행을 의미하는 것으로서, 한역불전에서는 수행, 수습행, 적정수행, 상응행, 관행 등으로 번역한다. 또한 범어의 특색으로써 요가의 실천자도 이와 같은 말로 나타내는데, 소유 복합어적인 용법에서 이 의미는 Yogin과 그 뜻이 비슷하며, 유가사는 이 용법의 역례로 수행자, 여실행자, 관행자, 수관행자 등으로 표현되고 있다.

이러한 유가사들이 일찍부터 불교계에서 당시의 번쇄철학과는 관계 없이 오로지 수행의 요체만을 설한《달마다라선경》이나《수행도지경》등을 아비달마시대에 저술하여 사용하였으며,《아함경》부류와《대비바사론》및 이의 강요서인《구사론》등에서도 유가사에 관한 내용이 나오고 있다. 먼저 선정을 수행하는 사람들은 어느 시기나 장소를 막론하고, 자신에게서 지혜의 내제와 깨달을 가능성 등을 확신하는 마음가짐이 무엇보다도 중요하다는 것인데, 초기불교에서는 비구들이 닦아야 할 요체로써 계 · 정 · 혜 삼학이 설해지는 가운데도, 외계의 대상에 향하는 감각을 제어하며 마음의 활동을 가라앉히는 지심(Śamatha)과 고요한 마음에 그 대상의 영상을 뚜렷이 비추어 주는 관찰(Vipaśyanā) 등이 불교수행에 있어서 항상 중요시되었는데, 이것이 각각 삼학 중에서 정과 혜에 해당된다.

이와 같은 경향은 부파불교시대의 전적에서도 나타나고 있지만, 특히 소승불교시대의 관계 전적에서는 보다 자세하게 지관과 선정 등에 관하여 서술하고 있다. 이들에서 볼 수 있는 것은 한 미디로 교학사상을 이해하면서, 한편으로는 수행을 동반하는 교관겸수의 방법이 보편적으로 활용되고 있었으며, 여러 가지의 수행론 가운데서도 선정을 닦으면서 교학을 연구하는 수행자들을 가리켜서 유가사라고 불렀다.

따라서 소승불교의 각 경론에 설해지는 있는 유가사상을 보면, 먼저《잡아함경》에서 말하기를, "지와 관을 많이 닦으면 무엇이 성취되는가”라는 질문에 대하여, “지를 수습하면 마침내 관이 성취되고, 관을 수습하면 또한 지가 성취된다. 따라서 지관을 함께 닦으면 모든 해탈계를 증득할 수 있다”라고 대답하고 있는 것으로 보아서, 일찍부터 지관에 관한 수행법이 불교계에서 권장되고 있었으며, 이러한 수행을 전문적으로 하는 사람들을 가리켜서 유가사라고 했다.

다음으로 《대승아비달마집론》과 《유가사지론》은 대소승의 교의를 결합한 조직적인 학풍을 보여주고 있는데, 이 중에서 《아비달마집론》은 유가행파 학설의 완성과 함께 이 학파의 실천수행이 유식이론으로 그 중심을 옮겨가는 경향을 나타내고 있으며, 일부 소승계통의 사람들 중에서 유가행을 귀중하게 여겨서 이에 몰두한 사람이 있었는데, 자연 그 사람들 사이에서 여러 설이 얽어매어지게 되었고, 그런 내용들이 의도적으로 후에 무착 등에 의하여 대대적으로 집성된 것이 《유가사지론》이라는 것이다. 특히 중호가 지은 《수행도지경》과 달마다라와 불대선이 함께 설한 《달마다라선경》에 설해지고 있는 소승의 선사상과 《대비파사론》 등에 소개되고 있는 유가사들의 설이 합해져서 《유가론》과 같은 논전이 되었다.

그런데 《대비바사론》에 나오는 유가사들이란 당시의 아비달마 논사들과는 다른 존재들로써 자주 이들과 의견 충돌을 일으켰는데, 한 예를 들어보면, 안 등 전5식이 전전하고 무간함이 현재전에서는 일어나지 않느냐는 질문에 대답하기를, “모든 유가사들은 안 등 5식이 전전하고 무간함이 현재전에서는 일어나지 않는데, 왜냐하면 모든 것은 제6 의식에 따라서 무간하게 일어나기 때문이라고 주장하는데 반하여, 아비달마의 모든 논사들은 안 등 5식이 전전하여 모든 무간함을 얻어 일어난다. 만약에 그렇지 않으면 근온설에 위배되기 때문이다"라고 하여, 유가사들은 전5식은 단지 현량인데 반하여, 제6 의식은 이들의 기저에 항상 존재하면서 그 인식활동을 유지, 상속시켜 주는 근본체로 본 것이다. 그렇지만 아비달마논사들은 이러한 모든 인식이나 유지 내지는 상속 등이 전5식 그 자체에서 이루어지는 것으로 보아서 서로 상반된 견해를 나타내고 있다.

여기에서 알 수 있는 것은 단순히 교학적인 연구에만 몰두하고 있던 아비달마논사들과는 달리, 수행을 하면서 겸하여 연찬에도 전념했던 유가사들이 그들의 체험을 기초로 하여 새로운 교의를 펼 때에 기존의 세력들과 갈등 등이 심하였다는 것을 알 수 있으며, 이들의 교학이론이 한층 유식사상에 가까웠다는 것을 짐작할 수 있다.

한편《대바바사론》의 강요서인《아비달마구사론》에서는 보다 구체적으로 수행에 관한 이론체계를 세웠는데, 이들 사상이 점차 발전하여 후에《성유식론》등의 유식교학을 전하는 대승경론에서 자량위 등의 5위 수행체계로 확립되었다. 그러면《구사론》에 설해지고 있는 수행체계에는 어떠한 것이 있는가를 살펴 보면, 여기에서는 3도를 들고 있다. 즉, 그〈현성품〉에 설해진 수행법으로써 혼미한 세계에서 깨달음의 세계에 이르는 길에는 세 가지가 있는데, 이것은 다름 아닌 모든 견소단의 번뇌를 끊어버린 견도와 수소단의 번뇌를 단절한 수도의 두 단계에서는 수행을 위주로 실천하고, 마지막의 무학도는 앞의 두 단계와 같이 수행의 단계라고 하기 보다는 최종목표를 의미하는 구경위에 해당되는 단계로 설하고 있는 것이 그것이다.

그런데 이 견도와 수도의 두 단계에 들어가기 전의 준비로써 문소성과 사소성으로 이루어져 해탈로 방향이 정해진 단계[三賢位]인 순해탈분과, 수소성으로 이루어져 번뇌가 없는 세계로 방향이 정해진 단계[四善根位]인 순결택분을 닦아야 한다는 것이다. 이렇게 실질적으로 5단계를 거치면서 마침내 아라한이 되는 것이 소승에서의 수습단계인데, 이 단계만을 놓고 볼 때에 대승의 그것과 거의 같은 것[五位]은 그 목표가 다를 뿐이지 내용에서는 동일하다는 것을 대변한 것으로써, 그렇다면 유가행파라는 호칭이 설일체유부에도 낯설지 않고 적합한 이미지를 내포하고 있다는 것을 암시하는 추측까지 하고 있다. 아무튼 이와 같이 소승 아비달마에서 확립된 수행의 5단계 등을 유가행 유식파의 유가사들이 기틀로 삼아 그들의 수행체계를 세웠다.

2. 대승경전에 설해진 유가사상

인도의 일부 사상가들과 소승불교도 중에서도 북인도의 유부계는 정신통일 위한 실수법으로써 유가(Yoga)를 실천해 왔는데, 그후 이 사람들이 점차로 유가에서 얻은 체험 등을 중심으로 이론화하는 과정을 거치면서 마침내 소승불교시대에는 이미 상당한 수행체계를 갖춘 전형적인 한 학파로 자리를 잡았다. 더구나 이러한 유가사들이 여기에 만족하지 않고 더욱 이를 발전시켜, 대승불교시대에 와서는 이에 관한 전문적인 논서가 나올 정도로 성행되기에 이르렀던 것이다. 그러한 구체적인 태도는 일찍이 유가사들이 용수의 대승적인 선관, 즉 공성설 등을 수용하여 보살지를 성립시키고, 이러한 주장을 《대승장엄경론》에서 받아들여서 마침내 무착의 《섭대승론》에서 그 완성을 보게 되었다는 사실 등이 이의 수용과정을 잘 말해준다. 한편으로 재래의 유가사들은 성문지를 완성시켰는데, 이것은 《해심밀경》 중의 〈분별유가품〉의 주요사상으로 그 자리를 옮겼다.

이러한 유가수행이나 지관 등의 실천은 궁극적으로 깨달음을 향한 그 방향이 같기 때문에, 무엇 보다도 중생구제를 최우선으로 삼는 보살도와 쉽게 연결되어 대승적인 수행론으로 정립되었다. 따라서 여기에서는 여러 대승경론에서 설해지고 있는 유가사상을 몇 가지의 대표적인 전적을 통해서 살펴 보고자 함에 있어서, 그 본론격인 《유가사지론》에서 다루어지고 있는 내용들은 별도로 취급한다.

1) 《해심밀경》에 설해진 유가사상

대승불교사상을 전하는 여러 경전 중에서도 이 《해심밀경》은 그 교설의 대상이 일반 대중이 아니라, 미륵이나 문수보살이었기 때문에 매우 이해하기 어려운 내용이므로 '해심밀(解深密)'이라고 했다. 그렇지만 유식사상의 대요가 여기에서 시작되고 있기 때문에 중국의 법상종에서는 6경 11론의 소의경론 중에서도 이 경전을 제일 중요하게 취급하였던 것이며, 특히 제6의 〈분별유가품〉에서는 모든 법의 성품과 현상은 그것이 바로 유가유식의 소연임을 관찰하는 지관법에 관하여 집중적으로 설하고 있어서 관심을 끈다. 즉, 그 내용을 보면, 미륵보살이 부처님께, "모든 비발사나(Vipaśyanā ; 觀 · 觀察 · 能見 · 正見)와 삼마지(Samādhi ; 三昧 · 定 · 等持 · 正受)를 수행하여 얻는 영상은 이 마음과 마땅히 다르다고 해야합니까, 아니면 같다고 해야 합니까"라고 물으니, 부처님께서 말씀하시되(《해심밀경》 권제3 ; 《대정장》 16, 698上~中),

> 선남자여, 마땅히 다르지 않다고 해야 한다. 왜냐하면 저 영상은 오직 이 식으로 말미암기 때문이다. 선남자여, 내가 설하는 식의 소연이란 바로 유식의 소현이기 때문이다. …… 그러면 세존이시여, 만약 모든 유정이 자성에 머물러서 색 등 마음에 나타난 바의 영상을 연한다면, 저는 이 마음과 또한 다르지 않습니까. 선남자여, 또한 다르지 않다. 그렇지만 뭇 어리석은 사람들은 전도된 착각으로 말미암아 모든 영상은 오직 이 식이라는 것을 여실하게 알지 못하고 알음알이를 내는 것이다.

라고 한 것이 그것으로서, 《해심밀경》이 본래 제승(諸乘)에 나아갈 사람들을 위하여 그 방법을 추구하여 가는 가운데, 《반야경》에서 용수 등에 의하여 확립된 대승의 공성설을 보다 깊이 있게 실천수행에 의하여 초월하려고 시도한 것이 바로 유식의 관법으로써, 처음으로 이 경전에서 대승 유가행의 입장이 표명된 것이다.

이에 설해져 있는 지관법은 구체적으로 어떠한 내용인가를 보면, 우선 첫째로 지관의 의주(依住)로는 법을 가립하여 의지하며,

최상의 정등정각을 얻기를 원하면 대승에 머무르면서 지관을 닦아야 한다는 것이다. 다음으로 지관행에서는 먼저 부처님께서 일생 동안에 설하신 모든 교법을 그 형태에 따라서 계경(契經)과 응송(應頌), 자설(自說), 인연(因緣) 등 열 두 가지로 나누는데, 이들의 내용을 잘 듣고, 생각하며, 이해하는 등 그것을 지속적으로 사유하여 정행에 안주하면, 마음이 적정해지고 몸도 편안해지는 것을 지(止)라고 한다. 이러한 상태에서 더 나아가 심상을 버리고 오로지 지 가운데 떠오르는 영상을 잘 관찰하고 승해하며, 깊이 생각하고 살피는 곳에 지혜의 활동으로써 인(忍)·낙(樂)·혜(慧)·견(見)·관(觀) 등이 있게 되는데, 이것을 관(觀)이라고 한다. 따라서 지(止)는 마음을 깨끗이 하고 고요하게 하여 오로지 하나의 대상에 기울이는 선정을 말하는 것이며, 관(觀)은 지를 기반으로 하여 활동하는 지혜이고, 이에는 인·낙·혜 등이 포함되어 있다는 것을 알 수 있다.

끝으로 지관에 의하여 증득되는 깨달음에 관한 내용으로써는 이를 잘 닦아 익힘에 따라서, 실상진여 등 일곱 가지의 진여를 올바르게 사유하여 마음에 일체 세밀한 형상 등의 현행까지도 없게 된다. 이렇게 점차로 모든 것을 통달하여 초지인 견도위에서부터 십지까지의 수도위를 거쳐, 마침내 최상의 정등각에 오르는 것은 지관법을 닦음으로써 가능하다는 것이다.

이와 같이 《해심밀경》은 모든 승, 즉 성문, 연각, 보살 등 3승에 나아갈 사람들을 위하여 설해서, 《반야경》 부류에서 용수 등이 대승불교의 선양에 급한 나머지 성문승에 관한 교설을 없애버렸지만, 유가행파에서는 이들에도 입장을 부여하여 포용하는 종합적인 내용을 견지했는데, 이러한 형태 위에서 설해지고 있는 것이 또한 《유가사지론》이다.

2) 《능가경》에 설해진 유가사상

대승경전으로써 법상종의 소의경론에도 속하지만 《해심밀경》과는 달리 일승사상을 주장해서 관심을 끄는 이 《능가경》은, 그 내용이 여래의 심지를 요약하고 있기 때문에 일찍이 달마대사가 이것을 그의 전법 제자인 혜가에게 전수했다고 하며, 이러한 영향으로 당시의 많은 승려들이 항상 이 경전을 수지하고 다니면서 교리의 심요로 삼았을 뿐만 아니라, 모든 수행의 근원을 여기에서 찾았다는 것이다. 특히 불교 제학파의 학설들을 풍부하게 채용하여 그것들이 어떻게 종교적인 체념과 일치하는가를 보여주고 있으므로, 이 방면의 자료로 매우 귀중하게 평가받고 있다.

이 《능가경》에서는 모든 것은 오직 각자의 마음에서 스스로 일어난 것[唯自心所現]에 불과하지만, 일반 범부들은 이 도리를 깨닫지 못하고 쉽게 상대적인 관념에 치우쳐서 분별심을 내므로 이에서 벗어나야만 열반, 즉 마음의 평정을 이룰 수 있다는 것이다. 따라서 참선이나 유가 등을 통하여 분별하는 마음, 즉 들뜨거나 가라앉은 마음을 안정시켜야만, 바른 지혜가 나타나서 진실로 모든 것의 자성을 그대로 볼 수 있다. 그리하여(《입능가경》 권제4 ; 《대정장》 16, 539下~540上),

> 보살 마하살은 아함의 명자법과 여러 논사들이 말한 분별법상을 떠나 적정한 곳에 홀로 있으면서 사유하고, 자신에게 내재해

있는 지혜로 모든 법을 관찰하여 다른 교의에 떨어지지 않았으며, 갖가지로 본 허망한 형상을 여의고서 마땅히 근면하게 수행하여 여래지의 최상인 증지에 들어갔다. 대혜여, 이것을 자신의 안에서 성스러운 지혜를 증득한 수행의 모습이라고 한다. 대혜여, 또한 삼계 중에서 일승상을 닦을 수 있으니, 무엇이 일승상인가 하면, 여실하게 일승의 도리를 깨달아 알았기 때문으로, 나는 이것을 일승이라고 이름한다. …… 성문과 연각은 스스로 열반을 증득할 수 없기 때문에 나는 오직 일승의 도리만을 설한다.

라고 하여, 소승이나 일부 논사들이 말하는 분별된 법을 버리고서 대승사상에 입각하여 올바른 법에 의한 수행을 그 목적으로 하라고 가르치고 있으며, 또한 오직 일승법만을 설하는데, 이것은 성문이나 연각은 지혜를 가로막는 장애와 업과 번뇌 등을 여의지 못하여 일승을 증득할 수 없다고 설한다.

이 경전에서는 네 가지의 분별된 언어형태를 설하고 있는데, 그 첫째는 모양만을 논술한 언설이고, 둘째는 꿈과 같이 허황된 언설이며, 셋째는 허황된 것을 고집하는 언설이고, 넷째는 언제부터인지 모르게 자기에게 집착되어진 언설 등이 그것으로써, 이러한 언설들은 궁극적으로 지관 등을 닦는데 있어서 아무런 보탬이 되지 못함으로 과감하게 이에서 벗어날 것을 권장한다. 그리하여 문자의 뜻에 의지하고 언어에 집착하지 말며[依義不依語], 말씀이 본래 없는 것이 부처님의 말씀[不說是佛說]이고, 그렇기 때문에 부처님께서는 성불한 후부터 열반하실 때까지 한 글자도 말하시지 않았다[不說一字]는 것이다. 이와 같은 내용들이 발전하여 결국 선가에서 표방하고 있는 불입문자와 같은 선지(禪旨)가 되었다는 것이다. 그리고 또한 네 가지의 선(禪)을 소개하고 있으니, 첫째는 우치한 범부가 닦는 선이요, 둘째는 뜻을 관찰하는 선이며, 셋째는 진여를 생각하는 선이고, 넷째는 모든 부처님들이 닦았던 선 등이라고 소개한다.

이러한 이 경전의 특색으로 말미암아 신수 대사는 이를 중심으로 북쪽에서 선법을 선양하였기 때문에 그의 선리를 북점선이라 하고, 반면에 혜능 대사는 《금강경》을 중심으로 남쪽에서 선양했기 때문에 남돈선이라고 명칭했는데, 전반적으로 볼 때에 이 《능가경》은 초기 유가행파의 논전에서 직접적으로 유식설 등의 영향을 받았으면서도 그 유식설 본래의 체계는 숙지하고 있지 않다는 평가를 받고 있다.

3) 《대승장엄론》에 설해진 유가사상

초기의 유가행 유식사상을 전하는 대표적인 논전 중의 하나에 《대승장엄론》이 있다. 이것은 대승에 관한 진실한 뜻을 개진함에 의하여 대승경전을 장엄할 목적 하에서 의도적으로 조직된 정연한 작품으로써, 운율형식으로 된 20여장 800송 가운데서 〈보리품〉이 그 중심적인 위치를 차지하고 있으며, 또한 이 논전의 조직체계는 《유가시지론》의 보살지와 세밀하게 대응되는 것으로 알려지고 있다.

여기에서는 지심과 관찰이 요가라는 말로 표현되고 있는데, 특히 이 《장엄론》에서는 유가행파에서 보살도의 근본구조는 입무상방편상(入無相方便相) 즉 근원적인 사유인 유식관행을 통하여 그것을 실천하는 것으로서, 주체와 객체에 관한 집착을 단멸하는 것이란, 명언(名言)과 의언(意言)과의 2중의 인과적인 생성관계 중에서 성립되는 이름과 대상, 혹은 이름과 존재의 의미 내용상에 나타나는 주체와 객체를 단멸하는 것에 지나지 않는다는 것이다. 그런 까닭에 입무상방편상을 완수하여 초지에서 견도에 들어 법계를 직증하는 것이 바로, "유식성에 안주한다"거나, "마음이 자계에서 안락해진다"라고 설함과 동시에, "마음이 이름에 안락해진다", "이름이 4온에 안주한다" 등으로 표현한다.

이와 같이 입무상방편상에서 수행을 완료하여 법계를 직증하고 난 후에 보살의 십지에 들어간다는 것이 《장엄론》에서 확립된 유가행인데, 이러한 입무상방편상은 5종의 유가단계 중에서 그 제2단계인 작(Ādhāna ; 安置), 즉 초지인 입견도에서 법계를 직증하기 직전에 수습된다고 하는데, 《아비달마잡집론》 등에서는 제4 단계인 명(Āloka ; 光明)에서 수습된다는 주장과 견해를 달리하고 있다.

여기에서 말하는 유가의 5단계란 어떠한 것인가, 첫째로 진리의 세계에서 흘러나온 가르침을 잘 듣고, 둘째로 들은 가르침에 대하여 근원적으로 사유하며, 셋째로 마음이 대상이나 자기에게 사로잡히지 않고 그 본래의 상태로 되게 하며, 넷째로 있는 것은 있는 대로 없는 것은 없는 대로 확실하게 판단하며, 다섯째는 자기 존재의 근거를 완전히 없애고, 진리의 세계에 융합하여 일체중생과 평등한 입장에서 잡념을 벗어난다는 수행법이 그것이다.

자세하게 고찰하면, 첫째는 이를 지(Ādhāra ; 容器)의 단계라고도 하는데, 여기에서는 부처님께서 증득한 가르침을 잘 청문하는 것으로써, 마치 물 등을 그릇에 채우는 것과 같이 깨달음의 기초를 쌓은 단계를 말하는데, 이것은 전통적인 수행방법을 개설한 《성유식론》 소설의 5위 중에서는 제1 위인 자량위에 해당된다고 볼 수 있다. 둘째는 작의 단계로 이것은 근원적인 사유에 의하여 출세간의 진리를 이해할 수 있는 가능성을 마음 속에 안치한다는 것으로서 이 단계가 앞에서 말한 입무상방편상이며, 이것을 다시 세밀하게 나누어서 난 · 정 · 인 · 세제일법위 등으로 구별하는데, 5위에서는 가행위에 해당된다고 한다. 다음으로 셋째의 단계는 경(Ādarśa ; 鏡面), 즉 거울에 비유한 단계로써, 마음이 자계(自界)에 안주한 지혜에 의하여 일체의 알아야 할 진실들이 전도되지 않고 거울의 면에 모두 비쳐지기 때문에 이와 같이 부르는데, 이것은 5위 중에서 견도인 통달위에 해당되고, 네번째는 명이란 보살의 10지 중에서 제2지부터 제10지까지 이것을 되풀이 수습하여 출세간지를 얻는 단계로서 5위 중에서는 수습위에 해당되며, 끝으로 다섯 번째의 단계를 의(Āśraya ; 根據)라고 하는데, 이것은 의지할 바의 대전환으로써 마침내 부처님의 지혜에 들어가는 것을 말하며, 5위 중에서는 구경위에 해당된다고 설하는 것 등이 《장엄론》에서 볼 수 있는 유가행에 관한 내용이다.

4) 《섭대승론》에 설해진 유가사상

《대승장엄론》의 맹아적인 유가행파에 관한 유식학설이 대승불교적인 체계로 비로소 그 자리를 잡은 것은 《섭대승론》에서 이루어졌는데, 이 《섭대승론》을 한편으로는 《광포대승론(廣苞大乘論)》이라고도 부르는 것은 대승불교의 모든 교의가 이에 소섭되어 있기 때문에 이와 같이 명명된 것이다. 일찍이 진제가 이를 양 나라에서 번역하여 구유식사상의 소의경론으로 삼았던 것이며, 그 주요한 내용은 일체 만유를 근본적으로 유심의 소작으로 파악하고, 아뢰야식을 진망화합식으로 봄은 물론, 이것을 삼성설과 유기적으로 통합하는 반면에, 이러한 교의에 맞게 종교적인 실천을 강조한 수행체계를 이론적으로 뒷받침하고 있는 것이 이 논전의 특색이다.

그러면 여기에서 설해지고 있는 유가사상은 어떠한가, 전체가 10장으로 구성된 내용 중에서 제3장에서부터 제5장까지에 걸쳐서 수행의 목적과 그 방법 및 위계 등에 관하여 설하고 있다. 즉, 제3장인 〈응지입승상품(應知入勝相品)〉에서는 유식관에 드는 실천을 그 목적으로 한다는 내용을 기술하고 있으며, 다음 제4장인 〈입인과승상품(入因果勝相品)〉에서는 앞에서 말한 목적을 달성하기 위한 수행방법으로서 6바라밀을 들고 있다. 이어서 수행의 단계를 밝히고 있는 제5장인 〈입인과수차별승상품(入因果修差別勝相品)〉에서는 보살의 십지를 그 구체적인 과목으로 정하여 설명하고 있다. 다시 말하자면 이 《섭대승론》에서 보살지에 관한 대승교학이 하나의 보살장으로 그 자리를 확고하게 잡았다는 것이다.

3. 《유가사지론》의 실천론

이 《유가사지론》이 중국에 전래된 것은 자은사의 삼장 법사전에 의하면, 일찍이 현장이 인도에 가서 나란타사의 계현 논사로부터 이 《유가론》을 배웠는데, 그가 특별히 《유가론》을 배우는데 심혈을 기울인 까닭은, 이의 내용을 통하여 당시 국내에서 의문에 봉착했던 많은 문제들을 해결하고자 했던 것으로서, 그가 귀국할 때도 이 전적을 가지고 와서 몇 년 후에 번역하여 소개했던 것이다.

이렇게 전래된 《유가사지론》은 그 내용에서 보살의 실천을 체계화한 보살지가 주요 이념으로 되어 있는데, 유가사들이 이것을 그들의 소의논전으로 전수해 온 것은 유가사지(Yogācāra-bhūmi)가 유가 실천의 제단계, 즉 17지를 의미하며, 이들에 관한 내용을 그의 본지분에서 자세하게 설명하고 있기 때문이다. 이들 17지 중에서 처음의 2단계[① 오식신상응지와 ② 의지]에서는 통상적인 우리 마음의 의식구조를 밝히고 있으나, 그 다음의 7가지[③ 유심유사지 내지 ⑨ 무심지]에서는 그러한 마음의 모든 활동방법과 상태 등을 설명하는데, 이상의 9지는 유가행자의 소관에 관한 내용[境瑜伽]을 기술한 것이다. 이어 3단계[⑩ 문소성지 내지 ⑫ 수소성지]에서는 수행 바로 그것이 삼학으로서 준비적인 수행[加行]임을 밝히고, 그 다음은 수행자의 근기에 따라서 증득되는 삼승의 지위[⑬ 성문지 내지 ⑮ 보살지]를 말하고 있으며, 끝으로 2가지의 단계[⑯ 유여의지와 ⑰ 무여의지]에서는 수행인의 궁극적인 목표인 열반의 경지를 보이고 있다. 이상의 후반 8지는 유가의 수행[行瑜伽]과 그 결과[果瑜伽]에 관한 설명이다.

이러한 17지는 그것이 단순히 보살의 수행만을 나타낸 것이 아니라 중생이나 성문, 독각들의 경험까지도 포함한 것이라고 하며, 유가에서 설하는 보살지가 대승불교사상을 망라하고 있다는 것은 이른바 7가지의 성질[七大性], 즉 법(法)과 발심(發心)·승해(勝解)·증상의락(增上意樂)·자량(資糧)·시(時) 및 원증(圓證) 등과 상응하기 때문이지만, 무엇보다 중요한 것은 이 사상이 반야의 《발취대승(發趣

大乘)》이나 화엄의 보살 10지에 관한 설상(說相)을 종합적으로 고찰하여 삼승에 두루 통하게 한 데에 있다.

이 《유가사지론》에 설해지고 있는 실천법을 보면, 우선 지관법의 수행에 의하여 치유될 수 있는 5가지의 번뇌, 즉 5개[五障 ; 貪慾 · 瞋恚 · 掉擧 · 惛沈 · 疑心] 중에서, 탐욕과 진에 및 도거를 없애려면 먼저 9종의 수행법으로 마음을 안주시키고 난 후에 지(止)에 대치되는 것을 버리며, 혼침과 의심을 없애는 방법으로는 6종의 일을 분석하여 이치대로 마음을 닦아서 관법에 대치되는 것을 버리면 능히 해결된다는 것을 설하고 있다.

그러면 위에서 말한 9종의 수행, 즉 마음이 선정에 머무는 9가지의 경우는 어떤 것인가 하면, ① 내주(內住)란 밖의 일체 대상을 마음에 소섭하여 묶어 산란치 않는 것을 말하고, ② 등주(等住)란 전 단계에서 아직 미세한 번뇌를 소멸시키지 못했기 때문에 이것을 보다 안정시켜서 청정한 상태가 지속되도록 하는 단계를 말한다. 이어 ③ 안주(安住)란 마음이 비록 평등하게 머문다고 할지라도 밖의 산란함으로 말미암아 생각을 잃어버릴 수 있으므로, 이것을 마음 속에 평안하게 두는 것을 말하고, ④ 근주(近住)란 이와 같이 머문 마음이 자주 뜻을 지어 먼 밖에 있지 않고 가까이에 있기 때문에 이를 근주라고 하며, ⑤ 조순(調順)이란 마음이 여러 내외의 형상에 영향 받지 않고 진리에 순응해서 안정되어 있기 때문에 조순이라 하며, ⑥ 적정(寂靜)이란 수번뇌 등으로 말미암아 마음이 흔들리지 않는 것을 말하고, ⑦ 최극적정(最極寂靜)이란 실념(失念)이 발생하여 심사(尋伺)와 수번뇌 등이 단절되거나 추방되므로 해서 가장 적정한 경지를 맛볼 수 있다는 것이며, ⑧ 전주일취(專注一趣)

의 단계란 수행을 많이 하여 지관과 지혜가 동시에 나타나는 선정을 가리키고, 끝으로 ⑨ 등지(等持)란 선정을 많이 닦았기 때문에 더 이상의 수행이 없어도 산란함 등이 없어져서 마음이 항상 고르게 유지[等持]되므로 이와 같이 부른다는 것이다. 이외에도 고요함과 함께 항상 지혜가 있어서 모든 것을 자상하게 생각할 수 있게 하는 4가지의 경지인 4정려(四靜慮) 등에 관한 내용이 이 논장에 설해져 있지만 생략한다.

끝으로 이 논장에 설명되고 있는 좌선법에 관하여 보면, 먼저 좌선은 5가지의 인연을 바르게 관찰하기 위하여 실시한다는 것으로서, 첫째는 몸을 잘 수습하여 마음이 상쾌해지면 이와 같은 위의가 최상이기 때문이며, 둘째는 이러한 좌선법은 오래 지속되더라도 몸이 급히 피로하는 것을 막아주기 때문이고, 셋째는 이 좌선은 독특하여 외도 등 다른 종파에서는 찾아 볼 수가 없는 것이며, 넷째로 이 법은 모습이 근엄하여 다른 사람으로 하여금 신뢰를 갖게 하고, 다섯째로 이 법은 부처와 그 제자들이 모두 이것을 인정했기 때문에 현성들도 칭찬한다는 것이다.

이상과 같은 5가지의 이익은 좌선법에 의하여 습득되지만, 그것을 실시할 때는 굳은 마음을 가지고 마치 흙에서 생금을 도련(陶鍊)하는 심정으로 닦아야한다고 설한다. 즉, 그 첫째는 더러움을 없애는 단련[除垢陶鍊]이요, 둘째는 거두어들이는 단계[攝受陶鍊]요, 셋째는 이를 알맞고 부드럽게 다루어서 생금만이 남게 하는 단계[調柔陶鍊]가 그것이라 가르치고 있다.

Ⅶ. 유식교학의 중국적 전개

불교교의 중에서 유식학의 심식사상이 어떻게 중국에서 전개되고 발전되었는가를 고찰해 보면, 본래 인도에서는 불교의 교의가 실천수행을 위주로 하여 전개되었지만, 그것이 중국 등 북방지역으로 전래될 때에는 그 지역의 문화사조와 사회적인 풍조 등에 따라서 답보적이거나 발전적인 방향으로 흘렀다는 것이다. 즉(김동화, 〈중국불교의 유식학설〉; 《불교학보》 제7집, P,80),

인도에서 발생한 불교가 동남아 지역에 전파되어 옛날과 다름없는 성황을 이룬 것은 사실이지만, 그러나 이 지역의 불교는 신앙의 불교요, 실천위주의 불교며, 보수주의적이요, 형식 편중의 불교이어서 초기불교의 일면만을 고수해 온 것이 사실이지만, 불교 교리상의 발전은 소승불교 몇 종파의 사상이 그대로 전래될 뿐이지 별로 없었던 것은 은폐할 수 없는 사실이다.

이에 비하여 북방으로 전래한 불교는 신앙적이기도 하고, 실천도 중시하여 위도망구(爲道亡軀)한 결과 수 많은 고승 석덕들이 배출되었을 뿐만이 아니라 교리사상적으로도 괄목할만한 발전을 했는데, 이러한 점은 동남아불교에 비교되는 바가 아니다. 그 중에서도 현저한 것은 수 많은 경전과 논장이 저들에게는 전혀 없는 것이다.

라는 내용에서 보면, 불교 전반의 사상이 다시 한번 중국에서 발전한 양상을 보여주고 있는데, 전적으로 인도의 것과 같은 내용이었느냐 하면 그렇지는 않고, 여기에도 얼마간의 차이가 있지만, 대체로 인도불교가 전체적이요, 포괄적이며, 창의적이었다고 한다면, 중국불교는 부분적이요, 분선적이며, 단지 문장을 기술하는 현학적인 면이 많았다는 것이다.

이러한 예를 유식교학에서도 찾을 수가 있으니, 그것은 처음에 이 사상이 유가(Yoga), 즉 실천수행을 보조하기 위한 이론이었던 것이, 중국에 와서는 주객이 전도되어 오히려 주된 자리를 차지했던 사실이 이를 잘 말해준다. 더구나 이 방면의 수행자들이 일찍부터 지관행 등을 통하여 체득한 마음의 경지를 다룬《유가사지론》을 미륵보살이 지었는데, 이에 관한 10가지의 주석서, 즉 미륵 자신이 주석한《분별유가론」과 무착이 지은《현장성교론》,《섭대승론》,《대승장엄경론》과 세친이 주석한《백법론》,《오온론》,《변중변론》,《이십유식론》,《유식삼십송》 및 안혜가 지은《대승아비달마잡집론》 등의 십지론(十支論) 가운데서, 그 대부분이 중국에서 유식학자들이 섭론종과 법상종을 세울 때에 이들을 소의 경전으로 삼았던 사실은 이와 같은 양상의 한 단면을 보여준다.

아무튼 인도의 불교사상은 그것이 교의와 수행이 균형을 이루면서 전체적인 것을 지향하여 발전한 반면에, 중국불교의 그것은 분석적으로 대승경전들을 주석하여 세친과 그 당시의 여러 논사들 이후로 쇠잔해진 불교사상을 혁신하는데, 국력과 민족적인 힘을 경주하였던 것이다. 그리하여 대승불교의 핵심교의 중의 하나인 유식사상도 크게 발홍하여 그 무대가 중국으로 옮겨 온 느낌이 들 정도였다.

이러한 가운데에 유식교학의 많은 전적들이 인도에서 전래되어 번역되었는데, 그 중에서도 중요한 것은 담무참(385~433)이 《보살지지경》을, 구나발마(367~431)가 《보살선계경》을 각각 역출했는데, 이러한 것들이 유식계통 문헌의 중국 초역으로 간주된다. 그리고 남북조시대에 들어서 북조에서는 보제류지(?~527)가 《십지경론》과 《능가경》 및 《심밀해탈경》을 번역하였고, 늑나마제(?~508~)가 《구경일승보성론》과 《십지경론》을, 불타선다(?~539)가 《섭대승론》 등을 번역하여, 인도에서 유식교학을 확립시킨 무착과 세친 등의 사상을 중국에 소개하였다.

한편으로 남조에서는 진제(499~569)가 내방하여 많은 경론을 번역했는데, 그 중에서도 《섭대승론》과 《해절경》, 《중변분별론》 및 《전식론》 등 유식관련 전적들을 역출하여, 이 방면의 교학사상을 한 단계 올려 놓았으며, 그후 현장(620~664)은 인도에서 직접 《유가사지론》과 《해심밀경》, 《섭대승론》 등을 가져와서 번역하였는데, 특히 《유식삼십송》에 관한 10대 논사들의 주석서를 함께 가져와서 이것을 중심으로 《성유식론》을 완성시켰던 것이다.

그런데 이들 경론 중에는 그 사상의 특성에 따라서 중국 법상관계 종파에서 소의경론이 되는 경우도 있었으니, 《십지경론》과 《섭대승론》, 그리고 호법 논사를 위시하여 인도 제논사들의 주석 내용을 합유했던 《성유식론》 등이 그것이다. 다시 말하자면 《십지론》은 지론종을 탄생시켰고, 《섭대승론》은 섭론종을, 또한 《성유식론》을 소의경전으로 하여 법상종이 탄생하게 되는 결정적인 계기가 되었다. 따라서 이들 종파들이 주장하는 유식사상 중의 심식설을 고찰해 보면, 중국에서 이 교의가 어떻게 수용되고 발전되었던가를 알 수 있게 된다.

Ⅰ. 지론종의 심식론

이 지론종은 《대방광불화엄경》 중의 〈십지품〉을 주석한 《십지론》에 의지하여 종파를 세운 것으로서, 본래 〈십지품〉은 금강장 보살이 보살의 십지에 관하여 설한 것으로서 이에 관한 주석서 가운데 중국에 전래된 것은 세친의 《십지론》과 용수의 《십주비파사론》이 있었지만, 세친의 것이 많이 통용되었다.

그런데 유식사상에 대한 충분한 내용을 갖추지 못하고 오히려 보살의 수행에 관한 내용만을 설명한 이 논장이 중국 유식학자들의 관심의 대상이 되었던 것은, 인도 유식학의 완성자였던 세친이 이 경전을 주석할 적에, 보살사상 외에 유식사상가 답게 몇 군데서 소승불교에서 인정하는 6식설 외에 아타나식과 아리야식 등에 관한 내용을 담고 있기 때문이다. 그것을 보면, 먼저 〈십지품〉(《대정장》 26, 170下)에서,

보살은 이와 같이 열 가지를 역순하여 인연법을 관찰한다. 말

하자면 이것은 인연분의 차제이기 때문이며, 한 마음의 소섭이기 때문이며, 스스로 업을 조성하기 때문이며, 서로 사리(捨離)하지 않기 때문이며, 삼도가 부단하기 때문이며, — 수순하여 다 보기 때문이다.

라고 한 내용에 관하여, 세친이 주석(상동)하기를,

다시 두 가지의 다른 관찰법이 있으니, 첫째는 대비심에 따른 관찰이요, 둘째는 일체의 모양과 지혜를 분별하는 관찰법이다. 먼저 대비심에 의한 관찰법에는 네 가지가 있는데, 그 첫째는 우치함을 전도하는 것이요, 둘째는 다른 곳에서 해탈을 구하는 것이며, 셋째는 다른 도리로 해탈을 구하는 것이요, 넷째는 다른 해탈을 구하는 것이다. --- 어떤 것이 다른 곳에서 해탈을 구하는 것인가 하면, 범부는 이와 같이 우치함을 전도하여 항상 아리야식과 아타나식 가운데서 해탈을 구하거나 다른 아와 아소에서 해탈을 구한다.

라고 주석하여, 본래 경전의 본문에는 언급되어 있지 않았던 아리야식과 아타나식 등에 관한 내용이 부언되므로서, 자연 이 방면에 관심을 갖고 있던 중국의 학자들에게 연구의 대상이 되었던 것이다.

말하자면 이《십지경론》이 중국에서 활발하게 연찬의 대상이 되었던 것은, ① 보살도를 교설한 이 경전이 실천을 근본으로 하는 북지 불교의 기풍에 알맞았으며, ② 경전을 주석한 논전으로서 비교적 주관적인 판단을 개입할 여지가 적었던 것이 오히려 신뢰를 더 얻게 되었고, ③ 인도에서 최신의 유식교학에 입각해서 불교의 주요과제가 조직되어 있었던 점 등을 지적하고 있다.

이와 같은 영향으로 《십지경론》이 중국에 전래되었는데, 그 중에서도 세친의 주석서가 보리유지 늑나마제 및 불타선다 등의 3인에 의하여 전역되어 연구된 결과, 그 내용에서는 이들 3인이 각기 다른 곳을 번역한 것을, 후에 광통 율사인 혜광이 그것들을 대교합유하여 한 책으로 만들어서 후세의 이론(異論)을 방지하였던 것이다. 그런데 그 당시 이 《십지경론》을 중국 사회에 광포한 것은 늑나마제에게서 배운 혜광 뿐만 아니고, 보리유지에게서 이것을 사사한 바 있는 도총도 있었는데, 이들 사이에는 유식설의 주요한 내용에서 서로 상반되는 견해를 가졌던 것이다. 말하자면 《십지경론》에는 제식 상호간의 관계라든가, 이들과 진여 및 여래장사상 등에 관한 명확한 기록이 없었기 때문에, 자연 그들이 의지하는 번역서에 의존할 수 밖에 없었는데, 이와 같은 의견대립의 근본원인은 두 번역자들의 내용상의 상이에서 온 것임은 두말할 필요가 없다.

이들이 구체적으로 어떠한 견해의 차이를 보였는가를 고찰해 보면(담연 술, 《법화현의석첨》 권제18 ; 《대정장》 33, 942下),

> 진양(陳梁) 이전에 《십지경론》을 홍포한 사람들은 두 곳에서 서로 같지 않았다. 상주(相州) 북도파에서는 아리야식을 상정하여 의지처로 삼는 반면에, 상주 남도파에서는 이것을 진여로 헤아려 의지처로 삼은 것이다. 이 두 논사들은 함께 세친으로부터 품수받았지만, 견해가 각각 달라서 마치 물과 불 사이 같았다.

라고 하거나, 또는(담연 술, 《법화문구기》 권제7, 중 ; 《대정장》 34, 285上),

> 지난 날에 《십지론》을 홍포할 적에 상주에서는 스스로 남북 둘로 나누어져 헤아리는 바가 같지 않았다. 남도파에서는 법성을 상정하여, 이것이 일체의 것을 낳는다고 한 반면에, 북도파에서는 아리야식을 상정하여, 이것이 일체법을 생성한다고 했다.

라고 한 내용들이 이들 사이의 심식설에 관한 갈등 사실을 말해주는 증거인데, 여기서 남도파 혹은 북도파로 지칭되는 계파들은 중국의 상주(相州)를 중심으로 하여, 혜광은 남쪽에 살았기 때문에 지론종의 남도파라고 하였으며, 도총은 북쪽에 살았기 때문에 북도파라고 부른 것이다.

아무튼 남도파에서는 여래장성과 같은 진식을 인정하는 한편으로, 이것이 많은 세력을 구족해서 친히 모든 것을 함유하고 있는 것으로 판단하여 상주불변하는 진여와 같이 여긴 반면에, 북도파에서는 식의 여래성을 부정하는데, 만약에 본래부터 공덕이 갖추어져 있어서 인(因)에서 발생하지 않고 선래(先來)로부터 존재하는 것이라면, 이것은 이치에 어긋났다고 주장하여, 아뢰야식을 망식으로 여기는 한편으로 여래의 공덕성도 부정했던 것이다.

이 가운데서 북도파의 이와 같은 견해는 뒤에 진제가 《섭대승론》에서 제8식은 망식이요, 제9식은 진식으로서, 이것을 아마나식이라고 주장한 것과 같은 개념이어서, 이러한 문제를 전문적으로 다뤘던 섭론종에 쉽게 병합되고 말았다. 이렇게 하여 남도파의 교의만이 남게 되어서, 이 학파가 지론종의 유식설을 대표하게 되었는데, 그의 이러한 주장을 일컬어서 순정무구식(純淨無垢識)을 내세운 학파로 평가한다. 말하자면 각자가 가지고 있는 마음은 선천적으로 자성청정하여 더러움이 없는 맑은 수정과도 같다는 것이, 이 지론종의 심성에 관한 일반적인 정의라고 하겠다.

Ⅱ. 섭론종의 심식론

중국불교상에서 이 섭론종의 개립은 대승불교사상이 불교계에서 전승기를 맞이했음을 말해줌과 동시에, 유식 교학사상사에 있어서도 주목할만한 의미를 내포하고 있다. 왜냐하면 이 교파가 소의경론으로 삼고 있는《섭대승론》은 말 그대로 대승불교의 많은 교리를 함축성 있게 설파하고 있는 논전이므로 이것을 일명《광포대승론(廣苞大乘論)》이라고도 부르는데, 이와 같이 대승불교에 관한 통일론적인 성격을 지닌 논서가 이 무렵에 중국에 유행하였다는 것은 시사하는 바가 크기 때문이다.

그러나 이와 같은 진제의 논서가 성행하기 전에 당시의 사회에서는 불타선다에 의하여 무착이 지은《섭대승론》이 역출되었지만(531년 ; 2권본), 이것은 그 무렵 지론종에 대한 일반 불교학자들의 열기에 밀리고, 또한 내용이 난해할 뿐만이 아니라 주석이 상반치 못하여 불교인들의 관심을 사지 못했는데, 진제가 세친의 것을 논본과 함께 번역하여 유포시키니(563년 ; 3권본), 시대적인 여망과 더불어 그 사상성 등의 영향으로 쉽게 홍포되어서 종파를 형성하기에 이른 것이다.

그리고 이 보다 약 80여 년 뒤에 현장 법사에 의하여 역시 《섭대승론》이 번역되었지만(649년 ; 3권본), 현장은 인도에서 계현 논사로부터 호법 계통의 유식사상[新唯識思想 ; 有相(形象)唯識論]을 배워왔기 때문에 안혜 계통의 유식사상[舊唯識思想의 근본이념]을 전하는 내용과는 의견대립이 심했던 것이다. 즉, 이들이 다 같이 무착의 《섭대승론》을 번역하면서도 신구의 역자 사이에 이견이 있는 것은, 인도에서부터 그 사상계통을 달리함에 의한 것이 아닌가 한다. 이를테면 이 논전의 진제 번역과 현장의 번역 사이에는 사상적인 심천의 차이가 있어서, 진제의 것이 대승시문(大乘始門)이지만 은연중에 종교(終敎)의 취지를 포함하고 있는 한편으로, 안혜와 난타 등의 사상을 답습하는 반면에, 현장의 것은 대승시문만의 내용을 갖춘 논소로서 호법종의 사상과 그 취지가 상사한 것 등이 이를 말해준다.

아무튼 서인도 출신의 진제는 안혜와 늑나마제 등의 유식사상과 함께 하면서, 이 《섭대승론》과 《결정장론》 등의 논서들을 주석할 적마다 일관되게, 오염된 인식주체로 알려진 아뢰야식을 부정하고 언제나 청정하고 무구한 것을 주장했다. 이러한 사실을 알 수 있는 증거는 앞서도 살펴 본 바가 있는 담연의 주석서에서 언급되고 있는데, 그 내용을 보면(《법화현의석첨》 권제18 ; 《대정장》 33, 942下),

> 다시 《섭대승론》 사상이 홍기하면서 역시 아려야식을 주장하여 지론종의 북도파를 도왔다.

라는 기록이 그것을 말해주고, 더 나아가서는[이만 역, 《유식사상》(경서원, 1993), P.279],

> 진제는 본각 아마라식이나 해성뢰야를 설했지만, 여전히 망(妄)연기의 주체는 어디까지나 허망한 아뢰야식[本識 ; 種子識]인 것이며, 법성의지(法性依持) 환언하면 여래장연기의 교설을 설한 것은 아니었다. 섭론종이 지론종의 북도파를 도왔다는 기록은 법성의지를 취하지 않았다는 공통의 입장을 알 때에 이해될 것이다.

라고 하여, 진제가 아뢰야식과 함께 아마라식을 중생들의 인식의 근원으로 삼았다는 것을 보여주고 있다.

다시 말하자면 진제는 그의 《섭대승론》 등에서 제8 아뢰야식 외에 제9 아마라식까지를 설하고 있는데, 여기에서 보면 제8식은 제9식의 진실성에 비하여 허망한 것이지만, 이 식에 또한 해성(解性)의 진리성과 함께 과보성의 허망성도 항상 상존한다는 것이다. 즉, 그 내용을 보면(길장 역, 《중관론소》 권제7, 본 ; 《대정장》 42, 104下),

> 《섭대승론》 논사는 제8 아려야식은 허망한 식이라 하고, 제9 아마라식은 진실한 것이라고 한다. 또한 말하기를, 아려야식에는 두 가지의 뜻이 있는데, 그중 하나는 허망성이요, 다른 하나는 진실성이다. 해성(解性)의 의미가 진실성인 것이요, 과보식이 그 허망성의 작용이다.

라고 하거나, 또는[정빈(定賓) 저, 《사분율소식종의기(四分律疏飾宗義記)

》권제3, 본],

> 진제 삼장이 이르기를, 아마라식에도 두 가지가 있는데, 그 하나는 소연으로서 이것은 진여를 말하고, 다른 하나는 본각으로서 이것은 진여지(眞如智)를 말한다.

라는 내용 등에서 볼 때에, 진제는 제8 아려야식 자체 내에는 일부의 허망성과 진실성이 서로 상반되게 존재한다고 하여 진망화합식으로 간주하며, 유식의 실성(實性)을 추구함에 있어서는 이것을 무몰식(無沒識)이나 무구식(無垢識) 등으로 인식하여 제8식 다음에 제9 아마라식까지 존재한다고 주장한다. 말하자면 최고실재인 절대지를 주장하여 마음을 마치 수정과 같은 존재로 여기며, 인간의 인식에서는 주관과 객관이 한시도 그대로 존재하지 않고 생멸변화하여 허망함으로 올바른 인식을 할 수 없다는 경식구민(境識俱泯)의 입장을 내세우고 있다.

이와 같이 비교적 순수하게 유식사상만으로 입교개종하여 한때에 중국의 불교계를 풍미하던 섭론종도, 당 나라에 이르러서는 저 유명한 현장이 인도에 직접 가서 유식사상을 배워 온 한편으로, 많은 전적 등을 가져와서 그 이전의 구본(舊本)들과 이를 대조하여 오류나 탈자 등을 교정하고, 또한 유식사상의 원류라고 할 수 있는 세친의 저서와 함께 그 추종자들의 주석서도 다량을 구입하여 이것을 번역, 출판하니, 새로운 학풍이 조성됨과 함께 법상종이 개창되자 이에 흡수되고 말았던 것이다.

Ⅲ. 법상종의 심식론

인도에서 17년 간의 구법활동을 마치고 본국에 돌아온 현장은 그가 입축(入竺)하게 된 동기를 다음과 같이 술회했다. 즉[명상(冥詳) 찬,《대당고삼장현장법사행장》; 《대정장》 50, 214下],

> 현장 법사는 두루 모든 현자들을 알현하고서 그의 주장들을 들었는데, 자세하게 그 이치들을 상고해 보면, 각각 멋대로 근본을 이해한 것이다. 성전을 조사해 보아도 역시 차이가 나타나므로 이것을 따라야 할 것인지를 알지 못했다. 이에 직접 인도에 가서 의혹되는 바를 묻고, 두루 《17지론》 등을 구입하여 많은 의심들을 풀고자 서원하였다. 또한 옛날 법현과 지엄 등 한 때의 인사들이 능히 모두 법을 구해 가지고 많은 중생들을 계도하여 이익되게 하였으므로, 나도 마땅히 이를 잇겠다고 말했다.

라는 내용이 그것으로서, 여기에서 보면 현장은 당시 제현들의 말이나 역출된 전적들의 내용이 모두 같이 않아서 의혹만이 증폭되고, 일찍이 법현(法顯)과 지엄(智嚴) 등이 인도를 유행하여 큰 성과를 얻었다는 사실을 알고서 자기도 이에 서원을 세우고 인도에 갔다는 것이다.

아무튼 현장은 그가 귀국할 때에 수 백 권의 경론들을 가지고 왔는데, 그 중에서도 세친의 유식계통의 전적은 단연코 돋보이는 것이었다. 즉, 세친이 그의 말년에 《유가사지론》을 읽고서 이에 감응을 받아 30송으로 된 저술을 남겼는데, 이 《유식30송》을 해설치 못하고 그가 죽자, 당시 유명한 논사들이 이에 주석을 가하여 수 십 가지의 장소가 유행하던 중에, 특히 십대 논사로 일컬어지는 사람들의 것을 취합하여 가져 온 것을 말한다.

이렇게 하여 가져 온 십대 논사들의 주석서를 그의 제자인 자은사의 규기(窺基)가 호법 논사의 해설만을 위주로 하고, 나머지 논사들의 것은 거의 다 폐기처분하다시피 하여 만든 것이 《성유식론》이다. 그리하여 이 논장의 탄생으로 말미암아 이를 소의경론으로 삼아 종파를 형성한 것이 바로 법상종으로서, 중국에서는 이 법상종의 개립으로 한층 유식사상이 일반인들에게 널리 알려지는 계기가 되었다.

그러면 이 법상종의 종지(宗旨)는 과연 무엇인가. 십대 논사 중에서 덕혜의 제자인 안혜 등이 아뢰야식을 궁극적으로 부정하면서, 최고실재는 개체에서 현성되며, 보는 것과 보이는 것이 구분되지 않는 절대지가 얻어진다고 하였다. 그렇지만 호법은 이와는 달리 아뢰야식을 실유의 식체로 간주하는 한편으로, 그것이 변화하여 보는 것과 보이는 것이 생성된다고 주장했는데, 이것은 절대지를 얻어도 아뢰야식 그 자체는 부정되는 것이 아니고, 그 가운데 있는 번뇌의 잠재력이 근절될 뿐이어서 절대지에서도 보는 것과 보이는 것은 있게 된다는 호법의 설 등을 규기가 추종하여 《성유식론》을 엮고, 그에 준하는 유식관을 설정하는데 노력했던 것이다.

그리고 법상종이라고 하면 이는 법성종(法性宗)과 대립되는 개념으로서, 법성종에서는 성(性)과 상(相), 곧 이(理)와 사(事)의 개념을 근원론적인 관계로 해결하려고 함에 반하여, 이 법상종에서는 이들의 관계를 평행적인 대등한 관계로 인식하려는 경향이 있어서 상(相) 곧 사(事)를 중시한 데서 법상종이란 명칭이 붙었던 것이다.

이와 같은 원리를 철저하게 규명하고자 하여 규기는 《성유식론》만의 내용만이 아니고 이와 관련된 여러 경론들의 교의를 의지했는데, 결정적으로 그의 이러한 연구결과가 법상종의 성립에 크게 기여를 하게 된 것은 그의 많은 저술 중에서도 4가지의 것, 곧 《성유식론술기》, 《유식이십론술기》, 《성유식론장중추요》 및 《대승법원의림장》 등이 귀중한 근거를 제공했다. 특히 이 가운데서도 《법원의림장》의 내용은 그의 모든 불교상식을 개관한 것으로서, 이에 의하여 법상종이 규기에 의하여 확고하게 자리를 잡았다고 할 만큼 잘 기술된 유식관계의 저술이다.

그러면 현장이나 규기 등은 그의 저술들을 통하여 유식사상 중에서 가장 민감한 부분인 인식작용의 근원을 무엇으로 간주하였는가 하면, 이들은 제8 아뢰야식만으로 해결하려고 했던 것이다. 즉(《법화현의석첨》 권제18),

> 구역의 대표자인 진제는 아마라식, 곧 제9식을 주장하고, 당 나라 현장의 신역에서는 단지 제8 아뢰야식만을 세웠다.

라는 내용이 그것으로서, 여기에서는 우리들 각자의 아리야식이 무명에 훈부되어 현상계의 모든 것을 생성하는 것이지, 무위나 청정한 불성에서는 이를 발생시킬 수 없다는 것이다. 이러한 설을 무위응연(無爲凝然)설이라고도 하는데, 제8식을 중생들의 분별심으로 인하여 존재하는 모든 업의 총체인 망식(妄識)으로 본 것이다.

더구나 이 제8식은 많은 수행의 결과에 따라서 세 가지의 형태로 그 모습을 바꿀 수는 있지만, 그렇다고 하여 결코 없어지는 일은 절대로 아니라는 것이다. 따라서 중생들이 행위나 행동을 하면 업을 짓고, 업을 지으면 제8 아뢰야식이 존재하며, 이 아뢰야식이 있는 한 중생으로 다시 윤회할 수 밖에 없다는 것을 강조한다. 이러한 원인으로 대승불교의 맨 마지막에 성립되어서 그 교의가 순전히 대승적이라는 평가를 받고 있는 유식사상이, 일부의 덕목에서는 이와 정반대의 입장을 견지하고 있는 것이다. 즉, 그 하나가 불성론에 관한 것으로서 대승불교에서는 모든 중생들이 다 부처가 될 수 있다는 일불승설을 주장하는데 반하여, 유식사상에서는 본래부터 그와 같은 소질이 없어서 결코 성불할 수 없다는 일종의 무불성종성설을 주장하는 것이 그것이며, 나아가서 보살이나 성문, 연각 등이 될 수 있는 것도 각각 그 선천적인 소질, 곧 원인이 있어서 가능하다는 이른바 5성각별설을 내세우고 있다[有爲種子差別說]. 이와 같은 원리에 입각하여 여기에서는 삼승은 진실이고, 일승은 방편이라는 불성관도 신봉한다.

일찍이 중국에서 개창되었던 법상종 계통의 교파들의 주장을 통하여 유식교학상에서 제일 중요한 과제로 여겨지는 인식주체의 근원에 관한 문제, 즉 아뢰야식사상을 중심으로 그에 관한 의미를 어떻게 수용했는지의 여부를 고찰하여 보았는데, 상당한 수준의 관련문제들이 다루어진 것으로 추측된다. 그리하여 최종적으로 지론종에서는 이것을 순정무구식으로 인식하였으며, 섭론종에서는 진망화합식, 또한 법상종에서는 망식으로 이해하였지만, 어느 주장이나 쉽게 수긍이 가는 것은 아니다. 왜냐하면 인류공통의 심성을 다루는 그 자체가 벌써 그것을 이해하려는 개인의 문제로 변화하기 쉽고, 더구나 이러한 문제들을 취급할 때에는 냉정하여 감정 등에 치우치는 일이 없어야 하는데, 이미 습득되어진 업력은 그 누구도 장담할 수 없는 아주 깊은 잠재의식이 되어 있기 때문이다.

중국불교계에서 이상과 같은 예민한 문제들을 가지고 일찍부터 교계에서 활발하게 논의하여 왔다는 것은, 그만큼 중국불교의 수준이 높았다는 것을 입증하는 것이며, 이들 교파들 사이에 논쟁이 발생된 것은 그들 교의 자체에 이견(異見)의 소지가 있었던 것이 아니고, 전수 받는 전적(典籍)의 차이나 번역자들의 오류 및 그때 당시 사회의 여러 가지 간접적인 요인들이 개입되었기 때문으로 사료된다.

VIII. 《유식삼십송》과 그 해석

서 분(序分)

稽首唯識性　유식의 성품과, 부처님과 보살과 같은
滿分淸淨者　청정한 성인에게 머리 숙여 절하옵나니,
我今釋彼說　제가 지금 세친 보살의 이 30송을 해설해서
利樂諸有情　모든 중생들을 다 이익 되게 하렵니다.

정종분(正宗分)

1) 由假說我法　아와 법체를 가설함으로 말미암아
有種種相轉　갖가지 모양의 전전함이 있으니
彼依識所變　저는 의식의 변화에 의지하나니라.
此能變唯三　이 능변식에는 오직 세 가지가 있으니

(2) 謂異熟思量　이숙식과 사량식과
及了別境識　요별경식을 말한다.
初阿賴耶識　처음은 아뢰야식이며,
異熟一切種　이숙식이며, 일체종자식이니,

(3) 不可知執受　이것의 대상인 심종자와 유근신과 기세간의
處了常與觸　행상인 요별을 알 수 없으며, 항상 감촉과
作意受想思　의지와 감정과 상상력과 생각과
相應唯捨受　상응하며, 오직 불고불락수이니라.

(4) 是無覆無記　이는 무부무기성이고,
觸等亦如是　감촉 등도 또한 그러하니라.
恒轉如瀑流　항상 유전함이 마치 폭포수의 흐름과 같으나
阿羅漢位捨　아라한의 위치에서는 버려지느니라.

(5) 次第二能變　다음은 제2 능변식인데,
是識名末那　이 식은 말나라고 이름하니라.
依彼轉緣彼　이는 아뢰야에 의지하여 유전하고, 저를 반연하며,
思量爲性相　사량함을 그 자성과 행상으로 삼는다.

(6) 四煩惱常俱　네 가지의 번뇌와 항상 같이 하는데,
爲我癡我見　이는 아치와 아견과
並我愛我慢　아애와 아만을 말한다.
及餘觸等俱　또한 감촉 등과도 같이 하며,

(7) 有覆無記攝　유부무기성에 소섭된다.
隨所生所繫　이는 아뢰야식이 생긴 바에 따라서 그에 속박된다.
阿羅漢滅定　아라한과 멸진정과
出世道無有　출세도에서는 일어나지 않는다.

(8) 次第三能變　다음으로 제3 능변식에는
差別有六種　차별이 6종이 있으며,
了境爲性相　경계를 요별하는 것으로 그 자성과 행상으로 삼고,
善不善俱非　선성과 악성 및 무기에 다 통한다.

(9) 此心所遍行　이 심소는 변행과
別境善煩惱　별경과 선과 번뇌와
隨煩惱不定　수번뇌와 부정 등 6위 심소이며,
皆三受相應　모두 세 가지의 감각작용과 상응하나니라.

(10) 初遍行觸等　처음의 변행심소는 감촉 등이요,
次別境謂欲　다음의 별경심소에는 욕구와
勝解念定慧　승해와 기억과 선정과 지혜를 말하나
所緣事不同　인식대상은 같지 않다.

(11) 善謂信慚愧　선심소는 믿음과 뉘우침과 부끄러움과
無貪等三根　무탐 등 세 가지 선근과
勤安不放逸　근면과 경안과 불방일과
行捨及不害　행사 및 불해를 말한다.

(12) 煩惱謂貪瞋　번뇌심소는 탐욕과 성냄과
痴慢疑惡見　어리석음과 자만과 의심과 악견을 말한다.
隨煩惱謂忿　수번뇌심소는 분노와
恨覆惱嫉慳　원한과 덮음과 고뇌와 질투와 인색함과

(13) 誑諂與害憍　거짓과 아첨과 방해와 교만함과
無慚及無愧　무참과 무괴와
掉擧與惛沈　도거와 혼침과
不信並懈怠　불신과 해태와

(14) 放逸及失念　방일과 실념과
散亂不正知　산란과 부정지이니라.
不定謂悔眠　부정심소는 뉘우침과 수면과
尋伺二各二　심구와 사찰인데, 각각 염오와 청정 둘에 통한다.

(15) 依止根本識　근본식에 의지하며,
五識隨緣現　5식과는 인연에 따라서 나타나는데
或俱或不俱　어느 때는 같이 하나 어느 때는 같이 하지 않음이
如濤波依水　마치 파도가 물에 의지함과 같다.

(16) 意識常現起　의식은 항상 나타나지만
除生無想天　무상천과
及無心二定　무상정과 멸진정의 2정과
睡眠與悶絶　극수면과 민절 때에는 일어나지 않는다.

(17) 是諸識轉變　이 모든 의식들이 전변하여
分別所分別　분별하고 분별되는 바
由此彼皆無　이 때문에 저 실성은 다 없는 것이다.
故一切唯識　그러므로 일체는 유식이라고 한다.

(18) 由一切種識　일체종자식이

如是如是變　이와 같이 전변하고,

以展轉力故　이러한 전전력 때문에

彼彼分別生　저와 저의 분별이 생겨나느니라.

(19) 由諸業習氣　모든 업의 습기와

二取習氣俱　능취와 소취의 습기가 함께 함으로 말미암아

前異熟旣盡　앞의 이숙식이 다하면

復生餘異熟　다시 다른 이숙식이 생겨나느니라.

(20) 由彼彼遍計　저와 저의 변계로 말미암아

遍計種種物　갖가지의 것이 변계되나니

此遍計所執　이 변계소집성의 것은

自性無所有　자성이 없는 것이다.

(21) 依他起自性　다른 것에 의지하여 일어나는 것의 자성은

分別緣所生　분별을 인연으로 하여 생겨나는 것이다.

圓成實於彼　원성실성은 저 의타기성에서

常遠離前性　항상 앞〔변계〕의 것을 멀리 여읜 성품이니

(22) 故此與依他　이것과 의타기성은

非異非不異　다르지도 않고, 다르지 않는 것도 아니다.

如無常等性　마치 무상 등의 성품과 같나니라.

非不見此彼　이 원성실을 알지 못하면 저 의타기도 알 수 없다.

(23) 卽依此三性　이 세 가지의 자성에 의지하여
立彼三無性　저 세 가지의 무자성이 건립된다.
故佛密意說　그러므로 부처님께서는 밀의로써
一切法無性　일체법은 모두 자성이 없다고 설하시느니라.

(24) 初卽相無性　처음의 것에서는 형상은 자성이 없다는 것이고,
次無自然性　다음에서는 자연성이 없다는 것이며.
後由遠離前　나중은 앞에서
所執我法性　집착한 자아와 법에서 멀리 떠난 바의 실성이니라.

(25) 此諸法勝義　이 모든 법의 승의이며,
亦卽是眞如　또한 진여이다.
常如其性故　항상하고 평등함이 그 성품이므로
卽唯識實性　이는 곧 유식의 진실한 성품되느니라.

(26) 乃至未起識　혹 의식을 일으켜서
求住唯識性　유식의 성품에 머물지 못하면
於二取隨眠　능취와 소취의 수면을
猶未能伏滅　능히 복멸하지 못한 것과 같느니라.

(27) 現前立少物　바로 눈 앞에 작은 것을 건립하여
謂是唯識性　이를 유식의 실성이라고 한다면
以有所得故　얻어지는 바가 있기 때문에
非實住唯識　진실로 유식성에 머무는 것이 아니다.

(28) 若時於所緣　어느 때에 경계에서
智都無所得　지혜가 전혀 얻는 바가 없다면
爾時住唯識　그 때에 유식성에 머무는 것이 되나니
離二取相故　능취와 소취의 형상을 여의었기 때문이다.

(29) 無得不思議　이는 증득할 수 없고, 불가사의하며,
是出世間智　세간의 지혜를 벗어난 것이니라.
捨二麤重故　두 가지의 추중한 번뇌를 없앴기 때문에
便證得轉依　곧 열반을 증득한 것이다.

(30) 此卽無漏界　이것이 곧 무루의 세계이며,
不思議善常　불가사의며, 선이며, 상주이며,
安樂解脫身　안락이며, 해탈신이며,
大牟尼名法　대모니라는 법신이니라.

유통분(流通分)

已依聖教及定理　앞에서 성스러운 가르침과 정리에 의지하여
分別唯識性相義　유식의 자성과 행상의 뜻을 분별하였나이다.
所獲功德施群生　얻는 바의 공덕을 모든 중생들에게 베푸노니
願共速登無上覺　모두 속히 최상의 정각에 오르기를 원하옵나이다.

소의경전(所依經典)

대승불교의 핵심인 유식교학 사상의 기반이 되는 소의경론을 살펴보면, 중국 자은 규기(窺基)의 《성유식론술기(成唯識論述記)》에서 밝히고 있듯이 여러 경론 중에서 6경 11론을 들어 그 이론적인 근거를 확립하고 있다. 여기에서 6경이란, 《화엄경》, 《해심밀경》, 《여래출현공덕장엄경》, 《아비달마경》, 《능가경》 및 《후엄경》 등을 말하고, 11론이란 《유가사지론》, 《현양성교론》, 《대승장엄경론》, 《집량론》, 《섭대승론》, 《십지경론》, 《분별유가론》, 《관소연론》, 《이십유식론》, 《변중변론》 및 《아비달마잡집론》 등을 가리킨다 [규기 찬, 《성유식론술기》 권제1 본(《대정장》 43, 229하~230상)]. 이들 소의경론과 유식사상의 확립에 깊은 관련이 있는 《아비달마구사론》 및 《성유식론》 등에 관하여 그 내용을 살펴보면 다음과 같다.

화엄경

부처님께서 말씀하신 8만 4천 법문을 중국의 천태 지의(智顗) 대사가 설정한 5시교판(五時教判)에 의거해서 분류하여 보면, 깨달으신 직후에 《화엄경(華嚴經)》을 교설한 화엄시(華嚴時)를 비롯하여, 근본불교의 가르침인 《아함경》을 설시한 아함시(阿含時), 《유마경》, 《금광명경》, 《승만경》 등의 대승사상을 설한 방등시(方等時), 《반야경》을 설한 반야시(般若時), 그리고 《법화경》과 《열반경》을 설한 법화 · 열반시(法華涅槃時)로 구분한다. 이와 같은 분류법은 교리의 체계와 내용을 이해하는 데는 다소 어렵지만, 부처님께서 말씀하신 때와 합치되고, 그의 중생교화 의도가 그대로 해당 경전들 속에 깃들어 있어서 관심이 간다.

부처님께서 쿠시나가라의 숲 속에서 입멸을 맞이하여 마지막 설법을 준비하실 때에 수 많은 제자들이 이를 비통해 하자,

> 나의 입멸을 슬퍼하지 말라. 무릇 육신은 반드시 멸하는 법이다. 내 비록 육신은 멸한다고 하더라도 법신은 멸하지 않는다. 법신이란 내가 일대간(一代間)에 설한 법과 율 중에 빛나고 있는 무상의 정각 바로 그것이다. 그러므로 내가 입멸한 후에 너희들은 법과 율을 스승으로 삼아 살아가도록 하여라.

라고 당부하신 데서부터 불교경전의 탄생이 예고되었는데, 이것은 부처님이 평소에 고뇌하는 모든 인간들을 구제하고자 하여, 자신의 가르침이 여러 계층에게 두루 전파되도록 일부 바라문교도들이 사용하던 베다어를 지양하고, 하류층이 많이 쓰던 언어로 설법한 것 등을 볼 때에, 불교경전이 그 주안점을 처음부터 교훈적인 것과 평민성에 두고서 설해졌다는 것을 알 수 있다.

이《화엄경》은 본래 그 이름이《대방광불화엄경(大方廣佛華嚴經)》으로서, 여기에서 대방광이란 부처님이 깨달은 진리를 말한다. 즉, 진리는 모든 것을 포용하여 한량없이 크므로 대(大)라 하고, 만법의 모범이 되어 변치 않는 체성이므로 방(方)이라고 하며, 그 덕은 널리 3계의 우주에 관통되므로 광(廣)이라고 한다. 또한 대승경전을 통칭하는 말로 그 이치가 방정(方正)하고 평등(平等)하므로 이것을 대방등(大方等)이라고 한다. 말하자면 부처님께서 크고 방정하게 널리 깨달으신 진리를 꽃으로 화려하게 장식한 세계를 그린 것과 같은 경전이라고 하겠다. 그리하여 그 내용이 처음에 설해졌지만, 깨달음의 세계를 묘사한 내용이기 때문에 일반인들에게는 다소 난해한 경전에 속한다.

이 경전은 오늘날 전해지고 있는 것처럼 처음부터 종합된 체계를 갖추고 있었던 것이 아니고, 개개의 품(品)이 독립된 경전으로 별도로 성립되었던 것인데, 후에《화엄경》이라는 경명으로 집대성되었다. 그 성립시기는 대략 4세기경으로 추정되며, 장소는 중앙 아시아에서 이루어지지 않았겠느냐는 견해가 있다.《화엄경》의 각 품 중에서 가장 오래된 것은〈십지품(十地品)〉인데, 그것은 대략 1세기에서 2세기 때에 성립된 것으로 전해진다. 범어 원전으로 남아 있는 것은 위에서 말한 〈십지품〉과 〈입법계품(入法界品)〉의 두 품 뿐이다.

한역경전으로는 세 가지가 전해지고 있는데, 첫째는 불타발타라가 418년과 420년 사이에 역출한 60권 본으로서, 이것을 보통《60화엄》이나《구화엄(舊華嚴)》, 또는 진 나라 때에 나왔기 때문에《진화엄(晉華嚴)》이라고 부른다. 둘째는 실차난타가 695년과 699년 사이에 역출한 80권 본으로서, 이것을 또한《80화엄》,《신화엄(新華嚴)》이라고 하며, 당 나라 때에 나왔기 때문에《당화엄(唐華嚴)》이라고 한다. 셋째는 반야 삼장이 795년에서 798년 사이에 역출한 40권 본으로서, 이것을《40화엄》이라고 하는데, 이것은《60화엄경》과《80화엄경》두 역본의 마지막 장인 〈입법계품〉만을 역출한 것이기 때문에《60화엄경》과《80화엄경》은 실질적으로 이《화엄경》의 완본이라고 할 수 있다. 그 구성은《60화엄경》의 경우는 7처(處 : 이 경을 설한 장소) 8회(會 : 이 경을 설한 모임) 34품으로 되어 있고,《80화엄경》은 7처 9회 39품으로 구성되어 있다.

《화엄경》은 처음부터 끝까지 이 우주의 본체, 곧 법계의 이치를 밝히고 있으므로 이를 일컬어서 화엄법계라고 하는데, 이것은 부처님이 깨달으신 진리의 세계일 뿐만이 아니라, 그 자신이 해인삼매에 들어서 문수와 보현보살과 같은 상근기의 보살들을 위해서 설법한 것이므로, 그 자리에 사리불이나 목건련 등의 성문승들이 함께 들었어도 그 뜻을 이해할 수가 없었다고 한다. 이러한 의미에서 이《화엄경》은 부처님 자신이 설하신 것이 아니라, 부처님 주위에 모인 수 많은 보살들이 삼매의 경지에 들어 부처님이 깨달은 내용을 감득한 후에 부처님의 가피력을 얻어서 설했다는 주장도 있다.

《화엄경》의 주불인 비로자나[光明遍照]는 마치 태양이 일체 세계의 어둠을 없애주고 만물의 성장을 돕는 것과 같은 '광명의 부처님'으로서, 온 우주에 가득하고 우주의 구석구석까지 무한한 빛을 비쳐주는 우주의 통일체로 상징된다. 그리고 이러한 세계는 또한 일심소작(一心所作)의 변화를 뜻하는 것으로서, 유심(唯心)과도 불가결한 관계에 있다는 것이다. 이와 같은 의미에서 〈야마천궁보살설게품(夜摩天弓菩薩説偈品)〉의 유심게(唯心偈)는 유심연기의 극치를 나타낸 것으로서,

> 마음은 마치 화가와 같아서 일체의 모든 것을 그리므로, 이 세상에서 못 그릴 것이 없다. 이러한 마음과 같이 부처도 또한 그러하고, 부처와 같이 중생도 그러하니, 마음과 부처 및 중생은 차별이 없느니라.

라고 한 것이다.

이 경전은 특히 깨달음의 세계로 들어가는 내용을 설한 〈입법계품〉에서 선재동자의 구도행각을 그리고 있어서 흥미로운데, 이와 같이 발심한 수행자가 주체적인 세계관을 가지고 자신과 중생을 구제하려고 할 때에, 어떻게 행동하고 마음을 다스리면서 살아갈 것인가를 제시하고 있는 점 등이 다른 경전에서 볼 수 없는 특징이라고 하겠다.

해심밀경

불교의 전반적인 교리의 내용을 일컬을 때에 인간의 마음을 많이 다루고 있기 때문에 불교를 마음의 종교라고 할 경우가 있다. 이렇게 명칭할 데에 그러한 원인을 제공해주는 핵심적인 경전에는 어떠한 것이 있는가 하면 대부분의 대승경전이 여기에 속하겠지만, 그 가운데서 한 경전만을 추려서 말한다면 아마도《해심밀경(解深密經)》이 아닌가 한다.

이 경전은 그 명칭이 암시하고 있다시피 우리가 간직하고 있는 마음을 막상 헤아려 보고자 하면, 그 이치가 하도 깊고 비밀스럽게 상속되기 때문에 이해하기가 어렵다는 의미를 포함하고 있다. 이러한 관점에 대하여 집중적으로 밝히고 있는 것으로서, 대승불교의 양대 사상 중의 하나인 법상종의 유식사상에서는 특히 이 경전을 여러 소의경전 중에서도 가장 소중하게 다룬다. 다시 말하자면 이 경전에서는 많은 부분을 할애하여 진여를 마음의 실체로 간주하고, 그 위에 아뢰야식(阿賴耶識) 연기사상이 어떻게 전개되는가를 교설하는 유식사상을 중심으로, 마음을 정화하는 수행방법 등에 관해서 자세하게 설명하여 미혹에 결박된 마음을 해탈케 하는데 그 목적이 있는 경전이다.

이와같이《해심밀경》과《대승아비달마경(大乘阿毘達磨經)》등의 교의에서 출발한 유식설은 미륵과 무착에 의해서 대략 그 완성을 보게 되었으나, 일부 부족한 내용은 이후에 세친이 보안함으로서 많은 대승불교사상 중에서 핵심 교학으로 확고한 자리를 잡게 되었던 것이다. 또한 이《해심밀경》은 대개의 경전들이 사바세계의 범부중생들에게 부처님께서 어떤 교훈을 주기 위하여 설해지고 있는 것과는 대조적으로, 보신불인 비로자나 부처님이 보토인 18원만의 연화장 세계에서 미륵과 문수보살 등과 같이 최상의 지위에 오른 보살들을 상대로 하여 설법한 것이 다르다고 하겠다.

이《해심밀경》은 용수 이후인 대략 기원 후 3백 년경에 성립된 대승경전의 중기에 해당되는 것으로서, 산스크리트 본은 현존하지 않고 한역본과 티베트 본이 있는데, 한역 본에는 유송시대의 구나발타라가 번역한《상속해탈지바라밀요의경(相續解脫地波羅蜜了義經)》(1권)과 북위의 보리유지가 번역한《심밀해탈경(深密解脫經)》(5권), 진 나라의 진제 삼장이 번역한《불설해절경(佛說解節經)》(1권), 당나라의 현장이 역시 번역한《해심밀경》(5권) 등이 있다. 이 가운데서 보리유지의《심밀해탈경》과 현장의《해심밀경》만이 완역본이고, 그 구성에 있어서도 앞의 것은 전체가 10품으로 되어 있으나 뒤의 것은 이보다 적은 8품으로 되어 있는 것이 다르지만, 그 내용 등에 있어서는 별로 차이가 나지 않는다. 그리고 이 경전의 명칭에 있어서도 앞에서와 같이 몇 가지의 구분이 있지만, 그것이 의미하는 바는 같다고 하겠다.

한편 현장이 번역한《해심밀경》은 그 중에서 서품을 제외한 나머지 7품이《유가사지론》의 권75에서 권78까지의 사이에 모두 인용되어 있는데, 여기에서 한 가지 추측이 가능한 것은 이《유가사지론》의 〈본지분(本地分)〉에 있는 보살지(菩薩地)의 내용을 후에 별도로 체록하여 이것을 《보살지지경(菩薩地持經)》이라고 하거나 또는 《보살선계경(菩薩善戒經)》이라고 명칭한 것으로 보아서, 이 《해심밀경》도 《유가사지론》의 일부를 이와 같이 체록하여 별도로 꾸민 것이 아닌가 하는 주장도 있다.

아무튼 이 《해심밀경》은 〈서품〉과 〈승의제상품(勝義諸相品)〉, 〈심의식상품(心意識相品)〉, 〈일체법상품(一切法相品)〉, 〈무자성상품(無自性相品)〉, 〈분별유가품(分別瑜伽品)〉, 〈지바라밀다품(地波羅蜜多品)〉 및 〈여래성소작사품(如來成所作事品)〉 등의 8품으로 구성되어 있는데, 그 각 품을 소개하면 다음과 같다.

먼저 〈서품〉에서는 비로자나 부처님이 18가지가 원만한 연화장 세계에서 21가지의 공덕을 성취하신 수용신으로 나투시어 많은 훌륭한 성문승과 보살중들과 함께 하시는 광경을 그리고 있으며, 제2의 〈승의제상품〉에서는 해심심의밀의 보살과 법용 보살과 선청정혜 보살 등을 등장시켜서 승의제인 진여는 그 성품이 본래 인간이 지어낸 명언을 떠나 있으며, 유무와 같은 두 가지의 모습도 여읜 것이고, 심사(尋思)의 소행을 초월하여 제법의 일이상(一異相)을 떠난 것으로서 일미(一味)의 모습을 지닌 것이라고 설한다. 다음의 제3의 〈심의식상품〉에서는 아타나식(阿陀那識)과 아뢰야식, 일체종자심식(一切種子心識) 및 마음에 관하여 논설하고, 아울러서 이들과 전 6식과의 구전(俱轉) 등을 밝혀서 유식의 이치를 알게 하거나 행사의 근원 등을 깨닫게 하고 있다.

제4의 〈일체법상품〉에서는 현상계의 일체제법을 그 성질상 세 가지로 분류하여 설한 것인데, 그것을 보면 변계소집성(遍計所執性)과 의타기성(依他起性)과 원성실성(圓成實性)이라는 것이다. 반면에 제

5의 〈무자성품〉에서는 이와는 달리 모든 것을 공의 입장에서 본 본체계를 설명하고 있는데, 위의 세 가지 성품 중에서 변계성의 것은 본래 형상이 없다고 하여 상무자성(相無自性)을 설하고, 의타기성은 생무자성설(生無自性說)로, 원성실성은 승의무자성설(勝義無自性說)로 대치된다는 것이다.

이어서 제6의 〈분별유가품〉에서는 미륵 보살에게 부처님이 모든 법의 성품과 현상은 유식의 도리가 아님이 없음을 관찰케 하는 지관행에 관하여 상세하게 설명하고 있으며, 제7의 〈지바라밀다품〉 에서는 관자재보살에게 보살들이 닦아야 할 여섯 가지의 바라밀과 네 가지의 바라밀행에 관하여 설하고, 끝으로 제8의 〈여래성소작사품〉 에서는 여래에게 갖추어진 삼신의 원만한 공덕과 그 작용을 설명하며, 아울러 설법이생(說法利生)의 묘용과 유식의 증과에 대하여 밝히고 있다.

이와 같은《해심밀경》의 중심사상을 두 가지의 부분, 즉 이론문과 실천문으로 나누어서 설명하여 보면, 먼저 이론문에서는 승의제인 진여에 관한 정의와 인간이 윤회하는 근본원인을 아타나식이나 아뢰야식 및 종자식 등에 간직되어 있는 각 개인의 마음의 종자로 갈파하고, 또한 이 아뢰야식 등이 제6식 등과 함께 전전하여 현상계를 생성한다는 것이다. 그런데 이와 같이 나타난 현상계는 그 속성을 간추려 보면 크게 세 가지로 나눌 수 있는데, 그것은 각각 변계와 의타와 원성이라는 것이다. 그러나 이러한 특성은 진실한 세계의 품성에서 보면, 역시 그 실체성이 없는 것으로서 앞의 세 가지 성품을 모두 부정한 것, 즉 상(相)·생(生)·승의(勝義)의 무자성 등이 본체계의 모습이라는 것이다.

이어서 실천문에서는 보살이 일상 생활 속에서 수행해 나가면서 얻는 마음의 경지를 극희지를 시작으로 하여 차례로 열 가지로 들고, 이의 방법으로서는 6바라밀과 함께 방편(方便), 원(願), 력(力), 지(智)의 4바라밀을 닦아야 하는데, 이들은 서로 짝이 되어서 도와주기[助伴] 때문이라는 것이다. 아울러서 이 경전에서 부처님은 제6의 〈분별유가품〉에서와 같이 유식전변의 도리를 깨닫게 하는 지관법에 관하여 27항목으로 나누어서 자세하게 설명하고 있다. 이러한 수행법이 후대에 중국의 천태종 등에 도입되어서 많은 영향을 끼쳤던 것이다.

이 《해심밀경》에 관한 주석은 중국과 우리 나라에서 여러 사람들에 의하여 활발하게 이루어졌는데, 그 중에서 우리 나라의 주석가로는 영인(令因)과 원측(圓測), 현범(玄範), 원효(元曉), 경흥(璟興) 등을 들 수 있지만, 현전하는 것은 원측의 것 뿐으로서, 특히 이 주석서는 중국의 법성(法成)에 의해 티베트어로 번역되어 그 완질이 티베트대장경 속에 수록되어 있다.

능가경

우리가 일상생활에서 흔히 잘 쓰고 있는 무슨 경(經)이라고 할 때의 경이란, 본래 지구상의 위치를 표시하는 좌표의 하나인 경도(經度)에서 온 말로서, 이것이 직물(織物)의 '날'이라는 것은 알고 있다. 그래서 실제로 날을 보면, 그 모양에 있어서 쭉 뻗어서 똑바르기 때문에 이것을 우리 생활 속의 '교훈'에 비유하여, 부처님의 말씀을 이와 같이 경이라고 한 것이다. 말하자면 불교에서 사용하는 경전이란, 그 내용이 긴 것이든지 아니면 짧은 것이든지 간에 부처님께서 직접 설하신 말씀으로서, 교훈적인 내용을 담고 있음을 상징한다. 또한 부처님께서 말씀하신 법은 마치 실[綵]로 꽃 등을 꿰어서 화환을 만드는 것과 같이, 온갖 사물의 이치를 터득하고 자각한 뒤에 진리 그 자체를 설하신 말씀이 경전이기 때문에, 시간이 지난다 해도 쉽게 흩어지지 않는 의미도 간직하고 있다.

불교에는 수 많은 경전이 오늘날 전해지고 있는데, 그 내용을 흔히 8만 4천 법문이라고 한다. 이것은 또한 중생들의 번뇌의 숫자와도 일치한다고 하는데, 부처님께서는 이 모든 번뇌에 대하여 그것을 해소할 수 있는 말씀을 일일이 하셨기 때문에 그와 같이 많게 되었다는 것이다.

이《능가경(楞伽經)》은 선종에서 뿐만이 아니라 중국에서 개창된 법상종에서도 그 교리의 내용 때문에 소의경전으로 여기고 있는 중요한 경전이다. 이 경전이 처음 성립된 것은 대략 기원 후 4백년쯤으로 추정되는데, 중국에 전해진 것은 유송시대에 구나발타라가 번역한 4권 본의《능가아발타라보경(楞伽阿跋陀羅寶經)》이 효시이며, 그 후로는 10권 본으로 된 것과 7권으로 된 것이 유행했는데, 그것이 바로 위의 보리유지가 번역한《입능가경(入楞伽經)》과 당 나라의 실차난타가 번역한《대승입능가경》이다. 이외에도 북량의 담무참이 번역한 4권 본의 경전이 있었다고 하지만, 이미 오래 전에 일실된 것으로 밝혀졌다.

이《능가경》의 내용이 여래의 심지(心地)를 요약한 것으로 알려졌기 때문에 일찍이 달마대사가 이를 그의 전법제자인 혜가에게 전수했다고 하며, 이 경전을 수지하고 다니면서 교리의 심요(心要)로 삼았을 뿐만이 아니라 모든 수행의 근원을 여기에서 찾았다고 한다.

이 경전의 구성에 있어서 4권 본에서는 서분과 유통분이 생략된 형태이며, 10권 본에서는 〈청불품(請佛品)〉 등 총 18품이 설해져 있고, 7권 본은 〈무상품(無常品)〉 등 10품으로 구성되어 있는데, 이것이 제일 범본(梵本)에 가까운 번역으로 인정받고 있다. 그런데 무엇 보다도 중요한 것은 이 경전이 성립될 당시에 대승불교가 직면하고 있던 여러 가지의 문제점들을 광범위하게 취급하고 있다는 점이다. 이러한 내용에 의하여 그 당시의 불교계의 사정을 대략 짐작할 수 있지만, 한편으로는 다소 산발적으로 복잡하게 기술되어 있기 때문에 이 같은 안목에서 《능가경》의 교설의 목적에 대하여 의문을 표시하는 사람도 있다.

대체로 이 《능가경》은 부처님께서 대혜 보살을 상대로 말씀하실 때에, 대승의 교리를 체계적으로 설하신 것이 아니라 각 품이 별개의 독립된 성격의 내용을 담고 있는 형식을 취하고 있는 것이 특색이다. 그러한 가운데서도 불교 여러 학파의 학설들을 풍부하게 채용하여, 그것들이 어떻게 종교적인 체험과 일치하고 있는가를 보여주고 있는 점에서 매우 귀중한 경전으로 평가받고 있다.

이 경전에 설해진 중요한 교의로서는 대략 명(名), 상(相), 분별(分別) 등의 5법과 현상계의 자성을 세 가지의 성질로 구분한 변계(遍計), 의타(依他), 원성(圓成)의 3성과 8식(八識)에 관한 해설 및 2무아에 관한 설 등이지만, 후대의 불교사상과 연관되어 발전된 것으로는 유식학의 소의경전 답게 유심사상이 그 주된 핵심이다. 특히 여래장과 아뢰야식 사상이 결합되어서 뒤에 《대승기신론》 사상의 선구가 되었던 것이며, 선(禪)을 우부소행선(愚夫所行禪), 관찰의선(觀察義禪), 반연여선(攀緣如禪) 및 여래선(如來禪) 등 4종으로 구분하여 이에 관한 자료를 제공하고 있는 점과, 후기의 유식학설 중에서도 호법논사의 유식사상에 많은 영향을 주어서 이를 계승한 중국의 법상종에서는 이 경전을 의지처로 삼은 것이다.

그리고 이 《능가경》에 대한 주석서로는 중국의 정각이 저술한 《능가사자기(楞伽師資記)》가 유명한데, 여기에서 한 가지 특이할 만한 것은 저자인 정각이 중국의 역대 선사들의 전기를 수록하면서 그 초조를 우리가 익히 알고 있는 달마대사로 기록한 것이 아니고, 구나발타라 삼장으로 삼고서 달마를 제2조에 배치했다는 점이다.

이 《능가경》이 우리에게 주는 교훈은 앞에서와 같이 모든 이념들이, "오직 각자의 마음에서 스스로 일어난 것"[唯自心所現]에 불과하다는 것이다. 그러나 이러한 도리를 일반 범부들은 깨닫지 못하고 쉽게 상대적인 관념에 치우쳐서 분별심을 내므로 이를 벗어나야만 열반, 즉 마음의 평정을 이룰 수 있다고 한다. 따라서 참선이나 유가(瑜伽 ; Yoga) 등을 통하여 분별하는 마음, 즉 들뜬 마음을 안정시켜야만 바른 지혜가 나타나서 진실로 모든 것을 있는 그대로 볼 수 있다는 것이다.

후엄경

당의 지바하라가 번역한 이 《후엄경(厚嚴經)》은 《대승밀엄경(大乘密嚴經)》이라고도 하는데, 그 설하는 내용은 《능가경》과도 통하고, 대승경전으로서는 비교적 후기인 600년경에 성립되었다.

전체가 3권으로 되어 있는데, 부처님께서 현세의 3계를 떠나 밀엄국에 있었을 때에 금강장 보살이 부처님께 여래의 본성에 관하여 묻자, 여래의 본성은 불생불멸이라고 대답하였으며, 여래장설, 아뢰야식 및 밀엄[妙智] 등에 관한 교리가 설해지고 있고, 또한 유식소변과 3상 및 4연 등 여러 가지의 설이 서술되고 있어서, 유식소의의 경전으로서는 오히려 해심밀경 보다도 더 높은 위치에 있는 경전으로 취급되고 있다. 이의 다른 번역으로는 역시 당 나라의 불공 역의 것이 있는데, 양자는 번역된 내용에서는 대략 같지만, 상위점은 불공 역 쪽이 본서에 비교하여 간략화되어 있고, 때로는 수행(數行)이 삭제되어 있는 것 등을 알 수 있다.

《여래출현장엄공덕경(如來出現功德莊嚴經)》과 《아비달마경(阿毘達磨經)》은 중국 등에 전래되지 않았고, 아울러서 한역되지도 않아서 그 자세한 내용을 알 수가 없다.

유가사지론

이 《유가사지론(瑜伽師地論)》은 4세기경에 성립된 논장으로서 유가행파의 기본적인 전적이며, 그 분량은 1백 여권에 달하는 거대한 것이다. 이 논장의 저자로는 중국의 한역에서는 미륵의 것이라고 하지만, 티벳역에서는 무착의 것이라고 한다. 현재는 범본, 한역 및 티벳 역 등이 모두 전하고 있으며, 이 가운데서 한역된 것을 보면 여러 종류가 있는데, 당 나라의 현장이 정관 22년(648)에 완역한 것을 《유가론》이라고 부르며, 다른 명칭으로는 《광석제경론(廣釋諸經論)》 혹은 《십칠지론(十七地論)》 등으로도 부른다.

그 내용을 보면 〈본지분(本地分)〉, 〈섭결택분(攝決擇分)〉, 〈섭석분(攝釋分)〉, 〈섭이문분(攝異門分)〉 및 〈섭사분(攝事分)〉 등의 5가지로 나누어서 유가를 전문적으로 수행하는 유가사들의 마음의 경지를 17지위로 구분하여 밝히고 있다. 다시 말하자면 유가행자들의 경(境), 행(行), 과(果)에 관한 경지를 명확하게 설파한 것으로서, 아뢰야식설, 3자성 · 3무성설, 유식설 등 다양한 문제들이 자세하게 논술되고 있어서 3~4 세기경 인도의 소승 및 대승불교 사상을 연구하는데 있어서 중요한 자료가 되고 있다.

그 구체적인 내용을 살펴 보면, 제1의 〈본지분〉에서는 3승에 관한 사상을 17지위로 나누어서 설명하고 있는 것이 특징이다. 즉, (1) 5식신상응지(五識身相應地) : 안식 등 전5식의 자성과 그것이 의지하는 것과 반연하는 것 등에 관하여 밝히고 있다.

(2) 의지(意地) : 심, 의, 식의 자성과 그 의지하고 반연하는 것 등에 관하여 논설하고 있다.

(3) 유심유사지(有尋有伺地) : 욕계와 색계의 초선 등에 속하는 유루, 무루 등의 제법에 관하여 밝히고 있다.

(4) 무심유사지(無尋有伺地) : 정려(靜慮) 중간의 유루, 무루의 제법을 밝히고 있다.

(5) 무심무사지(無尋無伺地) : 정려 이상의 유루, 무루의 제법을 밝힌다.

(6) 삼마희다지(三摩呬多地) : 승정지(勝定地)에 관하여 밝히고 있다.

(7) 비삼마희다지(非三摩呬多地) : 승정지를 번복해서 밝히고 있다.

(8) 유심지(有心地) : 2무심정(二無心定)과 무상생(無想生)을 제외한 나머지를 밝히고 있다.

(9) 무심지(無心地) : 2무심정과 무상생을 밝히고 있다.

(10) 문소성지(聞所成地) : 청문함으로써 생겨나는 글 뜻을 이해하는 지혜 등에 관하여 설하고 있다.

(11) 사소성지(思所成地) : 사려로부터 생겨나는 법상을 이해하는 지혜를 밝히고 있다.

(12) 수소성지(修所成地) : 수정으로부터 생겨나는 이사(理事)를 이해하는 지혜를 밝히고 있다.

(13) 성문지(聲聞地) : 성문의 종성(種姓)과 발심, 수행 및 득과를 밝히고 있는데, 4유가처로 나누어서 설하고 있다.

(14) 독각지(獨覺地) : 독각의 종성과 발심, 수행 및 득과를 나누어 밝히고 있는데, 이것 또한 4가지의 유가처로 나누어 설하고 있다.

(15) 보살지(菩薩地) : 보살의 종성, 발심, 수행 및 득과 등에 관하여

밝히고 있다.

(16) 유여의지(有餘依地) : 유여열반에 관하여 밝히고 있다.

(17) 무여의지(無餘依地) : 무여열반에 관하여 밝히고 있다.(1~50권)

제2의 〈섭결택분〉에서는 〈본지분〉 중의 요의인 5식신상응지와 독각지를 제외한 나머지의 모든 지위에 관하여 이를 묻고 대답하는 형식으로 그 뜻을 해명하고(51~80권) 있다. 제3의 〈섭택분〉에서는 모든 경전의 체(體), 석(釋), 사(師), 설(說), 중(衆), 청(聽), 찬불(讚佛) 등의 의즉(義則)에 관하여 해석하고 있다.(81~82권) 제4의 〈섭이문분〉에서는 경전 속에 나타난 제법의 명의를 3장 속의 요의로 해석하고 있다.(82~84권) 제5의 〈섭사분〉에서는 계경사(契經事), 조복사(調伏事), 본모사(本母事)의 3사(三事)에 관하여 분별하고 있다.(85~100권)

한역에 관한 부분 번역으로는 위의 제1 〈본지분〉 중의 제15 보살지에 해당하는 것으로서, 북량의 담무참이 번역한《보살지지경(菩薩地持經)》(10권)과 유송의 구나발마가 번역한《보살선계경(菩薩善戒經)》(9권)이 있다. 또 위의 제1 앞부분에 해당하는 것으로서, 양나라의 진제에 의한《십지경론(十地經論)》(5권)이 있었으나 지금은 전해지지 않고 있으며, 위의 제2 앞부분에 해당하는《결정장론(決定藏論)》(3권)이 번역되었다.

인도에서는《유가론》에 근거하거나 이것의 영향을 받은 논서가 많다.《현양성교론(顯揚聖敎論)》(20권 ; 범본과 티벳본은 없다)은 무착이《유가론》의 내용을 재조직하여 11품으로 만든 것이고,《대승아비달마집론(大乘阿毘達磨集論)》(7권)도 무착이《유가론》의 교의를 재조직하여 대승의 논장으로 삼은 것이다. 또한 무착의《섭대승론

(攝大乘論)》, 세친의《섭대승론석(攝大乘論釋)》이나 《불성론(佛性論)》, 호법의《성유식론(成唯識論)》 등 어느 것이나《유가론》의 영향을 받고 있다. 그리고 《대승장엄경론》(13권)에서의 품명은《유가론》의 보살지의 품명과 거의 동일한데, 이것은 보살지에 근거하여 그 내용을 발전시킨 것이기 때문이다.

《유가론》의 범본중 보살지의 범문 사본이 네팔에서 발견되어 케임브리지 대학 도서관에 보관되어 있는 것을, 일본의 적원운래 박사가 로마자로 출판하였다. 이어서 인도의 Rahula Sankrtyayana가 티벳에서《유가론》 전체의 범본 사본을 발견하였는데, Bhattacharya가 제1 〈본지분〉의 5식신상응지로부터 무심무사지까지를 제1 분책으로 출판했다. 주석서로는 최승자의《유가석(瑜伽釋)》이 있는데, 앞부분의 1권만이 현장에 의해 번역되었다.

중국에서《유가론》에 관한 연구는 당 나라 때에 성행하여 주석서가 많이 저술되었으나, 현존하는 것은 규기의《유가론약찬(瑜伽論略纂)》(16권 ; 제66권까지의 주해)과 우리 나라 둔륜의《유가론기(瑜伽論記)》(48권)가 있고, 또한 돈황에서 출토된 것으로는《유가론분문기(瑜伽論分門記)》(6권)와《유가론수기(瑜伽論手記)》(4권)가 있다.

섭대승론

진제(499~569)가 번역한 이《섭대승론(攝大乘論)》은 한 논장에 불과하지만, 그 명칭에서 알 수 있는 바와 같이, "일체의 대승불교사상을 소섭하고 있는 논장"이라는 의미에서 일명 《광포대승론(廣苞大乘論)》이라고도 부르는데, 일찍이 무착이 《대승아비달마경(大乘阿毘達磨經)》의 〈섭대승품〉에 관하여 주석하여 하나의 논장으로 만든 것이다.

그 내용을 보면 전반적으로는 경전에 관한 해석 위주의 형태를 취하면서도 반드시 경전의 내용에 얽매여서 해석하지 않고, 대승불교 사상이 소승불교의 그것 보다 뛰어나다는 10가지의 항목을 설정하여, 이것을 달의적으로 해설하고 있다. 또한 이것은 일종의 대승불교 개론서의 성격을 띠고 있는데, 소품과 대품 등의 《반야경》과 용수의 반야불교사상을 계승하여 무분별지(반야바라밀)를 근본으로 삼고, 《해심밀경》과 《대승아비달마경》을 비롯하여 미륵의 《중변분별론(中邊分別論)》 및 《대승장엄경론(大乘莊嚴經論)》 등의 유가불교 사상을 수용하여, 대승불교 전체를 하나의 정연한 조직으로 체계화한 것이다.

그 교설되어 있는 사상을 간추려 본다면, 제1품인 〈응지의지승상품(應知依止勝相品)〉에서 제5품인 〈입인과수차별승상품(入因果修差別勝相品)〉까지의 다섯 품의 제명에서 보는 바와 같이 '응지'가 이 논장에서 기본적인 개념으로 부각되고 있는 것을 알 수 있다. 여기에서 응지란 '인지되는 바의 것'을 의미하는 '소지(所知)'와 같은 뜻으로서, 구체적으로는 모든 존재의 본성과 사물이 존재하는 상태를 세 가지로 분류한 3자성을 가리키는데, 그것은 의타기성과 변계소집성 및 원성실성을 말한다. 따라서 아뢰야식은 이 삼성이 의지하는 바의 처소이고, 유식관은 삼성으로 오입되는 것이며, 6바라밀은 삼성으로 오입하는 인과를 말하고, 10지는 삼성으로 오입하는 인과에 있어서의 수행의 단계를 의미한다는 것이다.

한편으로 《성유식론》에서는 아뢰야식 사상을 근본으로 하는 8식이 전변하여 제법이 생성된다고 하기 때문에 만법유식이라는 심식설이 모든 이론의 기초가 되고 있지만, 이 《섭대승론》에서는 삼성설이 유식설의 기초가 되어 있다. 즉, 의타기성은 인식을 의미하므로 유이고, 변계소집성은 경계를 가리키므로 무이며, 이 두 가지의 성질로 말미암아 드러난 알름알이[識]만이 있고 경계가 없는 유식무경의 세계가 곧 진여인 진실한 경지라는 것이다. 따라서 유식성에 들어가는 것은 진여에 들어가는 것을 의미하며, 유식을 관법하는 것은 진여의 경지를 관찰하는 것이고, 그 관지가 바로 가행(加行) 무분별지와 근본지 및 후득지가 된다는 것이다. 그러므로 수행자가 진실로 유식성에 안주해 있을 때를 가리켜서 무분별지, 법신, 전의 등으로 호칭하며, 경식구민(境識俱泯)이라는 참된 경계가 나타난다는 것이다. 다시 말하자면 진실한 유식이란 인식이 없는 동시에 인식이 있다는 것을 의미한다는 것이다. 이와 같이 《섭대승론》에서는 제법 유식설을 이루고 있는 기초적인 사상이 삼성설이지, 《성유식론》에서와 같이 아뢰야식설이 아니라고 주장한다.

그리고 제식에 관한 개념에 있어서 이 논장에서는 아뢰야식식(識識)이나 의식식 등과 같이 다른 데서는 찾아볼 수 없는 단어들로 표기되고 있는데, 아뢰야식식을 본식식이나 일본(一本)식 등으로 표현하고 있는 것은, 본식과 염오식 및 아뢰야식이 동시에 어떤 대상에 관하여 인식활동을 할 때에, 이 모두가 하나의 주체가 되어 거기에서 통일된 의식형태를 이루므로, 이러한 경우를 가리켜서 일본식이라고 한다는 것이다. 마찬가지로 의식식도 제6 의식과 전5식이 동시에 대상을 인식할 때에, 이 여섯 가지의 식들이 하나의 통일체로 활동하는 것을 의미하는 것으로서, 이와 같이 본식식이나 의식식 등으로 표현한 것은 식이 모든 것의 주체요, 아울러 이것은 통일체로서 한 식으로 활동한다는 것을 강조한 것이다.

이 진제의 《섭대승론》과 현장(620~664)의 번역인 《섭대승론본》의 내용을 비교하여 보면, 현장의 것이 제8 아뢰야식을 제법의 근원이 되는 망식이라고 여김에 대하여, 진제의 것에서는 이 아뢰야식을 진망화합식으로 간주하고, 그 진실한 부분을 별개(別開)하여 제9 아마라식을 세웠으며, 또한 이것을 여래장 연기의 일승사상에 가까운 개념으로 논술하고 있다. 한편으로 지론종의 남도파에서는 이 심식을 다른 교파와는 달리 법성이나 진여와 같은 성질인 순정무구한 것으로 여겼는데, 아무튼 이와 같은 식설에 관한 상이한 내용과 함께 《섭대승론》의 일승사상은, 후에 《성유식론》의 사상을 중심으로 자은이 설립한 법상종에서 삼승사상을 주장하므로 말미암아 더욱 치열한 논쟁거리가 되어서, 소위 신구 유식가들의 이념적인 대립을 가져오는 계기가 되었던 것이다. 또한 이들 사이에는 사상적인 심천의 차이가 있는데, 진제의 것이 대승의 시문(始門)에 해당되는 내용이지만 은연 중에 종교(終敎)의 취지를 포함하고 있는 한편으로, 안혜와 난타 등의 사상을 답습하고 있는 반면에, 현장의 것은 대승의 시문만의 내용을 갖춘 논장으로서 호법종의 사상과 그 요지가 비슷하다는 것이다.

십지경론

이《십지경론(十地經論)》은 세친이 5세기경에《화엄경》의〈십지품〉에 관하여 주석해 만든 것을 북위의 보리유지 등이 번역한 것으로서, 이 논전과 관련되는 것은《화엄경》의〈십지품〉과《십지의기(十地義記)》및《십지론의소(十地論義疏)》등이다. 이것이 번역된 후로 중국에서는 본서의 연구가 성대하게 이루어져 6세기 경에는 지론종이라는 학파가 성립되었으며, 한편으로는 지론종의 홍륭이 뒷날 화엄종을 개립시키는 선구적인 역할을 하게 되었다.

전체가 12권으로 되어 있으며, 그 형식은 경전의 것을〈經曰〉이라고 하여 본문의 내용을 인용하면서, 이에 관하여〈論曰〉이라는 형식으로 주석을 베풀고 있는데, 세친이 이들을 펼 때에 유식학자답게 각종의 유식사상을 인용하고 있기 때문에 이의 연구에 있어서 소중하게 취급되고 있다.

그 제1권과 제3권에서는 (1) 십지 중의 처음인 환희지에 관하여 논하고 있는데, 이것을 서분 · 삼매분 · 가분 · 기분 · 본분 · 청분 · 설분 · 교량승분 등 8분하고 있다. 이 중에서 설분에서는 환희의 의미에 대하여 마음과 몸과 근에 기쁨이 일어나는 것이라고 해석하여, 9종의 환희를 들어 설명한다. 또한 교량승분에서는 환희지에 든 대승의 보살이 갖고 있는 원과 행과 공덕이 성문과 연각의 이승(소승)에 비교하여 뛰어난 것을 밝히고 있다. 제4권은 (2)

십지의 두 번 째인 이구지에 관한 것으로서, 이구란 청정계에 의해서 번뇌의 더러움을 떠난다는 의미하며, 10악업을 짓지 않고, 10선업을 지어 중생을 이익케 하는 내용이 설해져 있다. 제5권에서는 (3) 명지에 관하여, 제6권에서는 (4) 염지를, 그리고 제7권에서는 (5) 난승지를 해석하고 있으며, 다음 제8권의 (6) 현전지의 설명에서는 이것이 만법의 연기를 관찰하여, 무분별지를 현전시켜서 유무에로의 집착을 떠나는 지위라는 것을 밝히고 있다. 제9권에서 제11권까지에서는 각각 (7) 원행지, (8) 부동지, (9) 선혜지에 관하여 설하고 있으며, 제12권에서는 일체의 수행 계위의 마지막인 (10) 법운지에 관해서 해석한 것이다.

변중변론

이 《변중변론(辨中邊論)》은 5세기경에 세친에 의하여 저술된 것으로서 당 나라의 현장이 번역한 것인데, 전체가 2권으로 된 이 논전은 게송의 부분은 미륵 작으로 전해지고 있다. 그 내용은 중도와 변(극단)을 현시하는 이론이라는 의미로서, 중도이념을 유식사상에 의거하여 설하고 있다. 진제가 번역한 《중변분별론(中邊分別論)》과는 동본이역이다. 이의 품명은 1. 〈변상품〉, 2. 〈변장품〉, 3. 〈변진실품〉, 4. 〈변수대치품〉, 5. 〈변수분위품〉, 6. 〈변득과품〉, 7. 〈변무상과품〉 등으로 되어 있다. 단지 제33 게송의 전반과 후반 간의 2게송 및 제105 게송 이하의 3게송의 개소가 진제 역에서는 보이지 않는 등 상위되는 부분도 있다. 또한 본서는 호법 이후의 사상에 의한 것이고, 사상적으로도 진제 역과는 다소의 상위점이 있다.

인도에서는 안혜가 주석을 남기고 있으며, 중국에서는 진제 역에 대하여 길장, 승변 등이, 한국에서는 원효 등이 주석했다. 그리고 현장 역이 나온 후는 대부분 이 번역본에 의해서 연구되고 주석되어, 현응, 현범, 규기, 도증, 태현 등이 주석을 하였다. 법상종에서 6경 11론 중의 하나로, 혹은 미록의 5부 대론 및 《유가사지론》의 10지(支) 중의 한 논전으로 헤아려진다.

현양성교론

이 《현양성교론(顯揚聖敎論)》은 5세기경에 무착이 저술했다고 하지만, 게송 부분만 무착이 짓고, 장행석은 세친이 지었다는 설도 있다.

이 논전을 《총포중의론(總苞衆義論)》 또는 《현양론》이라고도 하는데, 전체가 20권으로 되어 있으며, 《유가사지론》의 요지를 포함하고 있는 논장이다. 그 내용은 13품으로 구성되어 있는데, (1) 〈섭사품〉에서는 일체(심 · 심소 · 색 · 불상응 · 무위의 5위 100법), 계(3계 · 삼천세계), 잡염(번뇌 · 업 · 생의 3업), 제(세속 · 승의 · 고 · 집 · 멸 · 도의 6제) 등의 9사(事)에 관하여 교설하고 있으며, (2) 〈섭정의품〉에서는 청정의 의미, 세속제 · 승의제, 십이분교, 16이론(외교설), 7종 논법[因明] 등에 관하여 밝히고 있다. (3) 〈성선교품〉에서는 7

종의 선교(온 · 계 · 처 · 연기 · 처비처 · 근 · 제), 7종의 우(신자우 · 등기우 등) 등을 교설하고 있다. (4) 〈성무상품〉에서는 무상의 의미, 무상성에 오입하는 염주 등의 행에 관하여 설하고, (5) 〈성고품〉에서는 3고 내지 55고 등을 설하며, 고뇌를 요지하는 18종의 지혜(신편지 등)를 밝혔다. (6) 〈성공품〉에서는 3상(자상 · 심심상 · 차별상)에 의해서 공의 의미를 밝히고, 즉온, 이온 등의 자아를 파하여 관공의 지혜와 14종의 계박과 6종의 상박 등에 관하여 교설한다. (7) 〈성무성품〉에서는 3성(변계소집성 · 의타기성 · 엔성실성), 3무성(상무성 · 생무성 · 승의무성)의 이치를 가지고 법공의 의미를 밝히고, 또한 훈습의 의미를 설하고 있다. (8) 〈성현관품〉에서는 수입관에 관하여 밝힌다. (9) 〈성유가품〉에서는 유가의 의미에 관하여 설하고 있다. (10) 〈성부사의품〉에서는 9사(아 · 유정 · 세계 등)를 들어 불가사의한 의를 설하고, (11) 〈섭승결택품〉에서는 심왕, 아뢰야식, 심소, 불상응행, 색, 6인 4연, 11의처, 5과, 8종 무위의 의미를 밝히고, 20종 번뇌 현행의 행상과 기타에 관하여 교설하고 있다.

처음의 귀경송에서 《유가사지론》의 요의를 현양한 것이 분명하며, 권9와 권10의 외교 16이론의 설, 권11의 인명 처의 설, 권17의 아뢰야식 증성의 설 등과 같이 《유가사지론》의 사상과 일치하는 곳이 있는가 하면, 《유가론》의 요지를 말한 것으로 간주되는 내용이 여러 곳에서 눈에 띈다. 반면에 《유가론》의 교의를 바꾸어 조직한 것도 보이고, 더욱 《대승장엄경론》 등의 교설에 의거했다고 보이는 곳도 있다. 또한 이 논장은 무착의 저작이라고 하지만, 우정백수에 의하면 게송만이 무착의 저작이고, 주석 부분은 세친의 저작이라고 한다. 즉, 진제 역의 《삼무성론》이 본 논장의 〈성무성품〉의 장행석 부분에 해당되고, 《삼무성론》은 진제의 《현식론》, 《전식론》과 함께 《무상론》의 일부인 것이 여러 점에서 증명된다. 《전식론》이 《유식삼십송》의 동품이역으로 세친의 저작이기 때문에 《삼무성론》과 《현양론》의 〈성무성품〉에 관한 주석이 세친의 저작이 되는 것이다. 단지 내용으로 보아 게송보다 장행석 쪽이 선행되었다고 지적되나 단정할 수는 없다. 이에 관하여 중국에서는 신태와 규기 등이, 신라에서는 태현 등이 주석을 하였지만 현재는 전해지지 않는다.

대승아비달마잡집론

이 《대승아비달마잡집론(大乘阿毘達磨雜集論)》은 6세기경에 안혜가 지은 것을 당 나라의 현장이 번역한 것으로서 《아비달마잡집론》, 《잡집론》, 《대법론》이라고도 한다.

그 내용은 모두 16권으로 되어 있는 것으로서, 무착이 지은 《대승아비달마집론》을 본문의 내용에 따라서 주석한 것이다. 참고로 무착의 《대승아비달마집론》의 구성을 보면, 전체가 7권으로서 이것을 본지분과 결택분의 2분으로 나누고, 본지분에는 〈삼법품〉, 〈섭품〉, 〈상응품〉, 〈성취품〉 등의 4품이 들어 있고, 결택분에는 〈제품〉, 〈법품〉, 〈득품〉, 〈논의품〉 등의 4품이 포함되어 있다. 안혜의 이 《잡집론》에 의하면 《대승아비달마경》의 제4 〈택분〉을 두루 소섭한 것이라고 하지만, 본지분과 결택분의 2분은 《유가사지론》 중의 〈본지분〉과 〈섭결택분〉에서 취한 것이고, 그 교의 해석에 있어서도 〈삼법품〉 중의 유색무색 내지 유상무상 등의 내용을 비롯하여, 《유가사지론》과 《현양성교론》에 일치되는 곳이 있는 것으로 보아서, 이 두 논장의 중요한 점만을 논술한 것으로 간주된다.

이 《잡집론》은 사자각이 《집론》에 관하여 주석한 것을 다시 안혜가 집유(集糅)한 것으로서, 제1권에서 제5권의 전반에는 〈삼법품〉, 5권의 후반부에는 〈섭품〉과 〈상응품〉 및 〈성취품〉이, 제6권에서 제10권에는 〈제품〉, 제11권과 12권에는 〈법품〉, 제13권과 14권에는 〈득품〉, 제15권과 16권에는 〈논의품〉 등에 관하여 주석하고 있다.

중국에서는 안혜의 이 주석인 《아비달마집론》에 대하여 규기와 현범 등이 각각 《동 술기》와 《동 논소》를 지었으며, 법상종에 있어서는 안혜의 이 《잡집론》을 6경 11론 중의 한 논전으로 취급하는데, 이것은 또한 《유가론》에 관한 10지(支)론 중의 하나로 헤아려진다.

관소연론

이 《관소연론(觀所緣論)》은 인도의 진나가 5세기경에 지은 것을 당의 현장이 번역한(1권) 것이다. 그 내용을 보면, 안식 등의 5식이 외계를 소연의 대상으로 하는 것은 극미에 실체가 있고, 또한 극미의 화합으로부터 인식이 생긴다고 하지만, 이 두 가지는 모두 오류라는 것이다. 극미는 안 등 식의 소연으로 되는 것이 아니며, 극미의 화합은 실유가 아니고 가법이기 때문이다. 또한 극미의 여러 가지 화집상이 식의 경계가 된다는 주장도 있지만, 이것도 소연이 아니다. 그렇기 때문에 오식의 연이 되는 것은 외경이 아니라, 마음 안의 경계가 외경을 닮아 나타나서 그것을 연으로 하는 것이며, 이 내경의 상이 식을 떠나지 않는 것이다. 내경의 상과 식은 언제나 서로 따르고, 함께 일어나거나 식의 소연연으로 되는 것이다. 같은 시각에 생겨나서 인과로 되는 것은 전식의 상이 멸할 때에 본식, 즉 아뢰야식 중에 자과의 공능을 닮아 생겨서, 그것이 후에 자기와 같은 식을 생성하기 때문이라고 설명한다.

이십유식론

이 《이십유식론(二十唯識論)》은 '20게송으로 된 성유식'이라는 논명에서 알 수 있다시피, 20개의 간명한 게송을 통하여 만법이 유식인 도리를 설명하고 있다. 저자는 세친이고, 번역은 보리유지와 진제가 6세기경에 한 것과 현장이 7세기에 한 것 등이 있다.

그 내용을 간추리면, 세친의 저술은 대부분 무착의 것을 주석한 것이 많지만, 이것은 《유식30송》과 《삼성론게》 등과 같이 세친의 순수한 작품이다. 불교교의 외의 학파와 소승의 입장으로부터 유식설에 대한 비판과 의문점 등에 관하여 대답하는 형식을 취하여 간접적으로는 유식설을 명확히 하려는 것일 뿐만 아니라, 직접적으로는 유식설의 내용을 조직적으로 설명한 《유식30송》과 함께 짝을 이루어서 유식설을 선양한 것이 특징이다. 특히 유식설이 이 현상계의 모든 것과 같이 우리의 인식도 본래 없다는 것을 역설한 것인데, 많은 사람들이 이것을 관념적으로 받아들여서 오인하는 경우가 많으므로 이러한 요인을 밝혀서, 미륵과 무착, 세친 및 안혜 등으로 이어지는 전통성을 찾고, 반면에 이러한 내용이 전화(轉化)된 호법 등의 유식설을 관념론으로 여겨서 《성유식론》 등을 읽을 때에는 관념론에 흐르지 않도록 주의가 요망된다는 것이다.

집량론

이 《집량론(集量論)》은 올바른 인식에 관하여 집성한 논장이라는 의미가 말해주듯이 불교의 논리학에 관하여 자세하게 설명한 것으로서 인도의 진나가 5세기경에 저술했는데, 그는 유상유식파의 불교 논리학자로 고인명론을 개혁하여 신인명론을 확립했다. 즉, 유식설을 배경으로 삼아 인식 근거[量]에 관한 종래의 학설을 일신하여 직각과 추론의 2종만을 인정하고, 논증식에 있어서도 가장 중요한 요소로 이유 개념의 3조건[因의 3相] 중에서 제2와 제3의 조건을 분석, 음미하여 비론적인 5지작법을 폐기하고, 연역적인 3지작법에 관한 추론을 확립했다.

이것은 《정리문론(正理門論)》과 함께 진나가 자기의 논리학 체계에 관하여 상설한 것으로서, 운문으로 된 게송과 산문으로 된 자주(自註)로 구성되어 있으며, 2종의 티벳역만이 현전하고 있다.

대승장엄경론

이 《대승장엄경론(大乘莊嚴經論)》은 무착이 저술하고, 당의 정관 3년에서 7년경(630~663년)에 파라파밀다라(627~633년 중국 거주)가 한역하였다. 그런데 이 논장은 무착의 온전한 저술이라기 보다는 게송 부분은 미륵의 저작인데, 이것을 무착이 전수받아 세상에 알린 것이고, 행장 부분은 게송에 대한 주석으로서, 세친이 형인 무착의 가르침을 받아 저술한 것으로 보인다. 티벳역으로는 송 나라 무성(無性)의 주(註)만이 남아 있다. 유가행파, 즉 유식학파의 개조인 미륵이 지은 5부론 중의 하나이다.

이 논장은 보살이 닦아야 할 여러 법문에 관하여 해설한 것이다. 다른 이름으로는 《대승장엄론》, 《대장엄론》, 《장엄론》이라고도 한다. 그 내용은 대승경전은 최상의 법문이요, 가장 뛰어난 중생 구제의 가르침을 강조한 동시에, 대승경전에 근거한 보살의 실천적 사상을 여러 방면에 걸쳐서 조직적으로 서술한 것인데, 그 서술을 장엄(莊嚴)이라고 한다. 장엄은 산스크리트 문학에 있어서 문체의 일종이지만, 여기에서는 대승경전의 본의를 개시, 현양한다는 의미로 쓰인다.

여기에는 〈연기품(緣起品)〉, 〈성종품(成宗品)〉, 〈귀의품(歸依品)〉, 〈종성품(種性品)〉, 〈발심품(發心品)〉, 〈이리품(二利品)〉, 〈진실품(眞實品)〉, 〈신통품(神通品)〉, 〈성숙품(成熟品)〉, 〈보리품(菩提品)〉, 〈명신품(明

信品)〉, 〈술구품(述求品)〉, 〈홍법품(弘法品)〉, 〈수수품(隨修品)〉, 〈교수품(敎授品)〉, 〈업반품(業伴品)〉, 〈도섭품(度攝品)〉, 〈공양품(供養品)〉, 〈친근품(親近品)〉, 〈범주품(梵住品)〉, 〈각분품(覺分品)〉, 〈공덕품(功德品)〉, 〈행주품(行住品)〉, 〈경불품(敬佛品)〉의 24품으로 구성되어 있으나 산스크리트 본은 21품으로 되어 있다.

그 내용은 대승의 광범하고 심원한 사상을 풍부하게 포함하고 있어서 한 마디로 특징지을 수는 없지만, 교의면에서 다음과 같은 점들이 중요하다고 하겠다. 즉, 대승이 불설이 아니라는 비난에 대응하여 대승이 불설임을 논증하고 있다는 점(〈成宗品〉)과, 지혜의 완성인 보리를 불의 본질로 삼아서 법계와 중생의 일여(一如), 일체중생실유불성, 여래장 대아(大我)를 설한 점(〈菩提品〉), 그리고 유식이란 허망분별에 근거한 2취(주관, 객관)의 현현이고, 그것은 미란으로서 실체가 없는 것이기 때문에 유무불이(有無不二)·미오불이(迷悟不二)라고 설한 점(〈述求品〉) 등이다.

본론의 품명은 《유가사지론》의 보살지의 품명과 일치하는데, 이것은 다분히 보살지에 기초하여 본론이 저작되었음을 나타내는 것으로 보인다. 그러나 같은 주제를 논하면서도 본론 쪽이 보살지보다 간결하면서 발달된 사상을 담고 있는 것 같고, 대승의 특색을 한층 더 선명하게 드러내고 있다. 특히 《유가사지론》에는 나타나 있지 않은 여래장사상의 영향을 현저하게 남기고 있는 점이 주목할 만하다.

《분별유가론(分別瑜伽論)》은 중국 불교권에 전해지지 않아서 그 자세한 내용은 알 수가 없다.

성유식론

이 《성유식론(成唯識論)》은 전부 10권으로 되어 있는데, 세친의 《유식삼십송》에 대하여 호법 등 10대 논사들이 각각 이것에 관한 주석서를 지었는데, 현장이 이들을 중국에 가져 와서 한역할 때(659)에, 호법의 것을 위주로 하고 다른 학자들의 것은 이를 취사선택해서 하나의 논장으로 편집한 것이다.

현장은 처음에 안혜의 주석 내용이나 10대 논사의 것을 따로 번역하려 하였으나 신방, 가상, 보광 등과 함께 작업을 돕던 자은이 현장을 찾아가서 다음과 같이 청원했다고 한다. 즉, "원래의 계획대로 번역할 경우에 논서의 분량이 너무 방대하고, 10대 논사들의 견해가 서로 다른 부분들이 있어서 난해하므로, 호법의 학설을 정의로 삼고 다른 9명의 논사들의 주장은 이를 취사선택하여 하나로 편집하렵니다"라고 하니, 현장은 그의 말을 받아들여서 다른 세 사람은 물러나고, 자은 한 사람의 도움 아래 《성유식론》(10권)을 완성하였다는 것이다.

이 논서의 구성체계는 3십송 중에서 처음 제1송부터 24송까지는 유식사상에 관한 형상[唯識相]을 밝히고, 다음의 1송인 제25송은 유식의 성품[唯識性]을, 그리고 뒷부분의 5송은 유식교의에서의 수행의 단계[唯識位]에 관하여 밝히고 있다. 10대 논사들이 세친의 《유식삼십송》을 주석할 때에 3십송의 앞 부분에 귀경송(歸敬頌)을, 뒷부분에 회향송(廻向頌)을 첨가하여 각각 10권으로 구성하였다.

이 논장을 자은의 《성유식론술기》 등에 의거하여 고찰하여 보면, 서분, 정종분, 유통분으로 나눌 수 있는데, 그 내용을 보면 다음과 같다.

1. 서분 : 종지를 펴기 이전에 불법승 3보에 귀의하고, 이 논장을 짓는 이유를 서술하고 있다[종전경서분(宗前敬敍分)]. – 귀경송 1송

(1) 삼보에 귀의함을 서술[서귀경복전(敍歸敬福田)] – 반송(半頌)

(2) 《유식삼십송》을 주석하는 까닭을 서술 – 반송

2. 정종분 : 부처님의 가르침에 의거하여 유식의 이치를 자세하게 해설[의교광성분(依敎廣成分)].

(1) 유식의 형상 즉, 중생의 현실을 밝힘[명유식상(明唯識相)] – 제1송~ 제24송

① 능변식의 양상을 간략히 나타냄[약표식상(略標識相)] – 1송반(半)

② 능변식의 양상을 자세히 해설함[광석식상(廣釋識相)] – 22송반

(2) 유식의 성품, 즉 중생들의 본성을 밝힘[명유식성(明唯識性)] – 제25송

(3) 유식교학에서의 수행단계, 즉 보살의 수행단계를 밝힘[명유식위(明唯識位)] – 제26송~ 제30송

3. 유통분 : 이에 관한 주석을 마치면서 공덕을 많은 중생들에게 베풀고, 다 함께 속히 최고의 깨달음에 이르기를 서원함[석결시원분(釋結施願分)] – 회향송 1 송

이 논장의 내용을 보면, 제1권에서는 안혜와 호법 등 10대 논사들이 《유식삼십송》을 주석함에 있어서, 3보에 지극한 예를 올린

다음에 《성유식론》을 저술한 취지를 밝히고 있다. 아공과 법공의 도리에 미혹한 자들에게 유식의 도리를 열어 보여서, 그들로 하여금 2공 진여를 깨쳐 2가지 장애[번뇌장과 소지장]를 끊고, 대보리와 열반을 증득케 하기 위해서라는 것이다. 이것은 《성유식론》을 저술한 동기이면서 동시에 유식사상의 궁극적인 목적을 나타낸 것이다. 또한 제2권의 중간까지는 능변식의 양상을 간략히 나타내고 있는데, 여기에서는 외도설을 논파하고 있다. 제2권의 중간 부분에서부터 제4권에 걸쳐서는 아뢰야식에 관하여 설명하고 있는데, 아뢰야식을 설명함에 있어서는 《유가론》 등의 내용을 인용하여 인도 유가행파의 학설을 논술하면서 호법의 입장에서 해석했다.

제4권에서 제5권의 일부에 걸쳐서는 제2 능변식의 양상을 해설하고 있는데, 제2 능변식은 말나나식, 사량식 및 제7식 등으로 이름한다는 것이며, 이 심식에 관하여 《유식삼십송》의 제5, 6, 7 게송에서 설하고 있는데, 그 뜻을 해설함에 있어서 여기에서는 8단 10의문으로 설명한다. 제5권의 일부에서 제7권의 일부에 걸쳐서는 제3 능변식의 양상에 관하여 해설하고 있는데, 6식을 밝힘과 동시에 심소설에 관하여 논하고 있다. 그리고 제7권의 일부에서 제8권의 일부에 걸쳐서는 식전변의 의미를 밝히고, 일체 유식의 의의를 설명하고 있다. 유식무경설이 바른 논리에 위배된다는 비판에 대하여 해설하고 있다. 제8권의 중간에서부터 제9권에 걸쳐서는 3자성과 3무성설에 관하여 설하고 있으며, 제9권의 끝 부분에서는 유식의 참다운 성품을 밝히고 있는 한편으로, 제10권까지에 걸쳐서는 유식사상을 수행하는 계위인 5위에 관하여 그 개념을 명확히 하고 있는데, 크게 두 분단으로 나누어서 해설한다. 먼저 유식성을 깨달아 들어가는 주체인 사람[본성주종성(本性住種姓)과 습소성종성(習所成種姓)]과 그가 경유하는 단계[五位] 및 깨달아 가는 방편 등에 관하여 밝히고 있다.

이 《성유식론》의 편찬을 계기로 중국에서는 법상종이 설립되었으며, 이후로 중국, 한국 및 일본 등에서의 유식교학은 이 논장을 중심으로 연구가 매우 활발하게 이루어졌다. 중국에서 이루어진 주석서는 대부분 현존하지만, 우리 나라에서 이루어진 것은 거의 전하지 않는다. 중국의 주석서로는 당 나라 때의 자은이 지은 《성유식론술기(成唯識論述記)》(20권), 《동 장중추요(掌中樞要)》(4권), 《동 요간(料簡)》(2권), 《동 별초(別抄)》(10권중 4권만 현존), 혜소의 《성유식론요의등(成唯識論了義燈)》(13권), 지주의 《성유식론연비(成唯識論演秘)》(14권), 《동 장중추요기(掌中樞要記)》(2권중 상권만 현존), 《동 요의등기(了義燈記)》(2권중 하권만 현존), 의충의 《성유식론초(成唯識論抄)》(30권 ; 失), 《동 찬요(纂要)》(失), 도읍의 《성유식론의온(成唯識論義蘊)》(5권), 여리의 《성유식론소의연(成唯識論疏義演)》(13권; 현재 26권으로 유통), 숭준의 《성유식론의익(成唯識論義翼)》(7권 ; 失), 영태의 《성유식론소초(成唯識論疏抄)》(18권) 등이 있다. 명 나라 때에는 명욱의 《성유식론속전(成唯識論俗詮)》(10권), 통윤의 《성유식론집해(成唯識論集解)》(10권), 왕긍당의 《성유식론증의(成唯識論證義)》(10권), 광승의 《성유식론음의(成唯識論音義)》(10권), 대진의 《성유식론합향(成唯識論合響)》(10권), 대혜의 《성유식론자고(成唯識論自攷)》, 지욱의 《성유식론관심법요(成唯識論觀心法要)》(10권) 등이 있다. 청 나라 때에는 지소의 《성유식론음향보유과(成唯識論音響補遺科)》(2권), 《동 음향보유(音響補遺)》(10권) 등이 있다.

우리 나라에서의 연구는 신라의 승려들에 의해 이루어졌는데, 그

저술은 전해지지 않는 것이 대부분이다. 그것을 보면, 원측의 《성유식론소(成唯識論疏)》(20권), 《동 별장(別章)》(3권), 도증의 《성유식론요집(成唯識論要集)》(14권), 《동 강요(綱要)》(13권), 승장의 《성유식론결(成唯識論決)》(3권), 신방의 《성유식론요집(成唯識論要集)》(12권), 원효의 《성유식론종요(成唯識論宗要)》(1권), 경흥의 《성유식론기(成唯識論記)》(2권), 《동 폄량(貶量)》(25권), 《동 추요기(樞要記)》(2권), 행달의 《성유식론추요기(成唯識論樞要記)》(4권), 현일의 《성유식론사기(成唯識論私記)》(1권), 오진의 《성유식론의원초(成唯識論義苑抄)》(4권), 의빈의 《성유식론장중추요기(成唯識論掌中樞要記)》(2권), 도륜의 《성유식론요결(成唯識論要決)》(2권), 태현의 《성유식론학기(成唯識論學記)》(10권 혹은 5권 ; 현존), 《동 결택(決擇)》(1권), 의적의 《성유식론미상결(成唯識論未詳決)》(3권), 순경의 《성유식론요간(成唯識論料簡)》(1권), 의영의 《신구정(新舊諍)》(20권) 및 의천의 《간정성유식론단과(刊定成唯識論單科)》(3권 ; 일부 서문만 현존) 등이 있었다.

아비달마구사론

이 《아비달마구사론(阿毘達磨俱舍論)》은 모두 30권 9품으로 되어 있으며, 인도의 세친 논사가 지은 것을 현장이 한역한 것이다(651). 범본과 티벳역이 현존하고 있으며, 다른 번역으로는 진제의 《아비달마구사석론》이 있고, 대표적인 주석서로는 보광의 《구사론기》와 법보의 《구사론소》가 유명하다.

부파불교의 이해를 위해서만이 아니라 대승불교의 기초학으로서도 《구사론》의 가치는 대단하다. 대승경전이나 논장은 소승 유부의 교학을 기초로 하거나 혹은 그것을 파척하기 위하여 편집된 경우가 많기 때문에, 번잡한 유부의 교학을 종합적으로 비판한 《구사론》은 널리 대,소승의 학도들에게 귀중한 자료가 되고 있다.

《구사론》은 교학의 대부분을 《대비바사론》의 것을 다시 정리하여 채택하였고, 그것을 정리하는 방법에 있어서는 법구의 《잡아비담심론(雜阿毘曇心論)》을 따른 점이 많으며, 그 구성 내용은 〈분별계품(分別界品)〉, 〈분별근품(分別根品)〉, 〈분별세품(分別世品)〉, 〈분별업품(分別業品)〉, 〈분별수면품(分別隨眠品)〉, 〈분별현성품(分別賢聖品)〉, 〈분별지품(分別智品)〉, 〈분별정품(分別定品)〉과 부록으로 〈파집아품(破執我品)〉으로 엮어 있다.

(1) 〈분별계품〉에서는 만유의 본체를 밝히고 있는데, 분별계란 여러 가지 요소를 살펴본다는 뜻이다. 본론에서 다루어지고 있는 내용은 무위법, 색법, 심법의 유루와 무루, 그리고 5온, 12처, 18계 등에 관한 내용이다.

(2) 〈분별근품〉에서는 22근의 기능과 물질 및 정신적 현상이 생겨날 때에, 동시에 작용하는 여러 가지 구성요소와 그들 상호간의 인과관계에 대해 고찰하고 있다.

(3) 〈분별세품〉에서는 유정이 6도를 윤회하는 과정을 12인연에 의거 설명하고 있다. 또한 유정이 살고 있는 3천대천 세계의 구조를 밝히고, 마지막으로 시공의 크기에 관한 문제, 부처님들이 출현하는 시기 및 세계가 성립, 존속, 괴멸되는 가정에 관한 문제 등을 고찰하고 있다.

(4) 〈분별업품〉에서는 과보를 가져오는 원인으로서 행위에 관한 문제를 살피고 있다. 여기에서는 창조론 등의 외도의 견해를 부정

하고, 세상 만물은 모두 업에 의해서 만들어진다고 주장하고 있다.

(5) 〈분별수면품〉에서는 선악의 행위를 낳게 하는 근원인 번뇌를 고찰하고 있다. 먼저 근본적인 번뇌에 관한 설명이 나온다. 번뇌란 원래 마음을 번거롭게 하고 괴롭히는 일종의 정신작용이다. 사람들은 이 번뇌로 인하여 악업을 쌓고, 그 과보로 지옥에도 가고 축생으로도 태어나 온갖 고통을 당하게 된다는 것이다. 말하자면 번뇌는 고통에 가득 찬 인간 생존의 근원이다. 그러면 어째서 번뇌를 인간생존의 근원으로 보는가. 번뇌는 일단 마음 속에 자리잡으면 차츰 힘을 얻어 번뇌 그 자체를 증대시키고, 나아가서는 다른 번뇌를 일으키는 힘을 가지게 된다. 또한 번뇌는 사람들이 가지고 있는 착한 성품을 제거하는 작용을 한다. 번뇌는 사람들이 건전한 사고를 할 수 있는 바른 지혜를 마비시키고, 내생에 좋지 않은 과보를 받게 하는 악업을 짓는 힘을 갖게 된다. 이와 같은 번뇌의 작용 때문에 사람들은 고해에서 벗어나지 못하고 끝없이 생존의 고통을 되풀이하게 된다는 것이다.

(6) 〈분별현성품〉에서는 깨달음의 과위인 현자, 수행의 계위, 즉 3현(三賢)과 4선근, 견도와 수도 및 무학도, 차제증(次第證)과 초월증(超越證), 그리고 4향4과 등을 자세하게 고찰하고 있다.

(7) 〈분별지품〉에서는 십지와 18불공법, 무쟁(無諍), 원지(願智), 4무애해(四無碍解), 3명(三明), 6통(六通), 3시도(三示導) 등에 관하여 설명하고 있다.

(8) 〈분별정품〉에서는 먼저 여러 가지 선정을 설명하고 나서, 선정이 불러 일으키는 공덕, 즉 4무량과 8해탈, 8승처와 10변처(十遍處) 등을 논하고 있다.

그리고 부록으로 있는 〈파집아품〉에서 '파집아'란 '나'에 대한 집착을 깨뜨리는 의미라는 것이다. 이 품에서는 '나'의 실재를 주장하는 잘못된 견해 때문에 여러 가지 번뇌를 일으키게 되고, 결국은 6도를 윤회하며 해탈을 얻을 수 없다고 하면서, 특히 부파불교 중의 하나인 독자부와 외도에서 수론파와 승론파의 견해를 논파하고 있다.

이상과 같이 《구사론》은 폭넓고 해박한 내용을 수록하고 있지만, 다소 번잡스런 《대비바사론》의 교리를 교묘하게 8품으로 종합적으로 정리하여 체계화시킨 것이다. 모든 아비달마의 논서 중에서 가장 으뜸으로 인정받고 있으며, 이에 대한 연구가 성행하여 많은 주석서가 있다.

유식 사상가

미 륵

유식교학상에 나타나는 미륵(彌勒)은 현장의 《대당서역기(大唐西域記)》(권제5)에 의하면, 무착이 아유타국의 성곽 서쪽 5, 6십리에 위치해 있던 가람에 머물고 있을 적에, 미륵보살을 돈독하게 숭신한 결과 서로 감응하는 경지에까지 이르렀다는 것이다. 이런 중에 간혹 교리 상에 어려운 문제가 있으면, 무착이 밤에 미륵이 있는 도솔천에 올라가서 이를 질문하여 해결했다고 하는데, 이와 같은 신화적인 내용은 종교인들의 신앙생활에서 가끔 있음직한 일로서 무착의 선정 중에 미륵의 현신이 나툰 것으로 보기도 한다.

이러한 미륵의 저서로는 중국에서는 미륵설, 티벳에서는 무착의 것으로 여기고 있는 《유가사지론(瑜伽師地論)》과 그 외에 《대승장엄경론(大乘莊嚴經論)》, 《중변분별론(中邊分別論)》, 《구경일승보성론(究竟一乘寶性論)》 등이 있다.

무 착

무착(無着)은 실로 유식교학의 비조라고 할만한 사람으로서 이제까지 한번도 내세워지지 못했던 대승불교 중의 법상 교학사상을 처음으로 주창하여 그의 동생인 세친으로 하여금 그 대성을 이루게 한 소지를 제공했던 장본인이다. 무착은 인도의 북서 경계인 건타라국의 포루사부라성에 살았던 바라문인 교시가의 세 아들, 즉 무착과 세친 및 비린지발바 중의 장남으로 태어났다.

일찍이 소승불교의 화지부에 출가하여 수학하다가 나중에 중인도의 아유타국에서 몇 달 동안 머물던 중에, 여러 가지의 교리상의 의문점들을 풀기 위하여 미륵보살을 만나 해혹(解惑)하기를 간절히 염원하던 끝에 신통력을 얻어서 밤이면 도솔천궁에 올라 이를 친견하고 면수(面受)하던 중에 특히 유식교학을 전해 들었던 것이다.

이러한 영험 사실과 함께 심오한 유식사상을 일반인들에게 알리고자 하였으나, 이와 같은 내용을 신용하는 사람들이 없으므로 무착은 할 수 없이 미륵보살에게 간청하여 야간에 이 세상에 내려와서 직접 학습자들에게 설법해 줄 것을 간청하니, 미륵도 무착의 간청에 감복되어 야간마다 《유가사지론》 등을 강설했으며(무착은 미륵보살의 음성과 모습을 듣고 보고 할 수 있었지만, 다른 일반인들은 보살의 음성만을 들을 수 있었다고 함), 주간에는 다시 이를 무착이 대중들을 위하여 복강(復講)하였는데, 이것이 전해져 오는 유식교학의 기원설이다. 이러한 무착에게는 미륵의 것으로도 추정되고 있는 《유가사지론(瑜伽師地論)》과 《아비달마집론(阿毘達磨集論)》 및 《섭대승론(攝大乘論)》 등이 있다.

세 친

세친(世親)은 불멸 후 9백년경 건타라국의 수도였던 포루사부라의 교시가 바라문가에서 태어났다. 세친은 처음에 소승의 설일체유부에 출가하여 소승불교에 관한 교학을 수학함과 동시에, 한편으로는 경량부의 교리도 아울러서 섭렵했었다. 그런데 그 당시의 대부분의 유부의 교리는 《대비바사론(大毘婆沙論)》 등이 편찬되면서 이에 의지하여 교육되었는데, 이 논장의 내용은 단지 명상학(名相學), 즉 현상계에서 실존적으로 헤아려 질 수 있는 모든 것을 법수(法數)대로 나열하고 분석한데 그친 매우 번쇄한 기술철학에 불과한 것이었다.

세친은 이와 같은 내용에 불만을 품고 있었기 때문에 《대비바사론》을 가지고 유부의 근본도량으로 일컬어지고 있던 북인도의 카시미라국에 유학하여 공부하던 중에 오히려 경량부의 학설을 가지고 이를 논파하는 경향이 있었다. 이러하기를 4년, 당시 카시미라국의 학두였던 오입 존자가 세친의 비범함을 알아채고 행여나 위난을 당할까 봐서 본국으로 돌아갈 것을 권하였다.

그리하여 세친은 건타라국에 온 후에 대중들을 위하여 《대비바사론》을 매일 강의하고 그 내용을 간추려서 게송으로 만들어 총 6백송을 저작하니, 이것이 바로 《구사론송(俱舍論頌)》인 것이다. 이 것이 카시미라국에 전달되어 많은 사람들이 자기들의 종의를 선양한 것이라고 환영하는 분위기였지만, 오직 오입 존자만은 그 의리를 의심하고 이를 자세하게 주석해 줄 것을 요청한 결과, 세친이 이에 직접 해석을 가하여 마침내 설일체유부의 강요서로 일컬어지고 있는 《아비달마구사론(阿毘達磨俱舍論)》이 탄생하게 된 것이다. 이 논장을 다시 카시미라국에 보냈더니, 이를 열람한 바 오입 존자의 우려처럼 가끔씩 유부의 교리를 논평한 내용이 있기 때문에 오입의 제자인 중현이 크게 분개하고 저를 논박하는 주석서를 지으니, 이것이 바로 《구사박론(俱舍雹論)》[일명 《아비달마순정리론(阿毘達磨順正理論)》 이라고도 함]이다.

이와 같이 세친은 유부의 교리를 개선하여 크게 그 진흥을 꾀하고 두루 18부론의 의리를 천착함으로 인하여 자연 대승불교를 비불설이라고 하여 믿지 않았지만, 후에 그의 형인 무착이 병을 의탁해 그를 회유하여 대승불교로 전향케 함에, 그 동안의 잘못된 인식을 뉘우치고 대승권에 들어와서 이를 선양키 위하여 심혈을 기울여 드디어 유식교학이 확립되기에 이르렀다는 것이다.

세상에서 세친을 천부(千部)의 논사라고 존칭하는 것은 그가 대소승에 각각 5백부씩의 저술을 했기 때문에 붙어진 명칭이겠지만, 보다 더 타당한 근거는 그가 심혈을 기우려서 확립시킨 유식교학의 대성에 연유한 것이다. 즉, 그의 유식학설의 요체를 전하는 5언 4구의 30게송, 총 6백자로 만들어진 《유식삼십송》은 실로 그 문장이 간략하지만, 내용이 풍부하여 고래로 이에 필적할만한 저술이 없을 정도의 명저로 평가받고 있다. 그리하여 중국의 자은 대사는 일찍이 그 내용에 관하여 논평하기를, "글자 한 자에는 만 가지의 표상이 깃들어 있고, 한 마디의 말에는 천 가지의 교훈이 갖추어져 있다"(萬象含於一字 千訓備於一言)라고 한 것이다. 여기에 호법과 안혜 등 10대논사들이 각각 10권씩 주석했는데, 이것을 후에 중국에 현장삼장이 가져와서 호법의 것을 주로 하고 다른 논사들의 것을 합유(合糅)하여 만든 것이 저 유명한 《성유식론》인 것이다. 이 논장의 성립으로 말미암아 중국에서는 법상종이 개창되기에 이르렀고, 아울러서 이를 바탕으로 유식교학이 한 때나마 전 불교계를 풍미하는 결과를 가져왔던 것이다.

이러한 세친의 저술에는 앞에서 든 《아비달마구사론》을 비롯하여, 유식교학에 관한 저술만을 열거해 본다면, 《유식삼십송》, 《유식이십송》, 《오온론(五蘊論)》, 《성업론(成業論)》, 《섭대승론석(攝大乘論釋)》 및 《석궤론(釋軌論)》 등이 있다.

현 장

현장(玄奘 ; 600~660)은 당대의 대역경가로서 신역의 대표자이다. 출가 후에 열반, 비담, 《섭대승론》 등 불교의 여러 학문을 배웠으며, 불교의 오의를 배우고자 태종 정관 3년(629)에 인도로 떠났다. 인도에서 계현, 승칭, 승군 등으로부터 유식학과 인명학 및 문법학 등을 배우고, 정관 19년(645)에 장안에 돌아왔다. 귀국 후에 그는 홍복사, 자은사, 서명사 등에서 약 20년간 75부 1335권에 달하는 많은 경론을 번역하였다. 그가 역출한 것 중에서 《대반야바라밀다경》, 《불지경》, 《불지경론》, 《현양성교론》, 《유가사지론》, 《유가사지론석》, 《섭대승론》, 《섭대승론무성석》, 《섭대승론세친석》, 《

해심밀경》, 《변중변론》, 《유식론》, 《성유식론》, 《이부종륜론》, 《구사론》, 《집론》, 《잡집론》, 《순정리론》, 《바사론》, 《발지론》, 《칭찬정토경》, 《약사본원공덕경》 등이 특히 유명하다. 현장의 유식학 관련 논서들의 번역은, 진제의 구유식에 상대하여 신유식학이 성립되는 계기가 되었다.

규 기

일반적으로 대승불교의 교학 전체를 중관과 유식, 화엄 및 천태사상 등으로 나누어서 구분할 수 있는데, 이 가운데서 유식사상의 선양을 위하여 중국에 법상종을 세운 것은 자은사의 규기(窺基 ; 632~682)였다. 그는 경조의 장안 사람으로서 자는 홍도(洪道)이고, 성씨는 위지(尉遲)인데, 본래의 선조가 중앙 아시아의 위지부족으로서 후위 때에 중국에 귀화하였다. 규기는 이와 같은 자기 조상의 내력을 알고서, 이를 기리기 위하여 부족의 이름을 따서 본관으로 삼았다. 그러므로 지승의 《개원석교록(開元釋敎錄)》과 《송고승전》 등에 나오는 규기라는 호칭은 오류라는 설도 있다.

규기는 자은사에 오래 머물렀기 때문에 자은 대사라고도 불렀으며, 특히 말년에는 도선 율사와 가까이 교류했는데, 이 때에 도선은 항상 규기를 대승보살이라고 불렀다. 그래서인지는 몰라도 그를 또한 대승 기(基)라고도 호칭한다. 그가 16세 되던 해에 우연히 인도에서 귀국하여 역경사업을 하던 현장 삼장의 눈에 들어 불문에 들어 올 것을 요청 받았지만 좀처럼 이를 수락하지 않았다. 이러는 가운데 하루는 규기가 평소의 자기 생활, 즉 청년으로서의 낭만적인 사회활동과 음식습관 등을 그대로 유지한다는 조건 등을 내세우면서 출가를 자청하니, 현장은 그의 자질을 알고서 일단 받아들였다. 이것은 규기가 얼마 안 가서 불지(佛智)에 들어 올 것으로 확신한 데서 비롯된 기대가 있었기 때문이다.

이와 같은 현장의 추측대로 1년 뒤인 17세 때에 규기는 정식으로 출가하여 광복사에 머물면서 불도를 닦다가, 자은사로 옮겨서는 현장에게서 직접 5천축의 언어 등을 배우고, 마침내 25세 때에는 여러 경론을 번역하는 역장에 참여하였다. 또한 일찍이 규기는 오대산과 태행산에도 머문 적이 있었으며, 서하의 한 고찰에 투숙했을 때에는 자씨보살로부터 영감을 받아 《미륵상생경》을 주해할 때에 필봉에서 사리가 나왔다는 영험담도 전해지고 있다. 이로 인하여 그는 미륵상을 조성하여 날마다 보살계 1편을 독송하면서 도솔천에의 왕생을 기원하였으며, 때로는 문수보살의 형상을 옥석으로 만들어 안치하고는 금자반야경을 서사하기도 했다.

규기가 본격적으로 역경사업에 종사하고, 법상종의 종조로 추대받게 된 것은 《성유식론》을 역출하면서부터였다. 처음에는 스승인 현장의 지시에 따라서 우리 나라 출신인 신방과 중국의 가상 및 보광 등 4인과 함께, 세친이 저작한 《유식삼십송》에 대한 10대 논사들의 주석서를 별역할 예정으로 출발했지만, 얼마 후에 규기는 각기 다른 견해를 가지고 쓰여진 10대 논사들의 주석을 개별적으로 역출하면 오히려 후대에 혼란이 가중될 것을 염려하게 되었다. 그리하여 이러한 사정을 현장에게 진언하니, 현장은 규기의 말이 타당하다고 여겨서 신방 등 세 사람은 퇴실시키고, 규기 혼자만이 호법의 주석을 기준으로 하고, 다른 9명의 것은 이를 이설로 간주하여 《성유식론》을 완성시켰다. 이러한 형태의 번역은 현장의 역경사업 중에서도 특이한 성격을 띤 것이었다.

이와 같이 해서 완성된 《성유식론》에 대해서 규기는 《동 술기(述記)》(20권), 《동 요간(料簡)》(2권), 《동 별초(別抄)》(10권) 및 《동 추요(樞要)》(4권) 등을 저작해서 이의 연구에 진력을 다하였으므로, 이후부터는 규기에 의하여 발흥된 유식사상이 중국에서 《유가사지론》의 사상을 능가하는 위치에 놓이게 되었다. 즉, 현장이 인도에서 귀국함으로 말미암아 유가와 유식사상에 관한 학풍이 초기 당나라의 불교계를 풍미하였는데, 그 중에서 현장의 번역사업에 참여했던 문하생들이 차례로 세상을 떠나고, 생존해 있던 규기가 이와 같이 《성유식론》에 관하여 지대한 관심을 경주함에 따라서, 이의 근간인 호법 계통의 유식교학이 당시의 유가 교계 전반을 대표케 되는 양상으로 바뀌었다.

이러한 학풍을 스스럼없이 받아들였던 후대의 학자들은 신역 불교사상이라면 곧 유식사상을 연상하게 되었고, 유가라면 유식을 의미하는 것으로 생각하기에 이르렀는데, 사실은 그렇지 않다. 다시 말하자면 유식학파는 《유가사지론》 학파나 《섭대승론》 학파 등과 같이 유가 교계 내의 일부에 지나지 않았지만, 규기 등이 학문에의 뜻을 유식론의 연구에 기우려서, 이것이 유가 교계의 모든 논서를 대표하게 됨으로부터 유식교학은 유식종으로 되고, 일약 유가 교계 중에서 제일의 위치를 점유하여 다른 관계 논서에 관한 연구를 압도해버렸던 것이다. 이와 같은 결과로 규기가 현장의 학설을 계승하고 있으면서도 이 종파의 명칭을 현장종이라고 부르지 않고 자은종이라고 하며, 그를 또한 제1조로 삼는다.

호법의 유식사상을 이은 현장이나 규기의 근본이념은 무엇인가. 그것은 바로 유형상 유식론에 입각한 교의를 말한다. 이러한 입장은 덕혜, 안혜, 진제 등이 주장하는 무형상 유식론과 그 내용을 달리하는데, 이를테면 유형상 유식론에서는 마음 자체가 대상의 모습을 지닌 것으로서, 제8 아뢰야식을 실유의 식체로 간주해서 절대지를 얻어도 아뢰야식 자체가 부정되는 것이 아니고, 그 가운데에 있는 번뇌의 잠재력이 근절될 뿐이므로 이에서도 분별력은 있다는 것이다. 이에 반하여 무형상 유식론에서는 마음 자체는 대상의 모습을 지니지 않는 것으로서, 제8 아뢰야식을 부정하고, 제9 아마라식을 설립하는 데에 그 특징이 있다. 따라서 마음을 수정과 같이 무구청정한 존재로 여겨서 최고실재의 절대지로 인정한다. 아울러서 경식구민(境識俱泯), 즉 인식에 있어서 주관과 객관은 항시 멈추지 않고 유동적이기 때문에, 이들에 의한 인식도 허망해서 올바른 판단은 이루어지지 않는다는 것이다. 말하자면 무자각의 허망성을 정면에서 제기한 것으로서 규기 등의 주장과 다른 점이다.

현장이 몸소 인도에 구법하려 간 것 중의 한 가지는 《유가사지론》을 구입하기 위한 행각이었다는 것과 같이, 《유가사지론》은 유식교학에 있어서 대단히 중요한 논서이다. 그런데 규기는 이 논장에 관한 강의를 현장으로부터 직접 받고 이에 관한 주석서를 지었으니, 그것이 바로 《동 약초(略纂)》(16권)과 《동 겁장송(劫章頌)》(1권)이다. 이렇게 본다면 규기는 유식론만을 연찬한 것이 아니라 백본(百本)의 논주 답게 모든 불교경전을 섭렵했다고 볼 수 있으며,

규기의 이《약찬》의 내용을 신라의 도륜이 그의《유가사지론기》를 지을 때에 많이 인용하고 있으므로, 일부에서는 도륜을 가리켜서 규기의 학풍을 전승한 신라 학승의 대표적인 인물로 보는 견해도 있다. 그렇지만 도륜의《유가론기》를 고찰해 보면 규기의《약찬》등의 내용보다도 혜경이 주석한 관련 장소의 것을 더 많이 인용하고 있으며, 더욱이나 혜경이 신라 출신일 것이라는 주장이 있고 보면, 도륜이 그의《유가론기》에서 같은 고향 선배인 혜경의 것을 의도적으로 자주 원용했지 않았겠느냐는 생각도 든다. 더 나아가서 현재 유통되고 있는 이 도륜의《유가론기》는 오자나 탈자 등의 문제가 많은 장소이기 때문에, 교정된 새로운 것과 대조해서 완벽을 기하여야 할 것이다.

아무튼 규기의 유식사상이 중국 유식사상계의 중핵을 이루면서 자리잡을 무렵에, 이에 버금해서 해동출신의 원측과 도증 및 의적 등의 활약도 두드러져서 저들과 함께 쌍벽을 이루면서 학풍을 이어갔다. 말하자면 중국인 계통의 자은파와 서명사의 원측을 중심한 신라 출신의 서명파가 그것인데, 원측의 서명파가 중국에서 빛을 보지 못하고 세력이 약해진 것은, 그 사상성의 결여에 있기 보다는 현지인들의 물리적인 탄압 등이 주요한 원인이었다고 한다. 이와 같은 증거를 보여주는 것이 규기의 제자인 혜소의《성유식론요의등(成唯識論了義燈)》에서 적나라하게 밝혀지고 있다. 즉, 이《요의등》은 원측과 규기 간의 상충된 주석 내용을 일일이 지적하여 검토하면서 원측의 것만을 오류나 억설로 취급하고 있으며, 도증의 학설까지도 한 무리로 여겨서 폄칭하고 있는 다분히 의도적인 주석서라고 할 수 있다. 이와 같은 분위기를 당시의 해동출

신들이 인지하고는 서명학파에 들어오지 않거나, 그 신분을 밝히지 않는 데서, 오늘날 서명파의 주장은 말할 것도 없고 법사관계도 끊어지고만 것이다.

규기의 저서는 위에서 든 유식과 유가관계의 주석서 외에 백본의 소주(疏主) 답게 거의 모든 경론에 관하여 그의 견해를 피력하고 있는데, 그것이 50여부 200여권에 달한다. 그렇지만 이와 같은 많은 저술 중에서도 규기의 관심은 다른 어떤 분야 보다도 법상관계의 경론에 주력하였음을 그의 연찬 중에서 알 수 있다.

원 측

원측(圓測 ; 613~696)은 신라 진평왕 때의 왕손 출신으로서 일찍이 출가하여 경론을 학습한 뒤에 15세 때(627)에 중국에 유학하였다. 처음 중국에 들어가서는 섭론종 계통의 승려인 법상(法常 ; 567~645)과 승변(僧辨 ; 568~642)에게 수학했는데, 이러한 사실은 원측보다 먼저 입당해서 역시 이 계통의 경론을 배웠던 원광(圓光 ; 589~600년 체류)과 뒤에 들어간 자장(慈藏 ; 636~643년 체류) 등의 섭렵과도 무관하지 않다. 즉, 이 섭론종에서 소의경전으로 하는《섭대승론》은 무착 보살이 찬술하고 진제 삼장이 번역한 법상종의 소의경론으로서,《해심밀경》과《중변분별론》,《대승장엄경론》등의 유식사상을 수용하여 대승불교 전체를 하나의 정연한 조직으로 정리하였기 때문에, 가히 대승불교를 포괄한 논장, 즉《광포대승론(廣苞大乘論)》이라고 하거나 《대승아비달마경》의 〈섭대승품〉을 번역한 것이라고 하는데, 유식설을 포괄적이고도 조직적으로 논설한 최초의 논장으로서, 세친의 이에 관한 논석과 함께 불교 유식설의 대표적인 것이다.

이러한 내용의 《섭대승론》을 원광 법사가 일찍이 연구해서 그에 관한 해석이 뛰어났으며, 이 종파의 교의를 전득해서 가져온 것으로 추측되고, 원측도 진제가 이 《섭대승론》을 진의 문제 때인 천가 4년(563)에 역출해서 남부에서 섭론종을 일으켰을 때에, 이를 북부에 전파하여 실질적으로 중국의 섭론종을 부홍시킨 담천(曇遷 ; 542~607)의 제자라고 하거나, 같은 종파의 담연(曇延)의 제자라는 법상에게서 배웠던 것이다. 한편으로 《속고승전》의 〈법상전〉에 의하면, 자장도 중국에 도착해서 법상을 처음 대면했을 때에, 마치 생전에 익히 알았던 사람과 같이 친근감이 있는 인상을 받았으므로 그로부터 보살계를 수지했으며, 또한 그로부터 《섭대승론》을 배워서 귀국 후에는 궁중에서 어느 여름날 선덕왕의 요청으로 이 논장을 강설했었다는 것이다.

이렇다면 우리 나라에 대승불교의 사상 중에서 유식사상이 다른 어느 사상보다도 일찍 들어왔다고 보여지며, 그 계통은 구유식, 즉 진제의 《섭대승론》을 중심으로 한 부류였다고 할 수 있겠다. 그런데 현장(玄奘 ; 601~664)이 진제가 번역한 《십칠지론》의 완본인 《유가사지론》을 오랜 동안 인도에서 구법한 끝에 이를 구입하여 중국에서 번역(648년)하였고, 《해심밀경》과 《현양성교론》 등의 신역과 함께 《성유식론》을 편찬한 것을 계기로 중국에서 신유식 학파가 형성되자, 당시에 원측 등은 이에 자연히 참여하였던 것이다.

현장 문하의 유식학자들은 오늘날 알려진 것 보다도 훨씬 많을 것으로 추측되지만, 그 가운데서 자은사의 규기를 중심으로 하여 서명사의 원측, 현범, 의적, 혜관 및 보광 등을 당 나라 때의 유식 6대가로 칭명하며, 특히 규기와 원측을 양족으로 삼았다. 그런데 자은 규기와 서명 원측은 호법의 유식학을 이어받은 현장 계통이었지만, 일찍이《섭대승론》등을 섭렵했던 원측과는 몇 가지 분야에서 상위점이 나타나기도 하고, 유식교학을 조직하는 방법론에서도 의견을 달리했다. 이러한 입장에서 원측을 호법 계통을 이은 유식 사상가가 아니라 안혜 계통을 이은 사상가라고도 한다.

더구나 원측은 중국의 법상가들이 호법의 유식교학을 옹호하여 중관학파인 청변의 공사상을 부정하자, 이들 공유쟁론(空有諍論)은 모두가 편벽된 것으로서 근본적으로는 두 사상이 모두 부처님의 말씀에 어긋나지 않는다는 융화적인 태도를 취했으며, 신유식 사상의 특징인 5성각별설(五姓各別說)에 대해서도 신라의 유식가들, 즉 원효와 도증, 도륜 및 태현 등과 함께 일체중생 실유불성이라는 대승불교의 대의에 입각해서, 무불성 종성인 일천제(一闡提)까지도 성불할 수 있다고 주장하였기 때문에 중국의 유식 사상가들과는 대립이 클 수밖에 없었던 것이다.

태 현

태현(太賢)은 신라 경덕왕 때(742~764)의 고승으로서 약관을 지나서 출가하고, 성년에 이르러서는 멀리 제방에 유학하였다. 그는 자성이 영민하고 도기가 고웅하였으며, 불교의 여러 방면의 교학을 수득하였는데, 특히 유식학과 인명학에 조예가 깊었기 때문에 그 때의 사람들이 태현을 해동의 유가조 또는 유가의 대덕이라고 존칭하였다. 경주 남산의 용장사에 머물면서 경덕왕의 존숭을 받아 국사로 받들어졌으나 그 확실한 적년 등은 알 수가 없다.

그의 저서는 55여부 120권에 달하지만, 이 가운데서 현존하는 것은 《성유식론학기》(10권)과 《보살계본종요》(1권), 《범망경고적기》(4권), 《약사본원경고적기》(2권) 및 《기신론내의약탐기》(1권) 등이 있다.

법상교학 관계 저술의 양에 있어서 태현은 실로 중국의 자은이라고 불릴 만큼 많은 저작을 하였으며, 후진들이 지남으로 태현의 저술을 많이 인용하고 또한 안목으로 삼았기 때문에 내용이 훌륭했던 모양이다. 사실 태현은 유식가들의 논쟁에 대해서는 엄정히 중립적인 태도를 견지하였고, 어느 학파에 대해서나 병공지평(秉公指平)한 입장을 취하였기 때문에 중국의 학자들도 태현의 책을 얻어서 그들의 안목으로 삼았다고 한다.

태현은 당시 서명학파와 대립관계에 있던 자은학파의 주석에 대해서도 채택할 것은 채택하고 버릴 것은 버렸으며, 원측이나 도증의 주장까지도 논파할 것은 논파하고, 건립할 것은 건립했다. 이와 같은 연구태도로 그의 유식교의는 자은, 서명 양파의 이설과 장단점이 일목요연하게 나타나서 후세에 많은 참고가 되었던 것이며, 한편으로는 태현의 이러한 예리한 비판력 때문에 원측의 주석의 약점이 드러나서, 그 이후로는 서명학파의 활동이 아주 끊어졌다는 주장도 있다. 아무튼 태현은 원측, 도증 등이 당 나라에서 이룩한 법상교학의 흐름을 받아서 신라 유식학의 터전을 닦아 놓음으로서 유가조로 추앙을 받았던 인물이다.

이러한 태현에 관한 행장이 현재 전하는 우리 나라의《해동고승전》이나[사실은 앞 부분 2권만이 전하여서 자세한 것은 알 수가 없음] 중국의 여러 고승전 등에 전혀 언급되지 않고 있다. 그러한 이유에 대해서는 그가 자국에서만 불법을 선양한 까닭에 그런 데에는 기록되지 않았다고 하지만, 당 나라의 대천복사의 도봉은《대현법사의기(大賢法師義記)》를 지었으며, 그 서문에서 태현이 찬술한 바 있는 여러 장소 등에 대하여 주석하였고, 또한 멀리서나마 법사의 행업을 기려 찬탄하기를 5백년 만에 한번 나타나는 분으로 태현을 꼽고 있다. 여기에서도 태현은 그 자취를 숨기고 만남을 멀리하였다고 했다.

태현이 지은 고적기가 당 나라에서도 유통되고 있었음은, 마치 원효가 당 나라에 가지 않았지만 그의 저술이 여러 학자들에 의하여 인용된 것과 같은 사례였다고 할 수가 있다. 그리고 여기서 주목할 것은 그의 저서에는 '고적기'라는 제명이 붙어 있는데, 이에 대하여 말하기를, "태현의 제작을 거의 다 고적이라고 칭호한 것은 곧 비하심을 나타내는 말이니, 의적과 법장 등의 주석서에 의지하여 이들을 지었기 때문에 그러한 것이다"라고 하였으며, 또는,

> 태현 법사는 그의 대승의 제경과 논장에 대한 주석서에 고적이라는 이름을 많이 붙였는데, 여러 학자들이 해석한 종적에 의지하

> 고, 그 요점을 취해서 이를 기록한 것이니, 이는 전거가 있음을 말한 것이다. 저술을 할 때는 함부로 자기 뜻대로 하는 것이 아니라 반드시 의승되는 데가 있어야만 했기 때문이다.

라고 설명한 것을 볼 수 있다. 남의 주석서에 의거해서 저술했기 때문에 스스로를 비하해서 고적기라고 했다는 것이며, 저술을 할 때는 반드시 의승하는 데가 있어야만 제작을 했지, 그렇지 않고서는 쓰지 않는 것을 원칙으로 삼았다는 것이다. 반면에 일상생활에서는 거의 자취를 숨기며 생활하였고, 때로는 거문고를 탄다든지 하면서 될 수 있는 데로 밖으로 덕행이 나타나지 않도록 했다는 것이다. 태현은 그 법통이 원측의 문도인 도증의 제자이며, 법상교학을 익히기 전에는 화엄학을 섭렵했었다. 도증은 원측의 제자 중에서도 열성적으로 스승의 학설을 변호한 사람이며, 서명학파에서 그의 위치는 실로 자은학파에서 혜소와 같은 존재였다.

☼ 저자 소개

동국대학교 불교대학 불교학과 학사
동국대학교 대학원 불교학과 석사, 박사학위 취득

<경력>

동국대학교 불교문화연구원 연구원
미국 캔사스 주립대학 심리학과 교환교수
동국대학교 경주 캠퍼스 불교문화대학 학장 역임
동국대학교 경주 캠퍼스 불교문화대학 불교학과 교수(현재)

<저서 및 번역>

『신라 태현의 유식사상연구』(동쪽나라)
『한국유식사상사』(장경각) 등 6책

<논문>

고구려 의연의 유식교학
백제 의영의 유식사상
법상관계 논소에 인용된 신라인의 찬술서(Ⅰ,Ⅱ,Ⅲ) 등 50여 편

유식학 개론

佛紀 2550年(2006) 2月 10日 初版 1쇄 印刷
佛紀 2550年(2006) 2月 15日 初版 1쇄 發行
佛紀 2558年(2009) 1月 25日 初版 2쇄 發行

ⓒ 지은이 이 만
펴낸이 이 규 택

발행처 **경 서 원**

110 - 170 서울 · 종로구 견지동 55 - 2
登錄 1980. 7. 22. 제1 - 37호
☎ 02) 733 - 3345~6
FAX 722 - 7787

♣ 파본은 바꾸어 드립니다.
ISBN 89-92062-41-8

값 25,000 원